三国的日常生活

乱世中的人间烟火 动荡中的日常生活

南门太守 著

中国文联出版社

图书在版编目（CIP）数据

三国的日常生活 / 南门太守著. —北京：中国文联出版社，2022.9（2022.9 重印）
ISBN 978-7-5190-4869-3

Ⅰ.①三… Ⅱ.①南… Ⅲ.①社会生活—中国—三国时代—通俗读物 Ⅳ.①D691.93-49

中国版本图书馆 CIP 数据核字（2022）第 084895 号

三国的日常生活

著　　者：南门太守
责任编辑：张超琪　黄雪彬
插图设计：周健美　许可爽
责任校对：仲济云
图书装帧：书心瞬意
排版设计：高　洁

出版发行：中国文联出版社有限公司
社　　址：北京市朝阳区农展馆南里 10 号　　邮编：100125
网　　址：http://www.clapnet.cn
电　　话：010-85923091（总编室）　010-85923058（编辑部）
　　　　　010-85923025（发行部）
经　　销：全国新华书店等
印　　刷：三河市宏达印刷有限公司
开　　本：710 毫米 ×1000 毫米　　1/16
印　　张：22.5
字　　数：290 千字
版　　次：2022 年 9 月第 1 版
　　　　　2022 年 9 月第 2 次印刷
书　　号：ISBN 978-7-5190-4869-3
定　　价：98.00 元

版权所有　侵权必究
如有印装质量问题，请与本社发行部联系调换

序言：走进三国的物质世界

三国作为一段历史，已经根植于中国人的内心深处。在人们的心目中，三国始终是宏大的，是豪迈与奔放的，是一段英雄史诗中最激昂的乐章。但三国也是中国历史进程中的一段，是中国人生活史中的一部分。

三国作为历史阶段，上承下启，有来处也有去处。在三国这个时代，人们同样离不开衣食住行等物质生活，离不开婚丧嫁娶、发展经济、治理社会，只是这些，往往被精彩的故事与人物所掩盖，常常被忽视。只有当我们用平常的视角重新审视三国时，才会看到它更多的细节与侧面。

人类的历史是丰富多彩的，因为有生活、有民俗百态、有充满烟火气的东西，才使历史变得更真实更丰满。通过一个时代的物质生活和民风民俗，可以看到更生动的历史。换一个微观的视角观察我们早已熟悉的历史，不是为了改变历史的走向，而是在历史画卷上填充进更多笔墨，让画卷变得更加清晰，焕发出更加生动的光彩，从而更有魅力。

就三国物质生活的细节而言，要弄清楚却不是一件容易的事。古人治史，视角往往是俯瞰的，关注的是天下时局及大义大德，而不太重视物质世界的细节，即便有经济、礼制、民俗以及吃穿用度方面的内容，也往往记载在志书里。遗憾的是，《三国志》没有志书，使这方面显得更加模糊。为了还原更清晰的三国，为了弄清那个时代的人们是怎样的生活状态，就需要在众多史籍里穷搜广辑。

作为一名三国历史研究者，当我开始着手做这项工作时，才发现难

三国的日常生活

度比想象中大得多。找到那些与三国时代物质生活相关的史料，并不是将《三国志》细细梳理一遍那么简单，因为这类史料不仅存在于《后汉书》《三国志》《晋书》等正史中，也存在于《东观汉记》《华阳国志》《世说新语》《邺中记》《风俗通义》等杂史杂著中，还有《文选》《艺文类聚》《太平御览》《全三国文》等文选文集，同时在秦汉简帛、秦汉刻石等考古发现与研究成果中也有涉及。

这真是一项浩繁的工程！虽然之前我已经出版过不少与三国有关的书籍，但从来没有哪一本书像这本书一样写得如此吃力。但这本书的写作又是很有意义的，能在浩如烟海的史料中撷取最能反映三国时代生活风貌的史料，进行梳理与分析，分门别类地呈现给读者，填补这方面的空白，也是一件快乐的事情。

需要说明的是，本书提到的"三国"是一个广义概念。如果只从狭义上说，三国指的是魏蜀吴3个政权分立的时期，一般是从220年开始至280年结束，但这60年并不能将人们心中的三国完全概括。举例言之，翻开一部三卷本《三国演义》，会发现曹操死于第二卷即将结束时，可曹操去世于220年，那时狭义的三国还没有开始，而在此之前董卓、袁绍、袁术、吕布、刘表、公孙瓒、关羽等人们熟悉的"三国人物"都已经去世了。所以，千百年来人们心目中的三国一直是广义的，除了那60年，还包括东汉末年的几十年，前后大约100年。本书所提到的"三国"，均以广义三国为时间界限，在此统一说明，不再在文中一一备注了。

南门太守

2022年6月

目录

食物篇：炒菜尚不流行

01 主食：麦子　　　　　　　　　　　　　　　　　　　　／003
麦子广泛种植／三国的"麦子争夺战"／麦田里的"空营计"／曹操的战马冲进麦田里／费祎作《麦赋》／姜维种麦避祸

02 主食：稻米　　　　　　　　　　　　　　　　　　　　／008
皇帝赐大米／山东吃米较普遍／袁术用3000吨大米拉拢吕布／大米换来的九卿／最悲壮的大米粥／能吃上粳米算"好饭碗"／诸葛亮临终前已吃不了多少米／孙吴灭亡时库存几万吨大米／比粳米更好吃的雕胡米

03 杂粮和坚果　　　　　　　　　　　　　　　　　　　　／016
小米：汉桓帝一次赏出上亿千克／豆子：不如麦和稻好吃／黄米：诸葛亮老师的最爱／稗谷：关键时候顶大用／玉米：三国吃不到的主食／板栗：饥荒时节可当粮

04 蔬菜　　　　　　　　　　　　　　　　　　　　　　　／022
韭菜：春季做羹的首选／薤菜：大臣们的"班中餐"／葱：刘备许县种葱做掩护／芜菁：适合做酸菜／姜蒜：蜀姜最有名／花椒：出乎意料的特殊用途／三国吃不到的蔬菜

05 肉类　　　　　　　　　　　　　　　　　　　　　　　／029
吃肉曾是少数人的特权／牛肉：酒的"最佳搭配"／普通农户已开始养猪／羊肉：餐桌上不常见的美味／磔鸡除不祥／养鸭为了吃也为了娱乐／鹅：有人拿来试"法力"

1

三国的日常生活

06 水产 /042
古人吃鱼的历史 / 曹操是吃鱼的行家 / 曹丕送给孙权1000头鲍鱼 / 孙权亲自为武昌鱼命名 / 鱼油在作战中是"秘密武器"

07 水果 /049
梨：成就孔融，"杀"了曹操 / 枣：曹丕杀亲弟弟的工具？ / 李子：用冰水浸泡口感更佳 / 葡萄：曹丕认为夏末秋初吃最佳 / 梅子：青梅煮酒论英雄 / 柑橘：曹丕嫌太酸 / 柰：中国的本土"苹果" / 甘蔗：曹丕亲手栽种于庭院 / 桑葚：一年两熟救人命 / 三国吃不到的水果

08 酒 /059
三国的酒度数都不高 / 曹操喜欢饮药酒 / 曹操向皇帝献酿酒的方法 / 刘备酒局讲笑话 / 孙皓"以茶代酒" / "三国酒王"是刘备的老师 / 三国的酒通常需加热后再饮 / 20升葡萄酒换来一刺史 / 三国时期多次颁布禁酒令

09 烹饪方法 /068
炙：最简单也最实用的烹饪法 / 煮：面条饺子都是日常食物 / 蒸：最常吃的是蒸饼 / 脯：曹魏军队里最恐怖的军粮 / 刘备请人吃"麻辣烫" / 炒菜：三国时期还不流行

10 用餐仪式 /076
食物匮乏只得分餐 / 分餐也是礼制等级的体现 / 三国时期的筵、席与小食案 / 高足家具是三国以后才出现 / 三国饭局上流行跳舞助兴

服饰篇：男人化妆亦时尚

11 布料和纺织机 /087
从踞织机到斜织机 / 锦、绢、纨、帛、绮：高档服装面料 / 缯：丝织品的另一个统称 / 蜀锦：蜀汉对外贸易的"拳头产品" / 麻、葛：百姓服装常用面料 / 火浣布：能防火的特种布 / 三国时还没有棉花

12 衣服式样 /096
袍：男女都可以穿的外衣 / 裙：衣服的大襟 / 袷：没有领子的大衣 / 深衣：上下身缝在一起的"连衣袍" / 襦裙：短衣短袄配裙子 / 从胫衣到裤子 / 裈：三国时人们穿的"秋裤" / 中衣：三国时期的"衬衣" / 亵服：三国时人们穿的"睡衣"

目 录

13 穿鞋戴帽有章法　　　　　　　　　　　　　　　　　　　　/ 109
三国时期流行穿布鞋 / 屦、舄、靴：各种特殊的鞋子 / 能穿鞋子上殿是极大特权 / 袜子：一般有带子可系口 / 巾帻：不仅实用而且有风度 / 平上帻：衬在冠帽里的头巾 / 冠冕：身份地位的象征

14 名人的鞋帽故事　　　　　　　　　　　　　　　　　　　　/ 121
刘备母子摆摊卖鞋 / 曹操"分香卖履" / 蜀汉"鞋底抽脸事件" / 曹操是帽子发明家 / 红头巾差点儿要了孙坚的命

15 穿皮草的讲究　　　　　　　　　　　　　　　　　　　　　/ 127
穿皮草需外罩褐衣 / 皮草分轻裘与重裘 / 曹操脱下裘皮大衣盖在高柔身上 / 孙权的"白裘论"

16 常见的日用品　　　　　　　　　　　　　　　　　　　　　/ 132
被褥帐席：常用作赏赐或礼物 / 孟母"缝被教子" / 毛巾："手巾""濡布"功能相同 / 鞲：三国时期的"套袖" / 尉：三国时期的手套 / 簦：三国时期的雨伞 / 笠：遮阳挡雨的帽子 / 蓑：能穿在身上的雨具

17 妆奁名堂多　　　　　　　　　　　　　　　　　　　　　　/ 138
化妆是一件程序繁杂的事 / 胡粉：三国时期最流行的化妆品 / 曹操的养子"粉不离手" / 奁：三国时期的"梳妆盒" / 三国时期已经有假发了

住行篇：能住楼房不容易

18 重要的城市　　　　　　　　　　　　　　　　　　　　　　/ 147
洛阳：毁于战火的最大城市 / 长安：5 年多的临时国都 / 许县：规模太小致使住房紧张 / 成都：2000 多年名称从未改变 / 建业：诸葛亮眼中"虎踞龙盘"之地 / 武昌：不是现在的武汉而是鄂州 / 襄阳：汉末名士学者云集之地 / 汉中：三国没有一座叫"汉中"的城 / 下邳：吕布被擒杀的地方 / 小沛：顶在头上的"钢盔"

19 最时尚的城市　　　　　　　　　　　　　　　　　　　　　/ 162
曹操着力经营的城市 / 袁绍对邺城的经营 / 漳河水患的治理 / 新邺城的规划和扩建

20 少数人才能住楼房　　　　　　　　　　　　　　　　　　　/ 170
重楼 / 少数人的享受 / 可以抽去的楼梯 / 最壮观的楼群 / 最豪华的大楼

三国的日常生活

21 集市热闹也阴森 /177
不同类型的集市 / 露天摊位 / 集市的管理 / 集市上的刑罚

22 户籍和治安管理 /184
严格的户籍管理制度 / 曹操看完户籍帐册大喜 / 什伍连坐制度 / 严格的禁夜制度 / 曹操巡夜打死大宦官的叔父 / 禁止群聚饮酒 / 市民养狗须登记

23 三国的消防 /192
洛阳、长安曾被烧成废墟 / 皇宫是火灾高发区 / 火灾预防措施和报警系统 / 现场救火措施 / 一场火灾引发的谋逆大案

24 老百姓的窗户 /199
牖：古代的窗户 / 料器与琉璃 / 纸糊窗户不符合实际 / 纺织品是"糊窗户"的主要用材

25 人们的出行 /204
文献、考古中的轿子 / 身份特殊的乘轿人 / 史籍中的名马 / 知名的车子

26 三国的邮寄 /210
邮驿制度早已有之 / 东汉末年邮驿制度遭破坏 / 三大集团迅速建起各自的邮驿系统 / "快递小哥"拼死保护刘备 / 特殊身份或特殊需要才能传寄私信

职官篇：工作五天休一天

27 朝廷里的文官 /221
三公 / 三国时期的"四世三公" / 曹操的父亲花1亿钱买三公 / 丞相：集三公权力于一身 / 九卿：9位"部长" / 尚书令：朝廷的"秘书长" / 大长秋：宦官的首领

28 地方官员和"办事处" /230
州刺史："巡回监察组组长" / 州牧：类似于明清时期的总督 / 郡太守：介于"市长"与"省长"之间 / 县令和县长：以户口数区分 / 县以下机构的设置 / 设立已久的"驻京办事处"

29 军队里的武官 /240
大将军："全国武装部队总司令" / 骠骑将军："全国武装部队副总司令" / 四方将军：四大"战区司令" / 杂号将军："军长" / 别部司马："独立团团长"

目录

30 官员的工资和奖金 /245

品秩：既是级别也是工资标准 / 俸禄：按半钱半实物发放 / 食邑：有爵位官员的额外收入 / 赏赐：三国官员的"奖金收入" / 腊赐：三国官员的"年终奖" / 临时赏赐：一不小心成为"亿万富翁" / 基层官吏大多是"月光族"

31 官员的官服和假期 /253

"即位诏书"改服色 / 根据"五德终始说"定"土德" / 以黄色为主色调 / 休假制度已固定 / "五日一休沐" / 长假、急假有要求 / 能休的最长假期

32 官员的选拔和退休制度 /259

孝廉：因为孝行而被推举为官 / 茂才：更高一级的人才推举 / 荫补：高级官员子弟可"接班" / 太学：通过上学进入仕途 / 九品中正制：选官进一步被大家族垄断 / 遥拜：特殊时期的官员任命方式 / 三国时期官员退休年龄为 70 岁 / 因身体原因可提前"病退" / "乞骸骨"：本人主动提出退休申请 / 官员退休后工资只拿三分之一

杂项篇：离婚再嫁不稀奇

33 三国的节日 /273

隆重的正旦节 / 立春：二十四节气之首 / 上巳节：三月上旬巳日 / 寒食节：冬至后第 105 天 / 端午节：五月五日 / 夏至：见面后互相不道贺 / 伏日：入初伏的那一天 / 七夕节：七月七日 / 貙膢节：立秋这一天 / 腊日：冬至过后第 3 个戌日

34 "钱"与"钱"引发的故事 /282

三国买东西用什么钱 / 董卓用"小钱"掠夺财富 / 蜀汉进行"货币贬值" / 孙吴发行"大泉五千" / 曹魏坚持使用"五铢钱"

35 疾病与瘟疫 /289

刘备死于"拉肚子" / 曹操死于慢性高血压 / 诸葛亮死于脊椎性结核 / 陈登死于乱吃海鲜 / 背疽要了众多名人的命 / 三国时期的大规模疫情

36 "战疫"与养生 /296

名医张仲景的"战疫"方法 / 三国时期著名的方士 / 曹植亲身验证方士"法术" / 曹操聚养方士的真实目的 / 曹操曾向方士请教养生问题

三国的日常生活

37 琴棋书画 /308

蔡邕听琴识杀机 / 蔡文姬"六岁辨琴" / 名琴"焦尾琴"的传说 / 诸葛亮与周瑜都是音乐家 / 嵇康与《广陵散》/ 最流行的棋类运动 / 曹操是著名的书法家 / 诸葛亮唯一传世的书帖 /《曹全碑》上的黄巾起义 / 记录汉魏禅让的"三绝碑" / "莽张飞"是一名书法家 / 中国历史上第一位女画家

38 结婚仪程与名人联姻 /325

适婚年龄有要求 / 提亲和纳采 / 问名 / 纳吉和下聘礼 / 请期 / 迎亲和婚礼 / 三国群雄为什么喜欢联姻

39 离婚和再嫁 /333

曹操让原配改嫁 / 袁绍儿媳改嫁曹操儿子 / 才女蔡文姬三嫁 / 曹操娶何进儿媳和吕布部将之妻 / 曹操想娶张济的遗孀 / 刘备娶刘焉的儿媳 / 钟繇资助荀攸的爱妾改嫁 / 孙权娶自己的侄女

40 异人与逸事 /339

那些长相有特点的人 / 三国时期取名为什么多用单字 / "传国玉玺"去哪儿了

主要参考书目 /346

食物篇：炒菜尚不流行

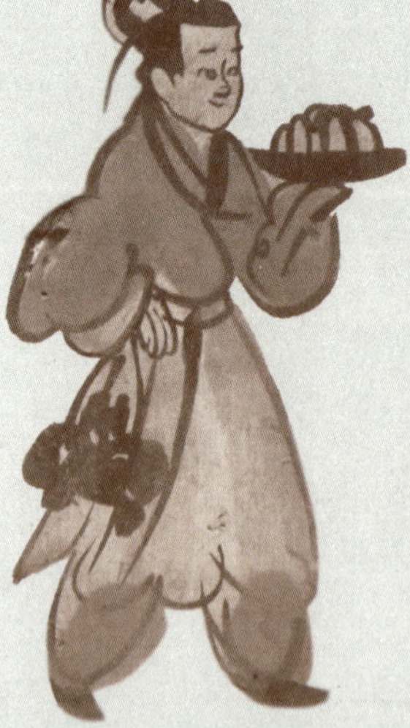

01 主食：麦子

早在先秦时期就已经有了"五谷"的概念，但具体所指有多种不同说法，最流行的说法是指麦、黍、稷、稻、菽，如《孟子·滕文公上》："树艺五谷，五谷熟而民人育。"赵岐注："五谷谓稻、黍、稷、麦、菽也。"三国时期，人们的主食就是五谷，同时还有豆、稗、高粱等，其中北方最流行的主食是麦子。

麦子是世界上最早被栽培的农作物之一，分为小麦和大麦，早期的文献中称小麦为"来""麦"，称大麦为"牟"，其中小麦是主要品种，它是新石器时代的人类对野生麦子进行驯化的产物，栽培历史有1万年以上。

麦子广泛种植

考古学通过研究发现，世界上有4个农业起源中心区：西亚农业起源中心区、中国农业起源中心区、中南美洲农业起源中心区、非洲北部农业起源中心区。现今社会主要的农作物品种和家养动物品种，绝大部分都是起源于这4个农业起源中心区。一般认为，小麦最早出现在西亚农业起源中心区，后来传入的中国。不过至少在汉朝时小麦已经广泛种植了，尤其以黄河下游最为广泛，所以麦子是三国时期北方最重要的主食品种。

汉桓帝是东汉倒数第三位皇帝，曹操、袁绍等很多重要的三国人物都出生在汉桓帝在位时期。《后汉书·五行志》记载，汉桓帝初年流行一首童谣："小麦青青大麦枯，谁当获者妇与姑。丈人何在西击胡。吏买马，君具车，请为诸君鼓咙胡。"这首童谣的大意是：小麦青青，大麦已晒得焦枯。谁在田地里收割？是媳妇和婆婆。公公在哪里？战场上去攻打胡人

三国的日常生活

了。官吏买马,准备车具,请让我们为各位出征的人低声地叫苦。

童谣反映的是当时农村男丁被征调一空、生产遭受破坏的情景,那时凉州的羌人反叛,南入蜀、汉,东略三辅,甚至波及并州、冀州,大肆烧杀。汉桓帝命令众将平定诸羌,但汉军常常为诸羌所败,朝廷只得大量征发士卒,麦子等农作物的收割只有靠妇女来完成。从童谣中可以看出,北方地区的主要农作物就是麦子,小麦和大麦都有。

"大麦万石"陶仓
西汉
现藏于中国国家博物馆

"白米万石"陶仓
西汉
现藏于中国国家博物馆

"麻万石"陶仓
西汉
现藏于中国国家博物馆

"黍粟万石"陶仓
西汉
现藏于中国国家博物馆

三国的"麦子争夺战"

北方广种麦子,麦子于是也成为最重要的军粮。

兴平二年(195),徐州牧陶谦死,曹操想趁机夺取徐州,既扩充地盘,也为父亲报仇。但荀彧认为时机还不成熟,因为吕布、陈宫在兖州作乱,兖州才是曹操的根本。这时麦子即将成熟,《后汉书·荀彧传》记载,荀彧建议:"宜急分讨陈宫,使虏不得西顾,乘其间而收熟麦。"先把麦子收了,解决了粮食问题,吕布就不足为虑了。曹操采纳了这个建议,将主要精力放在兖州地区麦子的争夺上,"大收麦,复与布战",用了约一年时间就将吕布、陈宫打败。

食物篇：
炒菜尚不流行

215年，曹操进攻汉中，从阳平关攻击张鲁。大军远出，粮食是大问题，所幸的是当地的麦子、豆子正到成熟时节，曹军就地收割，补充了军粮，但即便这样曹军的粮食仍然不足。《三国志·陈群传》记载，到了魏明帝太和年间，曹真上表伐蜀，从斜谷进攻汉中，司空陈群想起当年曹操征汉中受困于粮食的经历，认为"太祖昔到阳平攻张鲁，多收豆麦以益军粮，鲁未下而食犹乏"，所以建议撤兵。

231年，诸葛亮第四次北伐，司马懿率张郃、费曜、戴陵等将领相拒于陇西。诸葛亮分兵留攻祁山，自己率另一支人马攻击上邽，将郭淮、费曜打败。诸葛亮之所以分兵，是看到陇西地区的麦子成熟了。《汉晋春秋》记载，蜀军"因大芟刈其麦"，补充了宝贵的粮食。

麦田里的"空营计"

在195年曹操发动的那场"兖州收麦战"中，曾发生过一次险情，曹操差点儿因此丧命。

曹操率兵进攻吕布部将薛兰、李封所屯扎的巨野，吕布来救，被曹操打败，薛兰被斩。吕布退走，但不久后卷土重来，与陈宫合兵，共1万多人，再战曹操。曹操大概有些大意，把人马都派到附近收麦子去了，自己身边的人马很少，《魏书》记载："皆出取麦，在者不能千人。"

面对至少1：10的悬殊兵力，曹操没有慌乱，他下令屯营不出，只让一些妇人守卫营墙，还故意让吕布看到。吕布看见，果然狐疑，认为营里有埋伏，不敢进攻，这为曹操调集附近人马来援创造了时间。结果曹军不仅化险为夷，而且反败为胜，将吕布打败。历史上没有诸葛亮的空城计，曹操在麦田里上演的这场"空营计"，是最接近空城计的战例。

曹操的战马冲进麦田里

198年，曹操征南阳的张绣，时值农历三月，田野里的麦子渐熟，曹

三国的日常生活

操发布命令说自己奉天子诏书出兵讨逆,为民除害。现在正是麦熟时节,不得已才起兵,大小将校凡过麦田,有践踏庄稼的一律斩首。百姓听到,无不欢喜称颂。将士们经过麦田,都下马,不敢践踏。

但是,曹操所骑的战马大概受到了惊吓,突然窜进麦田,踩坏了一大块麦子。曹操把行军主簿叫来,问自己是不是犯了践踏麦田之罪,主簿说怎么能议丞相的罪呢?曹操说,我自己制定的法律,我又违犯,不治罪怎么能服众?该怎么解决呢?《曹瞒传》记载,曹操"因援剑割发以置地",意思是用头发代替首级。有人说曹操很虚伪,头发怎么能代替脑袋呢?其实古人对头发非常重视,认为是身体的一部分,孔子说:"身体发肤,受之父母,不敢毁伤,孝之始也。"曹操能割发代首,已经很不容易了,足以震动三军。

这个故事也从侧面说明粮食的重要性,曹操下令保护麦田,既有不扰民的意思,也有保护军粮的考虑,毕竟老百姓有了粮食,才能从百姓那里征来军粮。

费祎作《麦赋》

吴蜀结盟对抗曹魏,蜀汉经常派人出使孙吴,史书中记载,蜀汉方面数费祎访吴的次数最多,其间也有很多"花絮"。

孙权为人幽默,喜欢开玩笑,手下也有几个特别有名的辩才,诸葛亮大哥诸葛瑾的长子诸葛恪算一个,还有张温、羊道等人,都极其善辩,但跟他们在一块儿谈论,费祎毫不吃亏,每次都能占上风。孙权不甘心,拿出好酒来灌费祎,把他灌醉,再突然以国事相问,提出的问题一个比一个难,但费祎仍然没被难住,回答得条理清楚,没有遗漏。

孙权再次宴请费祎,事先故意叮嘱大家等费祎来了以后都低头吃东西,不要起身。费祎赶到,孙权停下筷子,但群下故意不起。费祎于是临场作了一首打油诗:"凤皇来翔,骐驎吐哺。驴骡无知,伏食如故。"意思

食物篇：
炒菜尚不流行

是：凤凰翩翩飞来，麒麟吐出食物，驴儿骡儿无知，低头吃食如故。孙吴方面的人听了都有些生气，诸葛恪也在场，顺口回道："爱植梧桐，以待凤皇。有何燕雀，自称来翔？何不弹射，使还故乡。"意思是：栽种梧桐大树，一心等待凤凰。等来一只麻雀，自称凤鸟来翔。何不弹子射它，让它飞回故乡。

费祎挺惊讶，他正在吃饼，于是停下来。《三国志·诸葛瑾传》记载："祎停食饼，索笔作《麦赋》。"诸葛恪当仁不让，也索笔作了一篇《磨赋》。你是麻雀我射你，你是麦子我磨你，反正不吃亏。费祎的《麦赋》和诸葛恪的《磨赋》都未能保存下来，但他们都写得很好，因为在场的众人"咸称善焉"。

姜维种麦避祸

诸葛亮死后，蒋琬、费祎、董允先后主持朝政，但他们都死得有些早。董允死后，陈祗成为处理内政的主要负责人，他缺乏之前那几位的权威，控制不了局面，还结交宦官黄皓。

258 年，陈祗也死了，黄皓进一步把持了朝政，大肆培植自己的势力，打击那些不肯顺从自己的人。黄皓还插手军队，永安都督阎宇巴结讨好黄皓，黄皓提拔他当上了右将军，用以牵制姜维。

262 年，姜维奏请后主刘禅，要将黄皓处死，但刘禅不同意，对姜维说黄皓只不过是个小人物，不必太在意。刘禅还让黄皓去向姜维谢罪，当然这只是装装样子罢了。

姜维见黄皓在朝中枝连叶附，上面又有后主的庇护，不仅感到忧虑，甚至有些恐惧。他奏请后主，自己愿常驻沓中，该地是位于岷山、迭山中的一处小盆地，在今甘肃省舟曲县境内，在陇西郡、天水郡的南方，距成都十分遥远。《华阳国志》记载："维说皓求沓中种麦，以避内逼耳。"不用兵时姜维就在沓中屯田种麦，很长时间都不敢再回成都。

02 主食：稻米

关于"五谷"，还有一个说法是指麻、黍、稷、麦、菽，与上一个版本不同的是这里没有稻而有麻。其实，相较于小麦，水稻才是起源于中国本土的作物品种，它的栽培历史可追溯到约公元前12000年前的中国湖南。1993年，中美联合考古队在湖南道县玉蟾岩发现了世界上最早的栽培稻标本。

在人们的主食清单中水稻的地位之所以不如小麦高，并险些被挤出"五谷"行列，是因为水稻的种植区域有一定限制，主要集中在南方，而在三国以及先秦时代，南方在政治、经济方面都落后于北方，这种状况一直维持到唐朝。

据赵文林、谢淑君的《中国人口史》，隋朝时北方的河北、河南、山东、山西和陕西五省人口还占全国总人口的近2/3，到盛唐时这五省人口加起来已降到全国总人口的一半以下，南方各省除个别地方外人口比重都较前有所增长。即便如此，水稻在三国时期也是人们重要的主食之一，在史书中对"稻""米"等的记载跟"麦"一样，也俯拾皆是。

皇帝赐大米

北方人喜欢吃麦类、谷类食物，南方人喜欢吃稻米，这只是大致的生活习俗，不代表北方人不吃稻米。事实上，在汉末三国时期，北方人的餐

碳化稻米
距今11000年—8600年
浙江浦江上山遗址出土

食物篇：
炒菜尚且不流行

春米画像砖
东汉
此砖上方为一座粮仓，下部两人正在春谷。
现藏于中国国家博物馆

桌上也是能吃到米的，只是不如麦子那么常见。

148年春，汉桓帝加元服，也就是举办成人礼。为纪念这一重要时刻，朝廷下诏大赦天下，同时对亲王、大臣们大行赏赐。其中，河间王刘建、勃海王刘悝得到100斤黄金的赏赐，彭城王刘定得到黄金50斤，公主、大将军、三公及以下大臣得到的赏赐是帛，具体数目不等。

普通百姓当然赏不过来，不过也有所表示。《后汉书·孝桓帝纪》记载："年八十以上赐米、酒、肉，九十以上加帛二匹，绵三斤。"这项赏赐是对天下所有80岁以上老人而言的，受赏的人应该不少。之所以把米作为赏赐物而不是其他谷类，可能是觉得米比较稀罕吧，尤其在北方。

山东吃米较普遍

北方多麦少米，但在一些地方，如首都洛阳以及经济较发达地区，米也是普通百姓经常能见到的食物。

公孙瓒的岳父是一名郡太守，后来犯了事，被判流放日南。日南郡属东汉帝国最南部的交州刺史部，该郡大体范围是今越南北部一带，当时被视为未开化之地，不仅路途遥远，而且气候殊异，很难适应，能顺利到达那里就算运气，能在那里活下去更是运气加运气了。

为保护岳父安全，公孙瓒决定亲自陪同前往，一路上照应。此去可能再也回不来了，《典略》记载，公孙瓒临行前"具米肉，于北芒上祭先人"，周围的人莫不唏嘘感动。公孙瓒的行动不仅体现了义，还被视为一种大孝，这让他在社会上知名度大增。不过，公孙瓒的运气很好，走到半路上遇到朝廷大赦，公孙瓒护送岳父又回到了家乡。

不仅洛阳，山东一带也经常食用大米。曹操手下的重要谋士程昱是东郡东阿人，时值黄巾军起兵，县丞王度烧了仓库，弃城而走。《三国志·程昱传》记载，程昱观察了县中的情况，发现"城高厚，多谷米"，可以长期坚守，于是劝本县城的一些大户回城守城，最后保住了东阿。东阿位于山东西部，东依泰山，南临黄河，这里的官府仓库里储存的不仅有麦子等谷物，还有稻米。

袁术用3000吨大米拉拢吕布

到了安徽一带，大米就更常见了，三国时期南方的军队多以大米做军粮。194年，袁术想攻打徐州的陶谦，苦于军粮不足。《资治通鉴》记载，袁术向庐江郡太守陆康"求米三万斛"，但陆康不答应，袁术大怒，命孙策进攻陆康。庐江郡的治所在舒县，今安徽省合肥市庐江县西南，辖今安徽省铜陵市、池州市以及江西省的九江市、景德镇市和上饶市等，袁术向这里的陆康借米，数量还不小，说明这里普遍种植稻米。

陶谦死后刘备接手了徐州，袁术将刘备视为敌人。那时，吕布被刘备收留，袁术于是想出来一个计策：策反吕布，让吕布做攻打刘备的马前卒。

食物篇：
炒菜尚不流行

"五谷杂粮" 辛追墓出土
现藏于湖南省博物馆

袁术之前跟吕布打过交道，吃过他的亏，知道他的为人。袁术深知没有足够的诱惑，吕布不会为自己所用。

袁术给吕布写去一封信，信中除对吕布大加奉承、讨好外，还开出了一个让吕布无法拒绝的条件。《汉末英雄记》记载，袁术在信中写道："将军连年攻战，军粮苦少，今送米二十万斛。"斛像斗一样都是量器，汉代"十合为升、十升为斗、十斗为斛"。1976年6月国家标准计量局度量衡史料组用小米实测考古发掘的汉斛，得到1斛的容量约为2万毫升，盛小米约15千克。20万斛相当于300万千克、3000吨，这么多大米，得拉上几百卡车，所以袁术在信上说将"骆驿复致"，也就是将源源不断地运到。

不过，袁术只是开了张空头支票。吕布如约发起反叛，袁术将刘备打败，事后却像得了失忆症，不再提这3000吨大米。吕布讨要，袁术却耍起无赖，这成为二人后来翻脸的直接导火索。

大米换来的九卿

195年，被挟持到长安的汉献帝刘协再陷危境，凉州军阀李傕、郭汜相攻，李傕将汉献帝劫持到自己的军营里作为人质。

汉献帝及身边的人日子很难过，内外隔绝，缺吃少穿，侍臣皆有饥色。《资治通鉴》记载："帝求米五斗、牛骨五具以赐左右。"对于这个要求，

三国的日常生活

李傕坚决不给，只给了几块"臭牛骨"。汉献帝后来逃出了长安，一路历尽艰辛，最终逃到今三门峡一带，但仍然没有吃的，眼看要饿死在那里，幸亏河内郡太守张杨闻讯"使数千人负米来贡饷"，才渡过了危机。

张杨所在的河内郡属豫北地区，以种植小麦为主，为什么背来的是米而不是麦子呢？可能是，米在当时的北方显得更"金贵"，皇帝及身边的人更习惯吃米。张杨能弄来几千人背的大米，确实不容易，所以张杨后来被汉献帝拜为大司马，这个职务不仅远高于部长级的九卿，也高于常人可望不可及的三公，分量十足。

最悲壮的大米粥

臧洪是袁绍部下，被任命为东郡太守。他最早是张超的手下，张超有个哥哥名叫张邈，跟袁绍、曹操早年是很好的朋友。曹操担任兖州牧后，身为陈留郡太守的张邈又成为曹操的手下。曹操跟张邈后来反目，在雍丘围攻张超，臧洪重义气，向袁绍提出请求，请袁绍命令曹操停止围攻，袁绍不答应。

195 年，曹军在经历了 5 个月的艰苦进攻后终于将雍丘城拿下，张超自杀，张邈之前突围搬救兵，死在途中。曹操下令夷灭张邈、张超三族。消息传来，臧洪无比悲痛，光着脚在地上走来走去，号啕大哭。一怒之下，臧洪在东郡的治所东武阳宣布与袁绍正式脱离关系。

袁绍闻讯也大怒，亲自率兵来攻打。奇迹出现了，小小的东武阳硬是打不下来，居然让袁军在城下苦攻了一年之久。后来，臧洪看到城池肯定要破了，于是对身边的人说："袁绍不行大义，我反对他，此事与大家无关，连累你们遭此大祸，你们现在逃命去吧。"可是没有人逃，大家都说："将军与袁绍无怨无仇，为的是申明大义，我们怎么能离您而去呢？"

东武阳被长期围困，城里可吃的东西基本没有了，开始还能挖个老鼠什么的，后来连弓上的牛筋都给煮了。《九州春秋》记载："主簿启内厨米

食物篇：
炒菜尚不流行

三斗，请中分稍以为糜粥。"大米粥煮好了，臧洪流着泪说："我怎么能单独享用呢？"臧洪让大家一块儿吃。臧洪还做出一个惊人举动：杀其爱妾以食将士！但和雍丘城一样，东武阳最终还是被攻破了。袁军进城后发现城里饿死的就有近万人，大家一个个互相枕着躺在那里。

能吃上粳米算"好饭碗"

王朗是三国的一个名人，出名的原因倒不在于他最后被诸葛亮骂死了。其实，历史上没有诸葛亮骂王朗这件事，王朗在当时有名气主要因为他在经学上的成就。曹操将汉献帝迁至许县后，需要召一些名士装点门面，就征王朗前来。各处战乱，道路难通，王朗竟然辗转几年才到了许县，被任命为谏议大夫。

一次，曹操请王朗赴宴，席上跟他开起了玩笑。《魏略》记载，曹操对王朗说："不能效君昔在会稽折粳米饭也。"粳米是大米的一个品种，与黏米对应。粳米不仅更好吃，而且可做药用，《本草纲目》称粳米有"主益气，止烦，止泄"的功效。曹操说的"折粳米饭"，通俗地讲就是"丢了好饭碗"。曹操这里说的是一件往事：王朗先前曾任会稽郡太守，孙策起兵江东，征讨会稽郡，王朗兵败远逃，后来投降。曹操拿王朗败于孙策、丢了会稽郡开玩笑。

王朗听完，仰头叹息说，言行举止要表现得恰如其分真是太难了。曹操问他为什么这么说。王朗回答：像我那样，当年既为汉吏，不能保境安民，所以算"未可折而折"；而您在这个场合，原本当尽地主之谊，体现恭敬好客、折节求贤的气度，想不到却如此对待新来的客人，这就是"可折而不折"了。曹操拿人家失败的往事开玩笑，结果被怼了个结结实实。

诸葛亮临终前已吃不了多少米

234年，诸葛亮第五次也是最后一次北伐，兵出关中地区的五丈原，

三国的日常生活

司马懿率兵与之相对。两国交锋，主帅的一切都是军事机密，包括健康情况、生活规律、个人嗜好等，从这些蛛丝马迹中可以推测出很多有用的信息。所以，蜀军派使者来，司马懿不问军国大事，只在看似不经心的情况下问一些关于诸葛亮日常生活方面的事。司马懿最关心的是诸葛亮的饮食情况，《晋书·宣帝纪》记载，司马懿问使者："诸葛公起居何如？食可几米？"蜀国使者显然警惕性不高，顺口回答："三四升。"

从饭量上看，诸葛亮每天只吃三四升米，这是怎样的饭量呢？汉代的容量单位除斛外还有升、斗、石等，其中10升=1斗。汉代1石为2斗，与1斛相当，也是现在的15千克左右，这一点也能从考古实测中得到印证。汉代1斗约合今3斤，照此推算，汉代1升约合今3两，"三四升"约1斤。

如果指1斤米的话，这个量绝对不低，不仅够吃，还能吃得很饱。但使者在这里所指应该不是原粮的重量，而是由粮食等做成的食物。以诸葛亮的身份，大概没有人专门去计算他的粮食定量是多少，大家能看到的是他每天"啖食"了多少东西，既包括主食，也包括菜、汤、水果什么的。

粮食与食物制成品之间有一定的折算比例，比如，1斤米蒸出来的米饭有2~3斤，50斤面蒸出来的馒头有70~80斤，这样算起来诸葛亮的"定量标准"就要大打折扣了。这还只是主食，如果扣除喝的汤、吃的菜以及水果什么的，诸葛亮每天吃到的主食实在不多。如果入口的所有食物都称重计算的话，一天只给1斤多，实在太少了，几岁的儿童恐怕都不够。

所以，诸葛亮这时吃的东西很少，已经处在只够维持正常生命线上下的水平。干的活多、睡眠不足、心理压力大，加上饭量不行，年轻力壮的人都撑不了多久，而诸葛亮此时已经54岁了，当时人的平均寿命只有30多岁，诸葛亮的这个年龄属于老年人了。以上这几个因素叠加，司马懿自然可以判断出诸葛亮的身体状况。使者走后，司马懿对手下说："诸葛孔明其能久乎！"果然，诸葛亮不久就在五丈原去世了。

食物篇：
炒菜尚不流行

孙吴灭亡时库存几万吨大米

279 年冬天，已取代曹魏的晋朝派 6 路大军进攻江东，孙吴各地守军节节败退，很多地方不战而降。第二年三月，晋朝大将王濬率舟船率先抵达孙吴的都城建业，孙皓无力反抗，让人绑上自己的双手，又抬上一口棺材到晋军营门前投降。

王濬接受了孙皓的投降，派人把孙皓一家送到晋朝的都城洛阳，由孙权一手创建的孙吴政权就此灭亡，三国也结束了。《晋阳秋》记载，王濬收下孙吴的图籍，包括 4 个州、43 个郡、313 个县，有官吏 3.2 万人、兵 23 万人，男女 230 万口，此外还有"米谷二百八十万斛"。如前推算，280 万斛相当于 4200 万千克，即 4.2 万吨，这是米谷的总数，在孙吴应以米为主，所以孙吴灭亡时库里应还存着几万吨大米。

比粳米更好吃的雕胡米

曹丕在《与朝臣书》中说："江表惟长沙名有好米，何得比新城粳稻邪？"长沙那时还不属于曹魏，是"敌占区"，曹丕的意思是，别人那里的米再好吃，也不如自己新城的粳米。新城指的是新城郡，原属蜀汉，孟达投降时将其带入曹魏，位于陕南、豫西南、鄂西北交界地带，这里也产稻米，曹丕吃了，认为"上风炊之，五里闻香"。

比新城粳米更好吃的还有一种"雕胡米"。曾在曹丕时期担任尚书的傅巽在《七诲》中写道："孟冬香粳，上秋青粱。雕胡菰子，丹具东墙。濡润细滑，流泽芬芳。"这里的"雕胡菰子"又称雕胡米、菰米、鸡头米，是一种优质米。

03 杂粮和坚果

除了小麦、稻米，三国时期还有很多别的主食品种，重要的有小米、豆子、黄米、稗谷等。至于玉米，则是三国时期还吃不到的主食。

小米：汉桓帝一次赏出上亿千克

"五谷"中的粟一般指的是小米，原产于中国。小米耐旱力强，生长期短，适合于古代黄河流域栽培，从新石器时代直到隋唐以前一直是重要的主食之一，在古籍中也称"禾""稷""谷"等。汉末三国时期，粟在北方种植面积很大，产量不低，是朝廷重要的储备粮之一。

159年，一直被外戚梁冀控制的傀儡皇帝汉桓帝刘志突然发动政变，侥幸得手，铲除了梁氏一族。汉桓帝非常高兴，草草处理完清查"梁党"的事务，准备于当年秋天出巡。虽然天气已经冷起来了，洛水即将结冰，但汉桓帝还是坚持年内开始了全国巡游计划，第一站是西京长安。

来不及准备庞大的仪仗，天子的车队由虎贲和羽林卫士前后护卫着缓缓离开了洛阳，于年底到达长安。《后汉书·孝桓帝纪》记载，汉桓帝为显示天恩，下诏："赐长安民粟人十斛，园陵人五斛，行所过县三斛。"也就是，赏赐给长安百姓，每人10斛小米；负责在长安周围守卫汉室陵园的，每人赏5斛小米；一路所经过的县，每人赏赐3斛小米。当时，仅长安所在京兆尹就有28万人，加上由洛阳到长安一路所经过的县及守卫众多汉室陵园的人，收到赏赐的保守计算也有百万人，按每人6斛计算，汉桓帝一口气就赏出了600万斛小米，接近1亿千克。

汉桓帝的大手笔可能来自他的底气，出巡之前，廷尉寺、少府寺以及洛阳县共同奏报说查抄梁氏家族的财产，变卖后可得数十亿钱，有了这笔钱，刘志觉得自己是个阔皇帝。但不好的消息随后传来，与长安近在咫尺的凉州刺史部所属的陇西、金城一带爆发了羌人起义，东汉朝廷马上面临了军费吃紧的问题。

161年，朝廷的财政危机全面爆发，汉桓帝下诏，公卿以下的公职人员全部减薪，并把本应属于王侯封地上的租税借出一半给朝廷。如此还不能支撑庞大的战争费用，第二年，甚至连天子的虎贲、羽林卫士也接到了减半俸的命令。快入冬时，虎贲、羽林卫士们都在等着换冬天的军服，却接到命令说在家里值勤站岗没有外出任务的都不换装。朝里公卿以下各级公职人员的官服原本也是朝廷供给的，因财政困难，当年的冬衣全部减半供给。

235年，也就是司马懿在五丈原"耗死"诸葛亮的第二年，关东闹起了饥荒，洛阳一带粮食短缺，魏明帝曹叡一筹莫展，而司马懿治理下的关中却粮食充足，尤其是小米，取得了大丰收。《晋书·宣帝纪》记载，司马懿"运长安粟五百万斛输于京师"，解了朝廷的燃眉之急。

豆子：不如麦和稻好吃

"五谷"中的菽是各种豆类的总称，最重要的是大豆。大豆是一年生豆科草本植物，俗称黄豆，中国是其原产地，已有4700多年的种植历史。中国的大豆约在公元前3世纪传入朝鲜，而后引入日本。欧美种植大豆较迟，清朝乾隆年间曾引入英法，但仍未正式进入大田栽培，直到1873年中国大豆在奥地利维也纳举行的万国博览会上展出后才先后被奥地利、匈牙利、美国、俄国等引种。

古人加工豆类的方法有限，相对于小麦、稻米这样的"细粮"，豆类不宜于长期当主食。所以，三国时嵇康在《答向子期难养生论》中指出："夫所知麦之善于菽，稻之胜于稷，由有效而识之。假无稻稷之域，必以

三国的日常生活

尗麦为珍养,谓不可尚矣。然则世人不知上药良于稻稷,犹守尗麦之贤于蓬蒿,而必天下之无稻稷也。"这段话的大意是:都知道小麦比豆子好,稻米比稷米好,这是已被证明,人所共知的;没有稻米、稷米的地方,必定以豆子和麦子为珍贵的东西;但是,世人不知道仙药好于稻米、稷米,其实就如同现在人们知道豆子和麦子比蓬蒿好,从而天下不再知道稻米、稷米是一样的。

"大豆万石"陶仓
西汉
现藏于中国国家博物馆

豆类的品种很多,除大豆外人们经常食用的还有小豆。名医华佗为曹操治病,曹操想让他当自己的"私人医生",华佗不愿意,借口妻子生病,请假回了家,并迟迟不归。《三国志·华佗传》记载,曹操多次写信让华佗回来,华佗一拖再拖。曹操大怒,派人去华佗家中验视,告诉派去的人:"若妻信病,赐小豆四十斛。"并且可以延长其假期,但如果有虚诈,就抓起来。结果发现华佗请假理由不实,曹操一怒之下把华佗杀了。

曹操手下有个杨沛,是一位能臣,早年当过新郑县长。《魏略》记载,兴平末年人多饥穷,杨沛组织百姓采桑葚,晒成桑葚干,还"收䝼豆",以此补充粮食的不足,共积攒下1000多斛桑葚干和䝼豆。195年,曹操西迎天子时路过新郑,部队缺粮,杨沛把这些拿出来献给曹操,曹操很高兴。䝼豆指的是一种野生的豆子,类似于绿豆,平时不食用,但收集起来也可当粮食。

236年,孙权命陆逊与诸葛瑾进攻曹魏的襄阳,陆逊派心腹带着作战计划向孙权奏报,结果被魏军俘虏,情报外泄。《吴录》记载,诸葛瑾听到这个消息后非常恐惧，立即给陆逊写信，建议趁敌人没有反应过来马上撤退，但陆逊并不慌，"方催人种葑豆，与诸将弈棋射戏如常"。"葑豆"不是一种豆类新品种，而指的是葑和豆子，其中葑是蔓菁，也就是大头菜。

黄米：诸葛亮老师的最爱

"五谷"中的黍也称"稷""糜子"，一年生草本植物，籽实煮熟后有黏性，可以酿酒、做糕等，俗称黄米。《说文解字》说："黍，禾属而黏者也。"《礼记·月令》说："天子乃以雏尝黍。"

三国时期，黍也是重要的主食之一。汉末有个名叫承宫的人，琅玡人，跑到蒙阴山里避世。《续汉书》记载，承宫在山里"耕种禾黍"，眼看就要成熟，这时有人来到山中，认出了承宫。承宫只想在一个熟人找不到的地方生活，于是将快成熟的禾黍都推倒了，离开了那里。

不仅北方地区大量种植和食用黄米，荆州一带也常以此做主食。《襄阳记》记载，诸葛亮的老师司马徽寄居在襄阳，跟名士庞德公交好。司马徽喜欢吃黄米饭，每次去庞德公家造访，都不经通报直接进入内室，并且"呼德公妻子，使速作黍"，看来他比较喜欢吃这种黄米饭。

黄米最适合喂鸟，三国时期的阮籍得到两只鸠鸟，非常喜欢，"常食以黍稷"，这两只爱鸟后来"为狗所杀"，阮籍伤心不已，专门写了一篇《鸠赋》以示纪念。

稗谷：关键时候顶大用

196年，曹操把汉献帝及朝廷迁到许县，为解决吃饭的难题，在许县开始屯田，第二年就获得了好收成，得余粮百万斛。取得这样的大丰收，除了新的农业政策发挥作用外，据《齐民要术》介绍，还跟一种粮食品种的大面积推广分不开。这不是新品种，它的名字叫"稗"，其实就是一种

三国的日常生活

杂草,不怕旱涝,容易生长,在《齐民要术》和《氾胜之书》这两部古代最有名的农业著作里,对它都有详细介绍。

这种杂草也结穗,只是穗比较小,一般的作物出粮率可能在60%左右,而这种作物只有30%~40%,而且吃起来味道也不怎么样。但这种作物有一个明显优势,那就是产量特别高。一般粮食作物亩产约为7斛,按照60%的出粮率,实得粮食大约4斛;种稗谷1亩可收获30斛,即便按30%的出粮率,实得粮食也近10斛。据《齐民要术》记载,曹操下令种植这种作物,"顷收二千斛",即100亩地收获2000斛稗谷,粮食单产大增。《氾胜之书》还说,用粪便拌种子产量还会更高,不知道曹操让人试过没有。

这种粮食口味虽然不佳,但作为战马的饲料应该没问题。种这种粮食,撒些种子在地里就能长,不用浇水除虫,不耽误军事训练,确实很不错。

玉米:三国吃不到的主食

三国时代,人们的主食已经非常丰富了,形成了北方以小麦为主、南方以稻米为主、兼有其他"五谷"的主食结构。但三国时期也有人们吃不到的主食,比如玉米。

玉米原产于中美洲和南美洲,1492年哥伦布在美洲发现印第安人以玉米为食物,将其带回欧洲。在传入欧洲55年后的1551年,也就是明朝嘉靖三十年,河南《襄城县志》才出现了关于玉米在中国的最早文字记载,4年后由云南土司进贡的玉米在送入北京途中经过河南巩县,又被《巩县志》记载下来。为了撰写《本草纲目》行走四方的李时珍,在游走采写过程中也发现玉米在长江中下游的种植,但当时"种者亦罕"。

板栗:饥荒时节可当粮

板栗起源于中国,至少出现在2500年前。《诗经》里提到过板栗,在

食物篇：
炒菜尚不流行

《鄘风·定之方中》写道："定之方中，作于楚宫。揆之以日，作于楚室。树之榛栗，椅桐梓漆，爰伐琴瑟。"大意是：定星出现在天空正中，楚丘宗庙开始动工。日影用以测方向，打好住宅地基功。种植榛树和栗树，还有梓漆和梧桐，成材可做琴瑟用。陆机为《诗经》作注时说："栗，五方皆有，周、秦、吴、扬特饶；惟渔阳、范阳栗甜美味长，他方不及也。"

三国时，汉献帝从长安东归，一路历尽艰辛，最终到达一个名叫安邑的地方小歇。这时的最大问题是没有吃的，所幸附近的栗子和枣成熟了，可充当粮食，避免被饿死在这里。《后汉书·献帝伏皇后纪》记载："既至安邑，御服穿敝，唯以枣栗为粮。"

板栗虽归于水果之属，但不仅能当粮食，还能做菜。现在板栗最流行的吃法是糖炒栗子，但三国时期还没有这种吃法，糖炒栗子据说始于南宋，陆游在《老学庵笔记》中记述汴京的炒菜专家李和在外族入侵时家破业敝，他的儿子带着炒栗子的绝技流落燕山，还用献给故国使者的栗子表达自己对统一祖国的热望，这是关于糖炒栗子的最早记载。

三国时期，栗子的最常见的做法是蒸。《全三国文》中收录有曹丕写给钟繇的一封信，信中对钟繇送给自己的一块玉玦进行了赞美，其中一个比喻是"黄侔蒸栗"，是说玉石的颜色像刚蒸出来的栗子一样，同时显得很饱满很圆润，这说明把栗子蒸着吃在当时很流行。《魏氏春秋》中也有吃栗子的记载，说的是曹魏少帝曹芳喜欢吃栗子。

04 蔬菜

中国古代的主食有"五谷",蔬菜也有"五菜",一般指的是葵、韭、藿、薤、葱。《黄帝内经·藏气法时论》说:"五菜为充。"《黄帝内经·五味》说:"葵,甘;韭,酸;藿,咸;薤,苦;葱,辛。"

韭菜:春季做羹的首选

韭菜原产于我国,有3000多年的栽种历史,《诗经》中有"献羔祭韭"的诗句,南北各地都可种植。韭菜每年收割七八茬,故有"剃韭菜,寅时割了卯时来"的民谚。

在《太平御览》里保存有诸葛亮写给部下张裔的一篇教文,里面提到了韭菜:"去妇不顾门,萎韭不入园。"字面意思是:离了婚的女人不回家门,衰萎的韭菜不进园子。但如果这样理解,就曲解了诸葛亮的本意。诸葛亮说的是,离了婚的女人不会回头去看原来的家门,衰萎的韭菜不愿意待在菜园里,强调的是一种气节。

嵇康写了一篇《养生论》,向秀写《难嵇叔夜养生论》质疑,嵇康又写《答向子期难养生论》回应,其中提到"务光以蒲韭长耳"。务光是传说中的隐士,相传他因才德过高而被商汤设计害死。《神仙传》记载有务光的事迹,其中说他"耳长七寸,好琴,服蒲韭根"。多吃韭菜能不能让耳朵变长?似乎没有多少科学道理。刘备耳朵长是不是因为韭菜吃得太多?也无从考据。

曹魏文人缪袭写过一篇《祭仪》,讲祭祀中的礼仪,其中写道"春祀调和羹,芼以韭"。韭菜是春、夏、秋三季都有的蔬菜,有大棚的话,冬天也可以吃到，但春韭无疑最好吃。杜甫写诗"夜雨剪春韭，新炊间黄梁"，《红楼梦》里有诗"一畦春韭绿，十里稻花香"，称赞的都是春天的韭菜。

薤菜：大臣们的"班中餐"

薤菜是一种多年生草本植物，地下有鳞茎，叶子细长，花是紫色的，鳞茎可做蔬菜，也被称作藠头。薤菜起源于中国，商朝时就有种植和食用薤菜的习惯，已有近4000年的历史。薤菜白净透明、皮软肉糯、脆嫩无渣、香气浓郁，被视为席上佳品。

在曹操的诗歌作品里有一首《薤露行》，这是乐府曲调名，属相和歌，原是送葬的挽歌，后来多被文人用旧调写时事，源自西汉无名氏创作的杂言诗《薤露》，诗作从薤上的露水容易晒干起兴，写人生的短暂，又以露水干了明天还能再降落来反衬人的一去难以回还。

袁尚手下有位主簿，相当于他的办公室主任，名叫李孚，巨鹿郡人，年轻时种过薤菜。《魏略》记载："（李）孚，字子宪……为诸生，当种薤，欲以成计。"有人向其索要过薤菜，李孚一根也不给。李孚挺有本事，为了给被围的部队报信，曾一个人单闯曹军大营并取得成功，不过他后来也投降了曹操。

《北堂书钞》里保存有几条曹植所写奏表的残句，其中一句："诸公熙朝之辅，每作粥食之候，肴惟蔬薤。"这里的"辅"应该当"晡"讲，指的是下午3点到5点，也就是申时。这句话的大意是：各位大臣退朝时已到下午，喝点儿粥作为加餐，佐粥的只有薤菜。

葱：刘备许县种葱做掩护

葱是日常厨房里的必备之物，北方以大葱为主，它不仅可做调味之品，而且能防治疫病，可谓佳蔬良药。葱起源于半寒地带，喜冷凉，不耐

三国的日常生活

炎热。中国是葱的原产地之一,相传神农尝百草时找出葱,便作为日常膳食的调味品,各种菜肴必加香葱而调和,故葱有"和事草"的雅号。《诗经》中提到"山葱",《说文解字》说,"葱生山中者名,细茎大叶者是也"。《尔雅翼》中提到,葱有冬葱、汉葱、胡葱、茖葱4种,冬葱夏衰冬盛,汉葱冬枯,胡葱茎叶粗短,茖葱生于山谷,不入药用。

嵇康在《圣贤高士传》中讲到一个名叫井丹的人,关中人,博学有才,王侯纷纷请其出山相辅,都予以拒绝。新阳侯反复邀请,不得已去了,"侯设麦饭葱菜,以观其意"。井丹说:"我听说能在君侯这里吃到美膳,所以才来。饭菜为什么如此简陋?"新阳侯这时才让人端来盛馔。葱多用于调味,很少单独以葱做菜。

刘备跟随曹操到许县后,曹操以朝廷的名义任命他为左将军,但其实是将他软禁了起来,行动没有多少自由,曹操还常派人去窥探情况。《华阳国志》记载,刘备为打消曹操的疑心,在住的宅院里开出一块菜地,在那里种菜,做出一副不关心时事的样子。一次,曹操派的人又来隔墙窥视,"见其方披葱,使厮人为之,不端正,举杖击之"。回去报告给曹操,曹操对刘备的戒心果然消去不少。

芜菁:适合做酸菜

关于刘备在许县种菜的事,《吴历》也做了记载,不过说的不是种葱,而是种一种叫芜菁的菜:"备时闭门,将人种芜菁。"曹操的人走后,刘备立即叫来张飞、关羽,对他们说:"吾岂种菜者乎?曹公必有疑意,不可复留。"刘备于是带着关羽、张飞逃离了许县。

芜菁也是早期常吃的蔬菜,叶和根、茎可食,但根、茎味苦。《诗经》里称芜菁为"葑",《诗经·谷风》有"采葑采菲,无以下体"的诗句,意思是采摘葑和菲,不要因为其根、茎有苦味就连叶子也不要了。"采葑采菲"后来成为一个成语,比喻不因其所短而舍其所长。芜菁味苦,直接食

食物篇：
炒菜尚不流行

用味道确实不佳，人们后来喜欢用其做酸菜或泡菜。

姜蒜：蜀姜最有名

姜、蒜等调味类蔬菜在三国时期也都经常吃，葛洪在《神仙传》中讲到过介象为孙权表演方术的故事，介象"变"出了鲻鱼，孙权很高兴，问介象怎么吃，介象说可以"作生鲙"，也就是吃生鱼片。孙权说："闻蜀使来，得蜀姜作齑甚好，恨尔时无此。"孙权的意思是，要吃生鱼片，蘸料很重要，听蜀国来的使者说，蜀姜做蘸料最好，可惜这里没有。介象说，这个很容易，你派人去买就行，很快就可以买回。孙权知道介象又要施"法术"了，就派了一个人，交给他 50 钱，介象"书一符，以著青竹杖中，使行人闭目骑杖，杖止，便买姜讫"。这个人说，自己骑着竹杖，一会儿工夫就到了成都市中，在那里买了姜，又在市中遇到出使蜀国的张温，张温"便作书寄其家"，有姜和张温的信，众人不得不信。此事虽不足为信，但里面提到"蜀姜"，认为它比一般的姜更好，却是可信的。

铜姜礤
西汉
上半部分为方形凹槽，用来摩擦生姜，从漏孔处挤出姜汁
现藏于南越王博物馆

三国名医华佗为人看病，在路上遇到一个人咽部有堵塞感，咽不下东西，家人用车子拉着就医。《三国志·华佗传》记载，华佗听到他的呻吟声，前去诊视，对其家人说："向来道边有卖饼家蒜齑大酢，从取三升饮

之，病自当去。"家人照着做了，到卖饼的人家弄来很多蒜汁，用3升水灌下，之后此人竟然从嘴里吐出一条蛇来，病也就好了。

花椒：出乎意料的特殊用途

花椒是重要的调味品，《诗经·唐风》中有诗句："椒聊之实，蕃衍盈升。"意思是：花椒的籽实一串又一串，籽实繁多，采满一升。花椒树结实累累，是子孙繁衍的象征，《诗经》用的就是这个意思。班固在《西都赋》称"后宫则有掖庭椒房，后妃之室"，意思是皇帝的妻妾用花椒泥涂墙壁，谓之椒房，希望皇子们能像花椒树结籽一样旺盛。

172年，汉桓帝的皇后窦妙驾崩，宦者对其不满，打算用贵人之礼下葬。《后汉书·孝灵帝纪》记载，太尉李咸得病在家休养，听说后强撑着上朝，临行前"捣椒自随"，也就是把花椒捣碎，随身带着。李咸对妻子说："若皇太后不得配食桓帝，吾不生还矣！"在几百人参加的朝会上李咸等大臣拼死力争，汉灵帝最终从其所奏，窦妙得以与已故的汉桓帝合葬在宣陵。

曹魏名臣钟繇晚年纳妾张氏，生下钟会，张氏受宠，钟繇为了张氏甚至休了正妻，这件事在当时产生很大影响。《魏氏春秋》记载，事情也传到卞太后那里，卞太后大约觉得钟繇不像话，就让魏文帝曹丕把钟繇叫来质问，相当于"诫勉谈话"。钟繇恚愤，当场要饮鸩自杀，但没有找到鸩酒，于是"餐椒致喋"，也就是吞下很多花椒，以至于说不出话来，魏文帝的这次谈话才停止。

上面这两件事不是史家杜撰的，人们确实很早就发现花椒有毒性。现代科学也证实，花椒中含有呋喃香豆素类天然化合物，称为"花椒毒素"，不溶于水，能抑制中枢神经，少量食用不会造成伤害，但大量服用可致中毒，造成头昏、恶心、呕吐、口干，甚者抽搐、昏迷、呼吸困难等，最后可致食用者因呼吸衰竭而死亡。

三国吃不到的蔬菜

除了上述这些蔬菜，三国时期还可以吃到白菜，其原产地也是中国，在西安新石器时代的半坡遗址出土的一只陶罐中就有白菜籽，说明其人工种植的历史至少有 6000 年了，不过在古籍中很少有"白菜"这样的词，它被称为"菘"。

三国还能吃到豆腐。一般认为豆腐起源于汉朝，是淮南王刘安发明的食品，至今已有 2000 多年的历史。1960 年在河南密县打虎亭东汉墓发现的石刻壁画上，就绘有制作豆腐的过程。

密县打虎亭汉墓墓顶壁画
东汉

现在人们常吃的主要蔬菜中，萝卜是三国时期吃不到的。其中白萝卜在中国的种植历史仅 1000 多年，最早的考古和文献只能上溯到唐朝太和年间；胡萝卜原产于亚洲西南部，在世界上的栽种历史虽然在 2000 年以上，但到 13 世纪才由伊朗引入中国。

三国的日常生活

土豆也是三国时期吃不到的蔬菜。土豆又名马铃薯,原产于南美洲安第斯山区,直到地理大发现、新航路开辟后才"西食东渐",逐渐进入中国人的食谱里,最早的时间大约在明朝万历年间。一开始由于品种的特殊与罕见,土豆仅达官显贵才能享用,也常常出现在宫廷食谱中。

05 肉类

吃肉曾是少数人的特权

在远古时代，由于生产力水平低下，加上统治者的残酷剥削，所以一般老百姓不容易吃到肉。《孟子·梁惠王章句上》说："五亩之宅，树之以桑，五十者可以衣帛矣。鸡豚狗彘之畜，无失其时，七十者可以食肉矣。"这段话是孟子为齐宣王描绘的理想社会的图景，其中一个标准，就是70岁以上的老人都能吃上肉。

在制度方面，秦汉以前统治者对食肉有严格的限制，周礼规定：天子可以食用牛肉；诸侯平时可以食用羊肉，只有每个月初一才能食用牛肉；大夫平时可以食用猪肉、狗肉，只有每个月初一才能食用羊肉。当时，王侯贵族在每个月初一所备的食物都会比平时丰盛，叫作"朔食"，食物的规格可以高出一等。除此之外，在祭祀或天子、诸侯举办宴会时大夫才得以食用牛肉。"肉食者"在很长时间里是对统治阶层的一种称谓，如《左传·庄公十年》载曹刿论战："十年春，齐师伐我，公将战。曹刿请见。其乡人曰：'肉食者谋之，又何间焉？'刿曰：'肉食者鄙，未能远谋。'乃入见。"

除了牛、羊、猪、狗，马、鸡也在食用范畴，它们合称"六牲"，如《周礼·牧人》："掌牧六牲，而阜蕃其物，以共祭祀之牲牷。"

郑玄注："六牲，谓牛马羊豕犬鸡。"《周礼·膳夫》："凡王之馈，食用六谷，膳用六牲。""六牲"中的马是车战和骑战时代的重要资源，属国家的"战略物资"，加上古人认为马肉有毒，如《饮膳正要》认为"食马肉中毒，嚼杏仁即消，或芦根汁及好酒皆可"，所以马肉渐渐退出人们的

三国的日常生活

画像砖（临摹品）
三国·魏/西晋

餐桌，"六牲"变成"五畜"，与"五谷""五菜"对应。《汉书·地理志》记载："民有五畜，山多麈麖。"颜师古注："（五畜：）牛、羊、豕、鸡、犬。"

三国时期，在制度层面对吃肉的限制没有那么严格了，普通百姓也能吃上肉，只是由于战乱，经济倒退，对普通人来说吃肉并不是一件容易的事。从肉的种类上说，除"五畜"外，鸭、鹅、兔等也在人们的食用范围之内。

牛肉：酒的"最佳搭配"

人类出现在地球上的历史大约是300万年，但牛出现得更早。据考古

食物篇：
炒菜尚不流行

发现，距今 300 万年前后出现的早期直立人开始狩猎，而那时已经有了体积庞大的野牛。当时的人类主要狩猎对象是野兔等小型动物，野牛、野猪等对人类还存在很大威胁。随着人类的进步，到晚期直立人时期，也就是距今 150 万至 30 万年前，野牛已经成为人类的重要狩猎对象，在早期人类留下的岩画中可以看到这样的场景。

弓箭发明前，人们狩猎野牛这样的大体积动物还有很大难度和危险，人们想出一个办法：用石灰岩制成石球，作为投掷武器，系在长皮带的两端用力甩出，可将皮带缠绕住奔跑中野牛的腿。位于山西阳高县的许家窑遗址属旧石器时代中期，曾出土了 1600 多个这样的石球。距今约 1 万年前，人类开始普遍制造和使用弓箭，相对于石球和能投掷的矛，弓箭射程更大，对野牛的杀伤距离可达 80 米至 100 米，狩猎者的安全性大为提高。新疆天山南部的库鲁克塔格山岩画中有一幅围猎野牛的岩画，反映的是一群猎人将一头野牛团团围住的场景。

约在新石器时代早期，人们开始对牛进行驯化。人们将捕获的野牛幼犊圈禁饲养，经过不断繁育，使牛的野性逐渐消失，成为家牛。浙江余姚河姆渡和桐乡罗家角遗址发掘出的水牛遗骸证明，大约 7000 年前，中国东南沿海或沼泽地带的野水牛已开始被驯化。在宁夏贺兰山岩画、云南沧源岩画等中也发现有牧牛的场景。

牛不仅能为人类提供肉食，还可以用于运输。发现于新疆阿勒泰乌图不拉克的岩画《牛车图》，上面有车轮，不过只有简单的圆木，没有车辐和车辕，

七牛虎耳青铜贮贝器
西汉
现藏于中国国家博物馆

三国的日常生活

用两条绳子系在牛角上,属最早期的用牛拉车的场景。大约在商代出现了牛耕,商代卜辞中常见"犁"字。到了春秋战国时期,以牛拖犁的垦耕方式得到广泛应用。孔子有个弟子名叫冉耕,取的字是伯牛,反映了春秋时期牛与耕已经有了广泛联系。

三国时期,牛肉已经不是帝王才能享用的东西,上至大臣、将军,下到普通士卒、百姓都能吃到牛肉,牛肉作为上等食材,是重要宴会上的必备之物,形成"酒不离牛"的风尚,史书中常以"牛酒"并称,如:

乃出,延岐入,椎牛锺酒,快相娱乐。(《三国志·张恭 张就传》)

坚以牛酒礼咨,咨明日亦答诣坚。(《三国志·孙坚传》)

长广县丞等郊迎奉牛酒,诣郡。(《三国志·何夔传》)

宝果从数百人赍牛酒来候使。(《三国志·刘晔传》)

宗人奉牛酒大会。(《三国志·程昱传》)

暨散家财以供牛酒,请其渠帅,为陈安危。(《三国志·韩暨传》)

椎牛飨将士,明日大战。(《三国志·张辽传》)

赐牛酒,令上先人墓。(《三国志·徐晃传》)

及蒙攻之,乃以牛酒出降。(《吴录》)

赐饶安田租,勃海郡百户牛酒,大酺三日。(《魏书》)

徵命相仍,常以八月赐牛酒。(《三国志·王烈传》)

诏弟孚、子师送过温,赐以谷帛牛酒。(《晋书·宣帝纪》)

曹植曾作《上牛表》:"臣闻物以洪珍,细亦或贵。故不见僬侥之微,不知浃渃之泰,不见果下之乘,不别龙马之大。高下相悬,所以致观也。谨奉牛一头,不足追遵大小之制,形少有殊,敢不献上。"大意是:我听说物体因高大而珍贵,但细小的东西也可以珍贵。不看见僬侥国的人身材矮

032

食物篇：
炒菜尚不流行

小，就不知道浊潒国的人身材高大，不看到果下的马，就不能分辨出龙马的高大。高下之间差距很大，所以可供纵目极观。谨献上一头牛，不足以追寻大小的制度，只是其形体稍有特殊，所以怎敢不献上。"

在三国时期，牛是很宝贵的动物，也是人们的重要助手，遇到客人或需要帮助的人，如果能把正在耕地或拉车的牛杀了招待对方，这将是极为豪爽和仗义的事，董卓和刘翊就做过这样的事。

董卓是陇西郡临洮县人，那里是东汉的"大西北"，也是少数民族聚居区。董卓的父亲董君雅后来到了内地的颍川郡纶氏县当县尉，董卓年轻时随父亲在内地生活。《后汉书·董卓列传》记载："后归耕于野，诸豪帅有来从之者，卓为杀耕牛，与共宴乐。"一些羌族豪杰大老远跑来看望董卓，董卓带他们回家，高兴起来，甚至把自己正在干活的耕牛都杀了款待客人。董卓的豪爽感动了这些羌族朋友，回到老家后，他们竟然搜集了1000多头牲畜赠送给董卓，董卓由此以健侠而闻名。

刘翊是颍川郡颍阴县人，跟荀彧是同乡，家里很富有，喜欢接济别人。刘翊曾在路上遇到一个人，车子毁坏了，刘翊上去询问，得知这个人的老师病故要去奔丧，刘翊马上把自己的车子送给他，之后策马而去，真正"做好事不留名"。汉献帝想任命刘翊担任陈留郡太守，上任的路上，刘翊不断见到有逃难的人，见一个就资助一个，把马卖了给人家买棺材，把衣服脱了给人家入殓，刘翊最后只剩下了牛车，刘翊让人把驾车的牛杀了，救济穷人。《后汉书·刘翊传》记载："又逢知故困馁于路，不忍委去，因杀所驾牛，以救其乏。"别人得救了，但刘翊饿死在了路上。

普通农户已开始养猪

在三国时期的史籍里，除有"猪"字的记载外，很多时候也使用猪的别称，最多的是"豕"，其次是"彘"和"豚"。远在夏商时期，猪还处在逐渐驯化之中，到了西汉时期，百姓开始大规模饲养家猪，有人饲养了几

三国的日常生活

百头猪。《史记》记载:"泽中千足彘……此其人皆与千户侯等。"1头猪有4条腿,"千足彘"相当于250头猪,在人们心目中足以与千户侯相比了。在出土的两汉时期陶俑中,也有很多饲养家猪的场景。

陶猪圈
东汉　现藏于中国国家博物馆

三国时期,饲养家猪和吃猪肉成为普通百姓生活的一部分。嘉平中,弘农有个郡太守叫刘类,平时待人刻薄寡恩。《魏略》记载,刘类外出时,曾住在一农户家,"民家二狗逐猪,猪惊走,头插栅间,号呼良久",刘类不明真相,听到外面喧哗,认为是手下大吃大喝,所以不问青红皂白就派人出去责问,最后发现弄错了。这个记载说明,三国时期的普通农户已经开始养猪了。

三国时期猪肉很常见,是人们经常吃的肉类。吕布临死前被曹操围在下邳,长达几个月,城里粮草困难。《九州春秋》记载,吕布手下将领侯成丢了15匹马,又追了回来,侯成刚好"猎得十余头猪",为庆贺战马失而复得,就把猪杀了请客,没吃之前,先拿了半头猪和5斗酒献给吕布。下邳一带应该没有什么野猪可供猎杀,而侯成又被困在城内,更不可能打猎,所谓"猎得"应该是"抢得"。

三国时期不仅猪肉较常见,人们也食用或使用猪油。190年,董卓乱

食物篇：
炒菜尚不流行

洛阳，四处烧杀抢掠。在与关东联军作战中董卓所部俘虏了不少敌兵，为震慑对手，董卓将他们残忍杀害，常用的办法是活活烧死，炼烧之前，往往用猪油涂满全身，再用布缠住身体，手段异常残忍。《资治通鉴》记载："卓获山东兵，以猪膏涂布十余匹，用缠其身，然后烧之，先从足起。"

除了养猪，三国时期还出现了运输、贩卖家猪为主的职业，类似于现在的贩猪专业户。《三国志·管辂传》记载，善于占卜的管辂在路上遇到一个丢了妻子的人，管辂"教使明旦于东阳城门中伺担豚人牵与共斗"，也就是第二天在城门处等一个挑着猪的人，故意跟他发生摩擦。丢妻子的人照着做了，一番缠斗，那人挑的猪跑了，挑猪的人去追，丢妻子的人在后面跟随。追到了一处人家，在那里发现了丢失的妻子。

三国时期也有专业的屠户，大将军何进以及何皇后就出身于南阳的屠户之家。不过，人们所熟悉的张飞却不是"杀猪的"，《三国志》对张飞的身世交代得很简略，只说他字益德，是涿郡人，并没有交代他的具体职业。

羊肉：餐桌上不常见的美味

古人吃羊肉的历史更短一些，约4000年。不过，古人特别喜欢羊肉的味道，比如"美"字，字面上看是"羊大则肥美"，《说文解字》："美，甘也，从羊从大。"再如"羞"字，在甲骨文中是个象形字，描绘的是一个人手里拿着羊的样子，表示进献美好食物。

还有"鲜"字，不仅也与羊有关，还有一个传说。据说，尧舜时期的彭祖寿命很长，晚年时特别喜爱自己的幼子夕丁。夕丁喜欢捕鱼，因为担心幼子的安全，彭祖严格禁止夕丁靠近河水。一天，夕丁没有听从父亲的警告，又去河里抓了条鱼回来。彭祖的妻子知道后，担心儿子被责罚，偷偷把鱼和羊肉混在一起煮，没想到异常美味。彭祖也很喜欢，为形容这种特别的味道，发明了"鲜"字，并给这道菜取名为"羊方藏鱼"，在中国

三国的日常生活

彩绘木羊群
汉代　现藏于甘肃省博物馆

传统古典菜中被称为第一名菜。

三国时期，人们虽然也食用羊肉，但从史籍记载情况看，似乎不如牛肉、猪肉那样普遍，可以检索到的有以下几条：

> 天子饥渴，贡宰羊进之。（《献帝春秋》）
> 策命丹杨郡以羊酒召然。（《三国志·朱然传》）
> 但遣主簿奉书，致羊酒之礼。（《三国志·张辂传》）
> 遣长吏时以存问，常以八月赐羊酒。（《艺文类聚》）

这几条记载都与礼制甚至与皇帝有关，似乎说明羊肉是一种高档的肉类品种，不是普通百姓餐桌上能随便看到的。这是由什么原因造成的尚不得而知，也许与当时羊不容易饲养、产肉量低有关。

磔鸡除不祥

家鸡也是由野生鸡驯化而来，中国是世界上饲养家鸡最早的国家之一，在甲骨文里就有"鸡"字。

食物篇：
炒菜尚不流行

三国时期，养鸡、吃鸡已较为普遍：

有志介，尝过姊，姊为杀鸡炊黍而不留也。（《魏略》）
韦乘车载鸡酒，伪为候者，门开。（《三国志·典韦传》）
恩使客节酒、戒肉、慎火，而射鸡作食。（《三国志·管辂传》）
旦日，容杀鸡为馔，泰谓为己设。（《资治通鉴·汉纪四十七》）

彩绘木鸡
汉代　现藏于甘肃省博物馆

曹操有个忘年交，名叫桥玄，曾任三公。据曹操所写的《祀故太尉桥玄文》，桥玄生前曾跟曹操相约，在自己死后，每次曹操路过自己的坟墓，都要拿鸡、酒来祭奠自己，"不以斗酒只鸡过相沃酹，车过三步，腹痛勿怪"。这虽是玩笑话，但曹操记住了，以后行军路过桥玄墓，都专门带着鸡、酒等前去祭奠，还写过祭文。

曹操夺汉中时，面对强敌刘备，曹操生出退意，但一时尚犹豫不决。《九州春秋》记载，有人向曹操请示行军口令，曹操"出令曰'鸡肋'，官属不知所谓"，只有杨修知道含义，看出"夫鸡肋，弃之如可惜，食之无所得"，说明曹操想放弃汉中了。

三国的日常生活

有一个"只鸡絮酒"的典故，说的是汉末三国时期的徐稚被黄琼等人征召，虽然没有赴命，心中却不忘感念。据孙吴人谢承所著的另一部《后汉书》记载，黄琼等故人死后，徐稚不怕路途遥远一定去坟前吊唁，临行前"常于家豫炙鸡一只"，担心鸡在路上坏掉，就用"一两绵絮渍酒中，暴干"，然后用来裹鸡。到了坟前再用水渍绵，不仅鸡不坏，而且"有酒气"，祭拜一番，也不跟家属说自己来过。"只鸡絮酒"说的是用一只鸡和棉絮渍酒祭奠，指微薄的祭品却代表深厚的情义。

鸡蛋也是三国时期人们常吃的东西，史籍多称"鸡卵"或"鸡子"。诸葛瑾的大儿子诸葛恪字元逊，从小就很聪明，孙权很喜欢他，让他跟自己的儿子孙登一块儿玩。《三国志·诸葛恪传》记载，有一次诸葛恪跟孙登闹翻了，孙登骂道："诸葛元逊可食马矢。""马矢"就是马粪。诸葛恪回骂："愿太子食鸡卵。"孙权刚好听到了，不解何意，问诸葛恪，诸葛恪说："所出同耳。"意思是，鸡蛋跟马粪都是从同样的地方出来的，孙权听了大笑。

曹操曾写过一篇《鹖鸡赋》，已经失传，在《艺文类聚》中可见其序言："鹖鸡猛气，其斗终无负，期于必死。今人以鹖为冠，像此也。""鹖鸡"是一种善斗的鸡，有一种"不死不休"的精神，用鹖鸡的毛装饰武士的冠，可激励士气。

三国时期，人们还流行着"磔鸡"的风俗，也就是在正月初一这一天把鸡杀了，挂在门上，以除不祥。《全三国文》中收录有曹魏大臣王肃写的《腊议》，其中写道："季冬大傩，旁磔鸡，出土牛，以送寒气，即今之腊除逐疫，磔鸡、苇绞、桃梗之属。"意思是：前人冬天大傩、磔鸡、出土牛这些风俗，都是为了送寒气，就像现在为了避免疾疫而进行磔鸡、苇绞、桃梗等风俗一样。

养鸭为了吃也为了娱乐

据科学家研究发现，鸭子起源于恐龙时代。家鸭的祖先叫绿头鸭，其

食物篇：
炒菜尚不流行

故乡在亚洲、欧洲和北美洲的广大地区。中国养鸭的历史久远，在古籍《尔雅》中就记载了伏羲氏发明网捕捉野鸟的事，其中被捕的野鸟中就有绿头野鸭。当时将野鸭称之为凫，家鸭称之为鹜。在距今 3000 至 2500 年前，中国南北广大地区很多地方就已经养鸭了，而且鸭的形态很美，从而被古人塑造成各种各样的观赏品。

到三国时期，鸭子已经成为人们驯养的三大家禽之一，鸡、鸭、鹅与人们生活息息相关。

画像砖（临摹品）
三国·魏/西晋

在三国之前的两汉，共出土了 20 多件鸭形文物，其中在山西平陆县出土的一座陶楼中，有一只鸭子的彩陶位于陶楼最下层，并且呈现出游泳嬉戏的状态。汉朝时有人专门写了《相鸭经》一书，可惜已经失传。关于养鸭，《齐民要术》记载，在每一群鸭中要有五雌一雄，为了能让鸭子孵蛋的效率更高，西汉时有人发明了用鸡孵鸭蛋的办法，还可以"先刻白木为卵形，窠别著一枚以诳之"。

曹魏齐王曹芳在位时司马师、司马昭专权，中领军许允义愤填膺，密谋政变，想先把司马昭抓起来，再控制他手下的人马，胁迫司马师交权。

三国的日常生活

如此冒险且根本不靠谱的行动居然打动了曹芳,他同意并命人书写诏书。《三国志·少帝纪》记载,正写着诏书,司马昭进来了,曹芳当时一边吃着栗子一边看优人表演,一个名叫云午的优人唱道:"青头鸡,青头鸡。"青头鸡就是鸭子,云午大概是在提醒曹芳不要轻举妄动,曹芳领会,诏书写好了也不敢发。司马师让人敦促许允速去上任,许允刚一动身,有关部门便举报许允之前有经济犯罪行为,于是把他逮捕,交廷尉审讯,后来死罪虽免,但仍被流放边地。

相对于鸡,鸭子姿态更美,而且更有活力,也更好斗,所以三国时期有斗鸭的传统。曹丕当皇帝后就喜欢斗鸭,《江表传》记载:"魏文帝遣使求雀头香、大贝、明珠、象牙、犀角、玳瑁、孔雀、翡翠、斗鸭、长鸣鸡。"曹丕向孙吴索要这些东西,引起孙吴大臣们的不满,大家认为"魏所求珍玩之物非礼也,宜勿与",但孙权看得比较开,"皆具以与之"。

另一个喜欢斗鸭的人是孙权的儿子孙虑。孙权称帝后,自己回了建业,留太子孙登以及诸皇子在武昌,陆逊也在武昌辅佐太子,掌荆州事务。孙虑被封为建昌侯,也在武昌,《三国志·陆逊传》记载:"时建昌侯虑于堂前作斗鸭栏,颇施小巧。"针对此,陆逊曾正色劝阻,孙虑也不敢有多余的话,"即时毁彻之"。

鹅:有人拿来试"法力"

鹅是由鸿雁驯养而来的,在距今约3000年的殷商时代,殷王武丁的配偶名叫妇好,在其墓葬中出土了很多文物,其中有3件玉鹅,形态与家鹅十分相似,表明中国是驯化、饲养家鹅较早的国家之一。

在早期的古籍中鹅被称为"舒雁""家雁"或"雁",在距三国时期不远的晋朝,书法家王羲之以酷爱鹅而著称。会稽有一独居老妇,养的一只鹅善鸣,王羲之想买下来,但没有成功,王羲之于是携亲友坐着车去观看。哪想老妇人听说王羲之要来,将鹅杀了,准备款待王羲之,这让王羲

食物篇：
炒菜尚不流行

之叹息了一整天。

　　孙权的儿子孙休是孙吴的第三位皇帝，《抱朴子》记载，孙休曾得病，找巫师来看病，找到一个，但想先测试一下其"法力"，"乃杀鹅而埋于苑中"，又在上面搭建了一间小屋，摆上坐榻和桌子，把女人的鞋子、衣服放在外面。孙休叫巫师看这些东西，告诉他如果能说出这座坟墓里死的妇人的样子，会重赏。巫师一整天都不说话，孙休问急了，巫师才说没有看见女鬼，只看见一只白鹅站在墓上，之所以没有立刻说出，是怀疑女鬼变化成鹅的样子，想等到它现出真形，但它固定不变，不知什么缘故。孙休听了，大惊，相信了这位巫师的"法力"。

玉鹅　商王武丁时期的玉器
现藏于中国国家博物馆

06 水产

古人吃鱼的历史

鱼的生存史可以追溯到迄今5亿年前，那时地球上出现了最早的鱼形动物，揭开了脊椎动物史的序幕，使动物界进入了一个新的历史阶段。大约3亿年前，出现了真正的鱼类，在之后的演化过程中，曾经生存过的大量鱼类已经消亡灭绝，今天地球上能看到的鱼类仅仅是其很小一部分。鱼不仅味道鲜美，而且营养价值极高，其蛋白质含量为猪肉的2倍，且属于优质蛋白，人体吸收率高，所以鱼一直是人类重要的食物之一。

远古时期，人类主要从自然水域中捕捞鱼，后来出现了人工养鱼。中国大约从商朝开始有了人工养鱼，春秋战国时期出现了第一部养鱼专著《养鱼经》，传说其作者是越国大夫范蠡。秦汉至三国时期，养鱼事业有了较大发展，鱼的品种也很多，十三经之一的《尔雅》是中国古代第一部词典，其中记载的鱼类有33种。

老子在《道德经》中说"治大国如烹小鲜"，这里的"小鲜"指的是鱼，需要慢火久炖才能入味。孟子说"二者（鱼与熊掌）不可得兼"，说明吃鱼不仅在春秋战国时期较为普及，而且是与熊掌能相匹敌的美味。《诗经·小雅》中有"饮御诸友，炰鳖脍鲤"的诗句，"脍鲤"就是生鲤鱼。孔子在《论语·乡党》中说"食不厌精，脍不厌细"，"脍"是切成细片的肉或鱼，一般蘸着酱吃。《孔子家语·本姓解》记载，孔子生了儿子，鲁昭公特意派人送了一尾大鲤鱼给他做贺礼，孔子于是给自己的儿子取名为孔鲤。

两汉和三国时期，鱼已经成为百姓的基本食材。《汉书·地理志》记载："江南地广……民食鱼稻。"在此期间，捕鱼的技术也有了很大发展，

食物篇：
炒菜尚不流行

烤炉
汉代

尤其有了各种各样的渔具，罟、罛、罪、罶、罩及渔网等渔具大量出现，其中"罛"是一种非常大的渔网，"罶"是捕鱼用的竹篓。江苏、山东等地出土的汉代画像石中还可以看到用鱼鹰捕鱼，比较有名的是一种叫鸬鹚的鱼鹰。

三国时期，人们最常见的吃鱼方法是烤炙，在汉代壁画里，有把鱼从中间切开放在容器中炙烤的画面，还出现过"烤鱼宴"这样的主题。洛阳老雒阳饮食文化博物馆收藏了一架汉代烤炉，就非常适合烤鱼。

曹操是吃鱼的行家

曹操不仅是三国时期著名的政治家、军事家和文学家，同时也多才多艺，是诗人、书法家、围棋高手，还是一位美食家。《太平御览》收录了曹操写的《四时食制》，这篇文章的全貌已不可见了，只能看到其中的片段，《太平御览》从各处进行了归集，共有14条：

> 郫县子鱼，黄鳞赤尾，出稻田，可以为酱。
> 鳣，一名黄鱼，大数百斤，骨软可食，出江阳、犍为。
> 蒸鲇。
> 东海有大鱼如山，长五六丈，谓之鲸鲵。次有如屋者。时死岸

三国的日常生活

上,膏流九顷,其须长一丈,广三尺,厚六寸,瞳子如三升碗,大骨可为方臼。

海牛鱼皮、生毛可以饰物,出扬州。

望鱼侧如刀,可以刈草,出豫章明都泽。

萧拆鱼,海之干鱼也。

鲟鲻鱼黑色,大如百斤猪,黄肥不可食。数枚相随,一浮一沉。一名鮁。常见首。出淮及五湖。

蕃逾鱼如鳖,大如箕,甲上边有髯,无头,口在腹下,尾长数尺,有节,有毒螫人。

发鱼,带发如妇人,白肥无鳞,出滇池。

蒲鱼,其鳞如粥,出郫县。

疏齿鱼,味如猪肉,出东海。

斑鱼,头中有石如珠,出北海。

鳣鱼,大如五斗奁,长丈,口颔下。常三月中从河上;常于孟津捕之,黄肥,唯以作酢,淮水亦有。

庖厨陶俑
东汉　现藏于中国国家博物馆

食物篇：
炒菜尚不流行

《四食时制》可以称得上"三国鱼类专集"，里面的内容十分丰富：鳠鱼有数百斤重，骨头介于软骨、硬骨之间，有点儿像中华鲟；蒸鲇，似乎是青鲇鱼；鲸鲵，按体形应该是须鲸的一种；萧拆鱼，是"海之干鱼"，似乎是鲍鱼；鳡鲕鱼是黑色的，大如百斤的猪，应该是江豚；发鱼白肥无鳞，有点儿像带鱼，但"出滇池"一点又不符。

《四时食制》提到了鱼酱的制作，说明当时把鱼做成酱是一种经常的吃法。除了做酱，还可以做鲊，鱼鲊是中国古代特有的一种腌制发酵食品，按一定工艺加工而成，从汉朝开始鱼鲊就广为流行。曾在孙吴任司空的孟仁对母亲很孝顺，《吴录》记载，孟仁年轻时曾为骠骑将军朱据手下军吏，后改任监池司马，他能自己动手制作渔网，捕了鱼，自己舍不得吃，"作鲊寄母"，哪知母亲将鱼鲊退了回来，对他说："汝为鱼官，而鲊寄我，非避嫌也。"母亲的意思是：你是管理渔业的官员，虽然这些鱼是你业余时间自己捕获的，但也容易落下嫌疑。

《齐民要术·作鱼鲊》讲到鱼鲊的方法：将鱼肉带皮切成块，去血水，

收获渔猎画像砖
东汉　现藏于中国国家博物馆

三国的日常生活

放白细盐、茱萸、橘皮、好酒,再以米饭制成糁备用,然后将瓮洗净,在瓮里放一层鱼块,撒一层米糁,放置一段时间,便可食用。当然,鱼鲊的制作方法有很多,也有不放盐的,有用荷叶包裹的,都很有风味。鱼鲊比起鲜鱼来不易腐败,而且制作上比鱼干更加精细,味道也更加可口。

曹丕送给孙权 1000 头鲍鱼

曹操喜欢吃鱼,也长于识鱼,他最爱吃的是鳆鱼,也就是鲍鱼。曹操死后,曹植被封为亲王,远赴封地,曾向魏文帝曹丕上《求祭先王表》,想遥祭父亲,表文中说:"先王喜食鳆鱼,臣前已表得徐州臧霸送鳆鱼二百枚,足以供事。"臧霸是曹操的老部下,担任徐州刺史,辖地靠海,可以弄到鲍鱼。

曹丕似乎也喜欢吃鲍鱼,也常拿鲍鱼送人。《全三国文》中收录有曹丕写给孙权的一封信,信中说曹丕通过赵咨送给孙权一些东西,包括"文马一匹,白貂子裘一领,石蜜五斛,鳆鱼千枚"。文马是有纹饰的马,白貂子裘是用一种白色拱鼠的皮做的衣服,石蜜是用甘蔗炼制的糖,鳆鱼就是鲍鱼。

孙权亲自为武昌鱼命名

三国时期,要说吃鱼还是孙吴最便利。孙吴地处长江下游地区,有江有海,还有众多湖泊,盛产各种鱼类。《后汉书·左慈传》记载,曹操在一次宴会上曾说:"今日高会,珍羞略备,所少吴松江鲈鱼耳。"说明松江鲈鱼这种美味在三国时就享有盛名。

左思虽然是晋朝的文学家,但他出生于三国时期,三国结束时左思已经30岁了,所以他写的许多作品都记录着三国时期的生活。左思的名作《吴都赋》描写的是孙吴的社会风貌,其中列举了很多鱼类和吃法:

食物篇：
炒菜尚不流行

琵琶鱼，无鳞，形似琵琶，产于东海；

鯸鲐，也就是河豚，形状像蝌蚪，大者1尺多长，肚皮白色，背上青黑，有黄色纹路，虽然有毒，但是蒸煮之后滋味肥美，豫章一带的人最喜欢吃；

鲫鱼，长3尺左右，无鳞，身上有一方形如印章的花斑；

鳍鲭，即剑鱼，鼻子上有一根利刺，状如刀剑；

乌贼，可以入药；

拥剑，即海蟹，特别巨大，连上爪子，其长度可达2尺多；

鼍，海龟一类，肉肥美可食。

孙权也喜欢吃鱼。葛洪在《神仙传》中记载，介象懂方术，孙权得知其大名，把他召到武昌，称他为介君，十分敬重，请他为自己传授养生秘诀。一次，孙权跟介象谈论什么鱼最美味，介象回答："鲻鱼为上。"孙权说："此出海中，安可得邪？"介象说这个容易。介象让人在庭中挖了一个大坑，蓄满水，在里面钓鱼，果然钓上了鲻鱼。鲻鱼背部黑绿色，腹部白色，头短而扁，生活在海水和河水交界处，味道鲜美。

孙吴最早的基地是吴县，即今苏州；后迁至京口，即今镇江；之后再迁建业，即今南京。之所以一再西迁，是出于群雄争霸的战略考虑。迁往建业后，孙权仍觉太偏东了，想把大本营迁到武昌，即今湖北鄂州，但此举遭到江东大族们的抵制，大家不愿意离开家乡。《三国志·陆凯传》记载，当时江东地区流传着一首童谣："宁饮建业水，不食武昌鱼；宁还建业死，不止武昌居。"这首童谣所反映的，就是人们不愿意向西迁移的心理。

童谣里说到的"武昌鱼"，并非"武昌出产的鱼"，而是一种专门的品种。孙权曾驻扎在鄂县，即今湖北省鄂州市，他发现城南几十里处有座小山，名叫武昌山，"以武为昌"正合孙权的心意，遂改鄂县为武昌县。这里出产一种鱼，肉嫩味美，含肉量也高，营养十分丰富，孙权很喜欢吃，还常拿它来赏赐大臣,于是将这种鱼命名为"武昌鱼"。

鱼油在作战中是"秘密武器"

三国时期,关于鱼还有不少传奇故事。173 年,兖州刺史部北海国发生地震,东莱、北海"海水溢",也就是地震引发了海啸。海啸过后,海里的一些鱼被冲到岸上而死,《续汉志》记载:"时出大鱼二枚,各长八九丈,高二丈余。"推测起来,应该是海里的鲸鱼被巨大的海浪冲上了海滩,死在那里。

三国时期的左慈善方术,经常能变幻出一些神奇的法术,曹植不信,想亲自验证。据曹植所写的《辩道论》,左慈曾对曹植说"取鲤鱼五寸一双",在一条鱼里填上药,一条不填,然后一块儿煮,有药的那条鱼"奋尾鼓鳃,游行沉浮,有若处渊",而没有药的鱼一煮就熟,可以吃。曹植不信,让左慈当面试验,左慈说这种药取自万里之外,难以获得,结果不了了之。

252 年,曹魏的洛阳城里出现了异状。《三国志·王肃传》记载:"时有二鱼长尺,集于武库之屋。"鱼应该待在水里,跑到房顶上预示着什么呢?有关部门认为这是祥兆,大臣王肃反对,认为是恶兆:"鱼生于渊而亢于屋,介鳞之物失其所也。边将其殆有弃甲之变乎?"不久,曹魏的军队果然在东兴打了大败仗。

鱼不仅能吃,鱼油也有大用处。赤壁之战中周瑜、黄盖指挥的吴军使用火攻打败了曹操率领的大军,助火的东西是油,《三国志·周瑜传》记载,黄盖取蒙冲斗舰数十艘,"实以薪草,膏油灌其中",这里用的油多为鱼油。除此之外,曹操手下的扬州刺史刘馥镇守合肥期间积极备战,《三国志·刘馥传》记载,刘馥率军民加高城垒,积累木石,编了很多草苫,并且"贮鱼膏数千斛",众人不知道这些东西有何用,等吴军来进攻时,人们用鱼油浸草苫,烧向攻城的敌军,从而以少胜多,保住了城池。

07 水果

中国早期典籍里较多地提出水果名称的有《山海经》《诗经》等，《山海经》提出了棠、桃、李、杏、梅、枣、橘、柚、柤等，其中棠指的是梨，柤指的是山楂；《诗经》除提到以上水果外，还提到了桑葚、木瓜、枳等。

上：甜瓜种子　杨梅种子　荔枝种子
下：罗浮柿种子　葡萄属种子　果核　葫芦科种子

三国时期水果的品种进一步丰富，主要得益于西汉初年张骞通西域，开通了丝绸之路，从西方传入葡萄、核桃、无花果、石榴、哈密瓜等，加上江南的甘蔗、荔枝、龙眼、槟榔、橄榄、香蕉、椰子等也传到北方，使水果极大丰富起来。

司马相如生活在西汉，是汉武帝的文学侍从，他写了一篇《上林赋》，里边提到了很多水果的名字，包括橘子、黄柑、榛、枇杷、柿子、柰、杨梅、樱桃、葡萄、沙棠、椰子、槟榔、厚朴等。上面这些水果，在三国时期都能吃到。

梨：成就孔融，"杀"了曹操

古代称梨为"蜜父""快果""玉乳"等，有"百果之宗"的美称。三国时期梨树已经普遍栽种，有一个著名典故叫"孔融让梨"，最早记录在《后汉书·孔融传》李贤注所引的《融家传》中，说孔融4岁时"与诸兄共食梨"，孔融只吃最小的，大人问他为什么，孔融回答："我小儿，法当取小者。"这个故事后来被写进《三字经》里，"融四岁，能让梨"，表现了尊老爱幼的美德。

220年是曹操生命中的最后一年，这一年正月曹操来到年轻时曾工作过的洛阳，准备在这里住一段时间。《曹瞒传》记载，曹操命人在洛阳修建了一座建始殿，需要砍伐濯龙祠里的树，但伐树时树竟然出血，曹操不敢再伐树，准备把一些树迁移出去，"使工苏越徙美梨"，但挖下去发现，树根伤处也"尽出血"。曹操认为不祥，病倒了，并在当月去世于洛阳。

曹操之前参与群雄争霸时曾被推举为兖州牧，这在曹操事业发展中是重要的里程碑。可这个职务是"推举"产生的，不是朝廷所任命，所以曹操特别想得朝廷的认可，为此派人前往朝廷当时所在的长安。《曹操集》中收录有一篇《兖州牧上书》，其中提到曹操向朝廷进献的一些兖州特产，包括缝帐二顶、丝缕十斤、卑枣二箱，曹操还说"山阳郡有美梨"，所以进献的物品中还有"甘梨二箱"。

东汉的山阳郡在今山东境内，郡治昌邑在今山东巨野东南，三国时期这里盛产美梨。除了山阳郡，常山郡的真定也产名梨，《全三国文》中收录有曹丕一篇文章的残句："真定御梨，大若拳，甘若蜜，脆若菱，可以解烦释渴。"此外，《全三国文》中收录傅巽的一篇文章里提到"恒阳黄梨"，也是当时的一个知名品种。

食物篇：
炒菜尚不流行

枣：曹丕杀亲弟弟的工具？

枣也是一个历史较为久远的水果品种，河南新郑斐李岗文化遗址中曾发现枣核化石，证明枣在中国至少已有 8000 年的历史。《诗经·七月》中有"八月剥枣"的诗句，《礼记·内则》中有"枣栗饴蜜以甘之"的记载，说明枣子很早就用于菜肴制作了。

三国时期的许多地区都种有枣树。三国有一个名人叫胡昭，跟诸葛亮一样，也字孔明。胡昭与司马懿有旧，周生等人想谋害司马懿，胡昭听说以后，邀周生在崤渑之间相见，加以劝阻，但周生不听，胡昭最后哭着邀周生结义，周生感其义，这才答应不再为难司马懿。胡昭折枣枝与周生盟誓，《高士传》记载"昭因与斫枣树共盟而别"。胡昭虽然救了司马懿，但对这件事从不提起。

曹操年轻时有一个朋友名叫刘勋，以前在外面发展，后来投奔了曹操，曹操念旧情，任命他为平虏将军，对他十分信任，贵震朝廷。刘勋私德很差，曾写信给西平郡太守杜畿索要当地出产的大枣，被杜畿拒绝，《三国志·杜畿传》注引《杜氏新书》记载："尝从畿求大枣，畿拒以他故。"后来，刘勋因罪伏法，曹操看到了刘勋写的信，对杜畿大加赞赏。刘勋向杜畿索枣，可能是西平郡出产有名枣的缘故。该郡隶属凉州，治所西都即今青海西宁。

曹丕同父同母的弟弟除曹植外还有一个名叫曹彰，与曹丕、曹植尚文不同，曹彰生性尚武，勇猛无比，被曹操称为"黄须儿"。关于曹彰之死，《世说新语》中有一个说法，认为曹丕忌惮曹彰，将其毒杀。曹丕故意邀曹彰下棋，"并啖枣，文帝以毒置诸枣蒂中"，曹丕事先让人做了记号，只吃那些没有毒的，而曹彰不知道，结果被毒死了。对于这个说法，也有人怀疑其真实性，因为按史书记载曹彰死于农历五月，而那时枣子还没有成熟。

三国的日常生活

李子：用冰水浸泡口感更佳

殷墟出土的3000多年前的甲骨文中已有"李"字，河北藁城台西村商代遗址也曾出土过李子的核仁，《诗经》中有"华如桃李"和"投我以桃，报之以李"的诗句。在西汉的墓葬中也出土过李核，汉武帝扩修上林苑时，各地进献的名果异树中包括紫李、绿李、黄李等15个李树品种。可见，李子也是一种古老的水果。

有一句俗语："桃养人、杏伤人，李子树下埋死人。"这里说的是，李子属于凉性水果，吃多了会伤身，如《滇南本草》记载李子"不可多食"，因为它"伤损脾胃"。生活中证实，多食李子会使人表现出虚热、脑涨等不适之感。有人认为，有苦涩味和入水不沉的李子有毒，也是不能吃的。李子多食生痰，损坏牙齿，体质虚弱的人群宜少食。

205年，曹操发动了南皮之战，这是肃清袁氏集团势力的最后一战，此战中将袁绍的长子袁谭斩杀。曹丕当时只有18岁，跟好朋友曹休、曹真和吴质等人也参加了这场战役。战事结束后，这帮年轻人流露出风华正茂的天性，他们在南皮时常聚会，放松身心，在后来曹丕、吴质的私人信件中不止一次提到过此次南皮之游。

曹丕后来在《与朝歌令吴质书》中回忆：每想到当年的南皮之游，实在难以忘怀，当时大家一会儿沉浸在经籍学问里，一会儿又玩玩弹棋游戏，下几盘围棋决胜负，弹奏一曲古筝。或者投身大自然怀抱到城北郊游，或者在城南饭馆里聚餐，"浮甘瓜于清泉，沉朱李于寒水"，这样的游乐夜以继日，最后大家坐着车子畅游后园，夜风徐徐、胡笳低昂，这样的快乐可是不常有的呀！

葡萄：曹丕认为夏末秋初吃最佳

葡萄是一个引进品种，《诗经》有"六月食郁及薁"，"薁"是一种野葡萄，而不是现在人们吃的葡萄。葡萄是西汉初年张骞通西域后才引进

食物篇：
炒菜尚不流行

的，在三国时期仍属于较为稀罕的水果。

曹丕非常喜欢吃葡萄，《全三国文》里记载曹丕诏群臣说"中国珍果甚多，且复为说蒲萄"，这里的"蒲萄"就是葡萄。曹丕赞誉葡萄："当其朱夏涉秋，尚有余暑，醉酒宿醒，掩露而食。甘而不饴，脆而不酢，冷而不寒，味长汁多，除烦解渴。又酿以为酒，甘于曲糵，善醉而易醒。道之固已流涎咽唾，况亲食之耶？他方之果，宁有匹之者。"大意是：中国奇花异果这么多，我只喜欢不厌其烦地说葡萄，葡萄这种水果，在夏末秋初吃最宜，暑气未了，清晨起来，露珠结在葡萄上，晶莹剔透，清冽可口，这样的葡萄吃起来甘而不腻、酸而不脆、冷而不寒、味长汁多，能除烦解渴，快慰口腹，极尽人间风雅。

三国名将钟会曾写过一篇《蒲萄赋》，序文中说"余植蒲萄于堂前，嘉而赋之，命荀勖并作"。钟会在自己家里种葡萄，写完《蒲萄赋》，又让荀勖也写一篇看看，荀勖的父亲早亡，从小寄养在外叔公也就是钟会的父亲钟繇这里。寄人篱下的荀勖想必没少受钟会欺负，但他少年老成，自然不会抢钟会的风头，于是胡乱拼凑了几行字拿给钟会看，钟会看了，得意洋洋地摇摇头，这才拿出自己写的《蒲萄赋》念起来。

除了前面说到的水果品种，三国时期还能吃到梅子、柑橘、柰、甘蔗、桑葚等水果，但也有一些水果是那时吃不到的，主要有西瓜、菠萝、草莓等。

梅子：青梅煮酒论英雄

早在新石器时期，中国先民已经注意到梅子这种果实，在新石器时期的多处遗址中都发现了梅核，如在距今 7000 多年的河南裴李岗遗址中发现了梅核，在上海青浦崧泽遗址中发现了梅子果核的碎片。商周以至秦汉时期的考古发掘和文献记载中，均有大量关于食用梅子的记载。

三国的日常生活

三国时期，人们对梅子大致有 3 种吃法：一是食用鲜果，这种方法最简单，但梅子较酸，会影响口感；二是制成梅干、梅脯，这种食用方法有悠久历史，《礼记·内则》里提到的"梅诸"就是梅干；三是制作成调味品，《尚书·说命下》有"若作和羹，尔惟盐梅"的记述。先秦时期醋还没有发明出来，梅子性酸，可以当醋用。

生吃梅子太酸，有人喜欢蘸着蜜吃，孙吴的第二位皇帝孙亮就喜欢这样吃，为此还破过一个案子。《吴历》记载，孙亮有一次想要吃生梅，"使黄门至中藏取蜜渍梅"，宦官跟管库的人有矛盾，宦官故意把老鼠屎放到蜜里，诬陷管库的人，二人互相指责，孙亮说这很容易分辨，叫人剖开老鼠屎，发现老鼠屎是干燥的，孙亮说：如果鼠屎之前在蜜里，里面和外面都应该是湿的；现在外面湿，里面干燥，一定是宦官做的。宦官听了，立即服罪。

在三国时期，关于梅子流传最广的故事是曹操与刘备"青梅煮酒论英雄"。刘备协助曹操消灭了吕布，被曹操以朝廷的名义任命为左将军，来到许县居住。一次，曹操请刘备喝酒，参加的只有他们二人，也很简单，"盘置青梅，一樽煮酒"，过程却惊心动魄。这场只有两个人参加的著名酒局，在史书中虽然也有记载，过程也较为详细，但史书只提到酒没有提到"青梅"，上述"盘置青梅，一樽煮酒"是《三国演义》虚构的细节。

不过，这个细节也有一定的科学道理，青梅中含有丰富的柠檬酸，有助于预防动脉硬化，也有调节血压的功效。曹操有头风的毛病，很大可能是慢性高血压所引起的，吃青梅有助于降血压。而且，以青梅煮酒又是一种风雅的象征，后世的苏东坡、晏殊等都对此十分喜爱，晏殊曾写词："青梅煮酒斗时新，天气欲残春。东城南陌花下，逢著意中人。"大意是：又是残春天气，青梅煮酒正应着时节，春游时与意中人不期而遇，欣喜之情溢于言表。

食物篇：
炒菜尚不流行

柑橘：曹丕嫌太酸

柑橘是橘、柑、橙、金柑、柚、枳等水果的总称，这些水果都原产中国。据《禹贡》记载，早在4000多年前江苏、安徽、江西、湖南、湖北等地就已经出产柑橘了，后来列为贡税之物。秦汉时，柑橘生产得到进一步发展，《史记》记载："齐必致鱼盐之海，楚必致橘柚之园"，说明楚地的柑橘与齐地的鱼盐并重。

不过，也有人不太喜欢吃柑橘，《艺文类聚》中载有曹丕一篇文章中残留的几句佚文，其中一句是："饮食一物，南方有橘，酢正裂人牙，时有甜耳。"看来曹丕不太喜欢吃橘，认为它太酸。

陆逊有个叔父名叫陆绩，是汉末庐江太守陆康的儿子。《三国志·陆绩传》记载，陆绩年6岁时在九江见过袁术，袁术很喜欢这个小朋友，用橘子招待他，"术出橘，绩怀三枚"。袁术很奇怪，故意问陆绩："陆郎作宾客而怀橘乎？"陆绩跪下回答道："欲归遗母。"袁术大为惊奇。

汉末有丹阳太守李衡，曾受到过孙权的接见，当面劝谏孙权不要宠信校事吕壹。《襄阳记》记载，李衡打算置办一些家产，他的做法与众不同："密遣客十人于武陵龙阳氾洲上作宅，种甘橘千株。"因为妻子很严厉，李衡便背着妻子不让家里的人知道，直到去世前才告知儿子，等到果实成熟，李家因此成为当地富户。

柰：中国的本土"苹果"

《西游记》中写到王母娘娘的果园，那里面有许多水果，可是独不见苹果，为什么呢？这是因为，我们现在吃到的各种品种的苹果，传入中国的时间都比较晚。苹果原产于欧洲中部和东南部，中亚、西亚地区也出产一些，据传直到清朝同治时期才传到中国。

不过，中国古代也有类似苹果的水果，这就是柰。早在汉朝，柰已经

三国的日常生活

经过了长期的人工栽培和种植，汉人刘歆在《西京杂记》中记载："上林苑，柰三：白柰、紫柰、绿柰。"说明在汉朝都城长安的上林苑中就有 3 个品种的柰。柰被称为沙果、绵苹果，但也有人认为它是一种变种的李子。柰形美质佳，肉厚，汁多，味甜，核小，可食率高。

曹操大概生前喜欢吃柰，所以曹植后来在《求祭先王表》中向魏文帝曹丕提出请求，希望允许自己祭祀父亲，祭祀用的东西中有"冰瓜五枚，白柰二十枚"。

事迹名列"二十四孝"之一的曹魏太尉王祥，对母亲言听计从。王祥家就种有一株柰树，每到结果时，母亲担心有人偷果，就命王祥去树下守护。《晋书·王祥传》记载："有丹柰结实，母命守之，每风雨，祥辄抱树而泣。"王祥的举动被视为大孝，受到众人的称赞。

甘蔗：曹丕亲手栽种于庭院

甘蔗的起源有 3 种说法：一是起源于印度，二是起源于南太平洋新几内亚，三是起源于中国。不管怎样，中国都是世界上古老的植蔗国之一，种植甘蔗的历史可以上溯到公元前 4 世纪。

甘蔗除生吃外，最重要的作用就是榨糖，早期的中国古籍多称之为石蜜。张衡在《七辨》中提及"沙饴石蜜，远国贡储"，西汉初年闽越王曾献给刘邦 5 斛石蜜，说明这一时期石蜜属于稀罕物，可作贡品奉献。

三国时期，曹丕也曾赠送给孙权 5 斛石蜜。《三国志·孙亮传》记载，孙吴第二位皇帝孙亮曾收到"交州所献甘蔗饧"，甘蔗饧与石蜜一样也是蔗糖的一种。不仅如此，曹丕还曾亲手种植过甘蔗，地点是老家沛国谯县，即今安徽亳州。曹丕在《感物赋》序言中说，天下丧乱以来，许多城池荒废了，老家也一样，只有一位从太仆家的宅院还完好，"从太仆"即担任过太仆的一个姓从的人。曹丕随父亲南征荆州，路过家乡，住在从太仆旧宅，"乃种诸蔗于中庭"，为纪念这件事，专门写下这篇《感物赋》。

食物篇：
炒菜尚不流行

曹丕在《典论》中也提到，自己曾与平虏将军刘勋、奋威将军邓展等人共饮，曹丕早就听说邓展臂力很大，又精通武术，能空手夺白刃，所以就与他一起论剑，谈了很长时间。曹丕也喜欢击剑，论到兴起，不禁手痒，"时酒酣耳热，方食芉蔗"，曹丕就以芉蔗为剑，邀邓展比试。二人用"芉蔗剑"比画了一番，曹丕"三中其臂"，要么曹丕剑术更高明，要么是邓展让着他。这里的"芉蔗"就是甘蔗。

桑葚：一年两熟救人命

中国很早便有养蚕的传统，中原、华北地区种植桑树更多，桑树一身是宝，一首民谣说："人吃桑葚甜如蜜，蚕食桑叶吐黄纱；桑皮造纸文官用，桑木雕弓武将拉。"桑葚是桑树的果实，也叫桑实、乌葚、桑果、桑子、葚子等，可以生吃，也可以晒干食用。

中国人食用桑葚的历史也很悠久，在新石器时代中期就已经种桑、养蚕、取丝、织绸，在3000多年前甲骨文中多次提到祭祀蚕神。人们在用桑叶养蚕的同时也食用桑葚。《诗经·泮水》中写道："翩彼飞鸮，集于泮林。食我桑葚，怀我好音。"飞鸮指的是猫头鹰，古人认为它是恶鸟，叫声不吉利，这段诗句的大意是猫头鹰吃了桑葚，声音变得柔和好听了。

194年秋天，全国大部分地区都出现了严重饥荒，在这场饥荒中有无数人饿死，要不是这一年农历九月发生了一件不可思议的事，被饿死的老百姓还会更多。据《后汉书·五行志》记载，这一年九月"桑复生葚，可食"。桑树一般春夏之季生桑葚，秋天又生出一茬桑葚来则十分罕见，它也因此救了很多人的命。

三国吃不到的水果

在现存的三国典籍中还提到其他一些水果，如《全三国文》中收录有钟繇的一篇《谢曹公书》，其中有"属赐甘酪及樱桃"等句。《全三国文》

三国的日常生活

中收录有曹丕一篇文章的残句，里面有"南方有龙眼荔枝，宁比西国蒲萄石蜜乎"等句。此外，史籍中提到的三国时期的水果，还有石榴以及一些瓜类。

除苹果外，还有一种现在常吃的水果在三国是吃不到的，那就是西瓜。西瓜原产于非洲，后来经西亚、中亚传入西域，但张骞通西域时还没有将西瓜引进中国，直到五代时，契丹人最先从西域得到西瓜的种子，之后才逐渐传入中原。

另外，有研究者认为芒果是在唐宋时期传入的中国，明清时期引进的菠萝、草莓、木瓜，这些水果也是三国时期吃不到的。

08 酒

三国的酒度数都不高

酒是用粮食、水果等含淀粉或糖的物质发酵制成的含乙醇的饮料,其历史非常久远。中国现存的先秦古书中几乎都提到过酒,不提的反而很少。甲骨文、金文中都有"酒"字,有的写作"酉",西安半坡遗址发掘的距今 7000 年左右的陶器中有像"酉"字形状的陶罐,距今 4000 年的山东大汶口遗址中发现有大量的壶、豆、杯等盛酒陶器。

陶耳杯
三国·魏　现藏于中国国家博物馆

早期的酒工艺较为原始,多依靠自然发酵,影响到口感。一般认为,是一个名叫仪狄的人对制酒工艺进行了重大改进,《酒诰》说:"酒之所兴,肇自上皇,或云仪狄,一曰杜康。"

按照《战国策》等典籍的说法,仪狄是夏禹时代的造酒官,夏禹的女儿命仪狄监造酿酒,仪狄经过努力酿出了美酒,奉献给夏禹品尝,夏禹喝后觉得很好,可他不仅没有奖励仪狄,反而疏远了他,不再信任和重用,

三国的日常生活

并且从此与美酒绝缘。这个记载的主角是夏禹,重点说他是一个头脑清醒的首领,但因此也保留了早期酿酒技术的珍贵史料。

早期的酒都属于发酵酒,通过发酵工艺酿酒,一旦酒精度数超过 10 度就会停止发酵,这决定了早期的酒度数不高。唐宋以后,人们才开始把经过发酵的原料进行一次或多次蒸馏,从而提取到高酒精度的酒,一般在 40 至 68 度之间,当时称为"烧酒""烧春"。所以,具体到三国时期,虽然流行饮酒,但酒精度数都不高,通常在 10 度以下,类似于黄酒,有的度数更低一些,类似醪糟这样的米酒。

曹操喜欢饮药酒

曹操是一个喜欢饮酒的人,在《曹操集》中多次提到过酒。曹操写有《对酒》一首,在《善哉行(其三)》中有"朝日乐相乐,酣饮不知醉"的诗句,在《短歌行》中有"对酒当歌,人生几何"。曹操不仅喜欢饮酒,而且喜欢以酒养生,他虽然不像秦始皇、汉武帝那样对方术极其热衷和追求,但对方术也有过研习,这方面的资料大都记录在晋人张华所著的《博物志》一书中。

据《博物志》记载,曹操喜欢养生之法,对方药也有所了解,平时"习啖野葛至一尺,亦得少多饮鸩酒"。野葛又名钩吻、胡蔓草、断肠草等,是一种有毒的植物,但是吃法得当又可以抗炎、镇痛。鸩是一种鸟,羽毛有毒,用酒泡过即是鸩酒,足以致命,但掌握饮用量,也有药用价值。曹操有头风的老毛病,吃野葛、喝鸩酒或许与此有关,但这些都是"玩命"的事,稍有不慎命就没了,曹操吃野葛、喝鸩酒离不开深谙此道的方士们的指导。

仪狄造酒的说法虽然被《战国策》《吕氏春秋》等典籍确认,但民间还流传着其他关于酒起源的说法,如尧帝造酒、黄帝造酒、杜康造酒等,其中杜康造酒的说法因曹操在《短歌行》中"何以解忧,唯有杜康"的诗句也拥有广泛影响。曹操提到的杜康，有人认为是夏朝第六代君主少康，历史上著名的"少康中兴"就是他创造的，《说文解字》明确说："少康，杜康也。"

但也有人不同意这个说法，主要是"杜"姓是周朝以后才有的。可能正是因为曹操，杜康的知名度超过了仪狄，很多人认为杜康才是酒的发明者，杜康因此也有了"酒圣"的美誉。其实，酒应该是人们在长期生活过程中逐渐发明并不断改进的产物，有很多人在其中做出过贡献，仪狄、杜康就是其中的代表。曹植在《七启》中说"春清缥酒，康狄所营，应化则变，感气而成"，将杜康、仪狄并列，认为他们都是酒的发明者，这种观点有可取之处。

曹操向皇帝献酿酒的方法

196年，曹操将汉献帝刘协及朝廷由洛阳迁往自己更容易控制的许县。汉献帝从长安出逃到现在，一路上只顾保命，将宫中御用之物以及文书档案等基本上丢光了，到许县后，不仅住房简陋，连宫中专用的各类物品也十分奇缺。

在此期间，曹操想了各种办法筹备皇帝生活起居所需的物品，史籍中保存有曹操所写的两篇相关奏疏，一篇是《全三国文》中的《上杂物疏》，说的是曹操特意将自家保存的一些皇宫用品呈献给皇上，这些东西大多是曹腾、曹嵩两代在先帝朝时得到的赏赐；另一篇是《齐民要术》中保存的《奏上九酝酒法》，说的是曹操老家谯县的县令郭芝发明了一种九酝春酒，具有良好的保健功能，曹操特意献给汉献帝。

在《奏上九酝酒法》中，曹操详细介绍了这种酒的酿制方法，还说到了自己对这种酿酒方法的改造。这种酒的具体制法是："用曲三十斤，流水五石，腊月二日渍曲。正月冻解，用好稻米，漉去曲滓便酿。"汉朝的一斤比我们现在的斤要轻得多，一石是当时的120斤，大概是现在的30千

三国的日常生活

酿酒画像砖
东汉　现藏于中国国家博物馆

克。所以这种酒的酿制方法就是用酒母 15 斤，水 150 千克，腊月初二把酒母泡在水中，到第二年正月解冻后，再把酒母过滤出来，用好稻米酿制，依法饮用。曹操还提到了这种酒具有"譬诸虫"的功效，说这种酒长期储存也不会变质。

"九酝"的意思是酿 9 次：第一次是酒母跟米、水合酿，3 天后酿出第一酝；第二次用第一酝的酒与酒母、米合酿，酿出第二酝，以此类推。郭芝的"九酝酒"，顾名思义是酝 9 次的酒，曹操认为这样酿出来的酒口感有些苦，于是"增为十酿"，味道甘甜易饮。

刘备酒局讲笑话

刘备也以善饮酒而著称，这与他豪爽、重情义的性格有关。211 年，刘璋邀请刘备率兵来益州帮自己打汉中的张鲁，刘备领兵到了成都北边的

食物篇：
炒菜尚不流行

涪城，刘璋亲自赶来相见，下令就地摆下盛宴给刘备及其手下将士们接风洗尘。《三国志·刘璋传》记载，这是一场"超级酒会"，参加的人多达数万，刘璋不仅跟刘备喝，还和刘备手下的将士喝，"欢饮百余日"。

一次，刘备大概喝得有点儿多，发现刘璋旁边坐着一个人长得很有特色，"其人饶须"，也就是胡子有点儿多，刘备喝得高兴，就拿他开起了玩笑，说过去自己在家乡涿县，那里有很多人姓毛，东西南北都有，县令说哪来这么多毛环绕着涿县？刘备是在讲笑话，也是在调侃宴会上的一个人。听领导讲笑话是个学问，会听的人好笑不好笑都笑，不会听的人才会犯傻问笑点在哪里。

被刘备调侃的这个人名叫张裕，他不属于上面两种人，而是那种傻得不透气的人，他没有笑，也没有抬杠，却顺手回赠了刘备一个笑话：过去有个人在上党郡潞县当县长，后来升了官，当上了涿县令，该县令辞官回家，别人给他写信，就称他为"潞涿君"。"潞"与"露"谐音，"涿"与"啄"音同，"啄"是嘴的意思，"露啄"即露嘴，也就是没胡须。刘备恰好没胡须，他拿人家胡子多开涮，人家就回敬他嘴上没毛，办事不牢。

第二年，刘备在益州北部的葭萌关起兵，一开始很顺利，频频得手，刘备很高兴，下令摆酒庆祝。《三国志·庞统传》记载，刘备喝多了，谋士庞统可能也喝了不少，趁着酒劲对刘备说："伐人之国而以为欢，非仁者之兵也。"这揭到了刘备的痛处，刘备大怒："按你的说法周武王讨伐商纣王也不算仁义，你要觉得不舒服就走人！"庞统一听，起身就走了。刘备酒醒了一些，顿时觉得后悔，赶紧把庞统请来，庞统来了以后该吃就吃，该喝还喝，跟没有发生刚才的事一样。刘备忍不住主动说："刚才咱俩说的那些话，到底谁错了？"庞统说："我看都错了。"二人放声大笑，开怀畅饮。敢跟领导拌嘴，只有关系融洽到相当程度才能做到。

三国的日常生活

孙皓"以茶代酒"

孙吴的末代皇帝孙皓是一个暴君,杀起人来六亲不认。同时,孙皓还是一个酒鬼,动不动就聚众狂饮,大臣们谁不喝酒就是不给他面子,他派了不少侍从"监酒",苦坏了那些酒量实在不行的大臣。

孙皓灌大家酒是有用意的,他趁着群臣喝醉之际强迫他们互相揭发,大到谋反叛逆,小到闲言碎语,孙皓都喜欢收集,谁要是被揭发出来,孙皓必杀无疑,弄得大臣们一听说赴宴就如同末日来临,出门时都要跟老婆孩子含泪做一番临终告别。

历史学家韦曜在孙皓手下供职,孙皓原本很欣赏韦曜,加之希望韦曜在史书里多说自己的好话,所以对韦曜刻意拉拢。《三国志·韦曜传》记载,韦曜酒量不行,孙皓格外照顾他,他下令每人一次必须喝7升酒,韦曜的酒量顶多只有2升(这里的升指的是汉代的升),孙皓暗中让人用茶水替代酒水,这就是"以茶代酒"典故的由来,以此让韦曜过关。

孙皓后来让韦曜按自己的意思去记录他父亲孙和的有关事迹,等于篡改历史。自司马迁以来中国史学家们大多有耿直的传统,宁可被杀头也不会弄虚作假,韦曜就是其中的一位,孙皓见韦曜不听话,就把他杀了。

"三国酒王"是刘备的老师

曹操、刘备虽然都喜欢喝酒,也挺能喝,但他们不是三国时期酒量最大的人。三国时酒量大的人里有刘表,他给自己做了3个大酒杯,分别叫伯雅、仲雅和季雅,最大的伯雅能装7升酒,如果按现在的标准那就是7千克,不过汉代的升只相当于现在的1/5,即便是这样也是2斤8两,他的酒量显然比曹操和刘备都大。

但刘表还不是那个时候最能喝的人,他比不过刘备的老师卢植,《后汉书·卢植传》说卢植能"饮酒一石"。如前所述,汉代1石约为15千克,卢植当之无愧是三国时期的"酒王"。如果是50度左右的蒸馏酒,卢植

食物篇：
炒菜尚不流行

无论如何是喝不了几十瓶，三国时期的酒度数都很低，一般在10度以下，相当于喝啤酒，一次喝上2箱啤酒倒也有可能。

三国的酒通常需加热后再饮

关羽"温酒斩华雄"的故事是《三国演义》杜撰出来的情节，华雄是董卓的部将，与关东联军为敌，他后来死于孙坚之手。不过，"温酒"这个细节符合三国时期的饮酒习惯，那时人们喝酒，通常要加热一下再喝，这是因为那时的酒多属黄酒、米酒一类的发酵酒，酒中往往残留着一些有害物质，加热后可以去掉这些有物质，更利于健康，同时口感也更好。

曹魏光禄大夫裴潜有个儿子名叫裴秀，是魏晋时期的地图学家，曾作《禹贡地域图》，开创了中国古代地图绘制学，被世界著名科技史专家李约瑟称为"中国科学制图学之父"，与古希腊著名地图学家托勒密齐名。裴秀有个爱好，喜欢服用寒食散，服用时以酒送下，但必须用热酒。《晋书·裴秀传》记载，裴秀有一次服寒食散时大意了，"当饮热酒而饮冷酒"，结果竟因此丧命，年仅48岁。

陶温酒樽
西汉　樽为汉晋时期常见的盛酒器。
现藏于中国国家博物馆

20升葡萄酒换来一刺史

葡萄适合酿酒，葡萄酒的酿造技术随同葡萄一起传入了中国。不过，

三国的日常生活

在两汉和三国时期葡萄酒还是一种较为稀罕的名酒，不是平常人能随便饮用的。汉末宦官专权，大宦官张让手眼通天，很多人都尽办法巴结他。《三辅决录》记载，有一个名叫孟他的人，"以蒲桃酒一斛遗让"，立即被张让推荐为凉州刺史。这里的"蒲桃酒"也就是葡萄酒，1斛的容积为20000毫升，也就是20升。

三国时期多次颁布禁酒令

酒应该适度饮用，过量容易伤害身体，也容易误事。曹丕曾作《酒诲》，认为"酒以成礼，过则败德，而流俗荒沈"。更重要的是，酒是由粮食酿造的，饮酒之风盛行，将消耗掉大量粮食，加剧粮荒，这个问题在战乱持续的汉末三国时期显得非常突出。

曹操虽然喜欢喝酒，但深知放纵饮酒会加剧粮食危机，所以颁布过禁酒令。这项法令让孔融很不适应，《后汉书·孔融传》说"孔融好酒"，经常感叹："坐上客恒满，尊中酒不空，吾无忧矣。"针对曹操的禁酒令，孔融一再写信相争，信中甚至有对曹操有不敬之语。《后汉书·孔融传》记载："时年饥兵兴，操表制酒禁，融频书争之，多侮慢之辞。"尚书郎徐邈也喜欢喝酒，《三国志·徐邈传》记载："时科禁酒，而邈私饮至于沈醉。"校事赵达向曹操举报，曹操大怒，幸亏度辽将军鲜于辅说情，徐邈才免于牢狱之灾。

198年，吕布被曹操围困在下邳，时间长达数月，城内严重缺粮，吕布也颁布了禁酒令。《九州春秋》记载，吕布手下部将侯成违令，自酿了几斛酒，不敢专享，先给吕布送去5斗酒，吕布大怒，斥责侯成："布禁酒，卿酿酒，诸将共饮食作兄弟，共谋杀布邪？"侯成大惧，"弃所酿酒"，仍然自疑，干脆率众投降，成为压垮吕布的最后一根稻草。

刘备到益州后也颁过禁酒令，《三国志·简雍传》记载："时天旱禁酒，酿者有刑。"官吏执行该禁令时十分严格，只要在家里搜到酿酒工具，也

食物篇：
炒菜尚不流行

都以违反禁令论罪，简雍认为这样做很不合理。简雍跟刘备出游，在路上看到一男一女，简雍对刘备说："彼人欲行淫，何以不缚？"刘备问："卿何以知之？"简雍说："彼有其具，与欲酿者同。"简雍说，男女有"行淫"的条件，虽然他们没有做，也等于"行淫"，这当然是荒谬的，所以刘备听完大笑，也很快意识到简雍话中之意，于是对禁酒令执行过严的问题进行了纠正。

09 烹饪方法

人类最早过着茹毛饮血的生活，如《礼记·礼运》所载："未有火化，食草木之实、鸟兽之肉，饮其血，茹其毛。未有麻丝，衣其羽皮。"大约50万年前，人类开始尝试吃熟食，熟食不仅更易于咀嚼和消化，而且可以杀死食物中的有害物质，更利于健康。

将生食做成熟食，办法有很多，有人总结出中餐的36种烹饪方法，其中有炒、爆、熘、炸、烹、煎、焖、炖、蒸、汆、煮、烩、炝、拌、腌、烤、卤、焗等。不过，三国时期烹饪的方法还没有这么丰富，最常用的是炙、煮、蒸等，炒菜在那个时候还不流行。

炙：最简单也最实用的烹饪法

炙就是烤，是远古时代流传下来的烹饪方法。《说文解字》解释："炙，炮肉也，从肉在火上。"所谓炙，就是用签子一类的东西把肉一块块穿起来放在火上烧烤。《诗经·小雅》中有"有兔斯首，燔之炙之"的诗句，

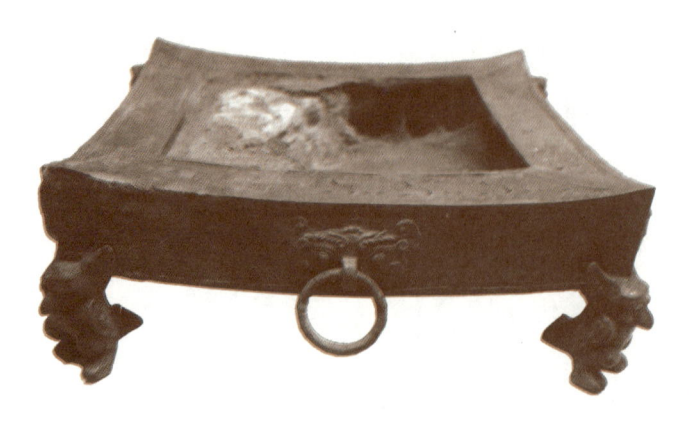

方形铜烤炉
西汉　现藏于西汉南越王博物馆

说的是烤兔肉。到秦汉时期，日常生活中炙较为普遍，长沙马王堆汉墓中出土过一些竹签，它们的用途就是用来穿肉的，这些竹签有使用过的发黑的印记。

三国时期，人们仍习惯于用炙的办法烹饪，有时还在宴会上"边炙边喝"。华佗为关羽刮骨疗毒的故事虽然是《三国演义》虚构的，但的确有一位不知名的医生为关羽做过类似手术。《三国志·关羽传》记载，关羽镇守荆州期间左臂负伤，伤好后，每到阴雨天骨头常疼痛，有位医生对他说箭毒已深入骨头，只能割开皮肉，刮去骨头上的毒，才能除根。关羽当即伸出胳膊让医生用刀割开，为减少疼痛，关羽与部将们饮宴，其间"割炙引酒，言笑自若"，一边喝着酒，一边用刀割了肉放在火上烤。

炙的烹饪方法最原始也较为简单，在其他烹饪条件不具备的情况，炙也能解燃眉之急。魏晋人傅玄所作的《傅子》一书记载了一个名叫焦先的人，是一名隐士，看到汉室衰微、天下大乱，就躲了起来，结草为庐，食草饮水，饥则为人干些零活，平时不冠不履，自己弄了一个瓜牛庐，住在里面，"构火以自炙"，也因为这个原因，草庐后来烧毁了，但神奇的是焦先没被烧死，活了89岁，葛洪的《神仙传》甚至说他活了170岁，可见吃烧烤没有影响到他的长寿。

煮：面条饺子都是日常食物

煮也是最原始的烹饪方法之一，从现代营养学角度看，只要操作合理，煮更利于保留食物的营养。煮食物的一般方法是，将食物及其他原料放置在容器中，加入适量的汤汁或清水，用大火煮沸后再用小火煮熟，适用于体小、质软的食材。

146年，大将军梁冀专权，小皇帝刘缵说了一句"此跋扈将军也"，梁冀恼怒，决心杀了刘缵另立皇帝。《资治通鉴》记载，"冀使左右置毒于煮饼而进之"，结果毒死了刘缵。煮饼，指的是面条。过去，对于两汉和三

三国的日常生活

铜釜
西汉　炊煮器
现藏于广州市文物考古研究院

国时期有没有面条这种食物还有争论，2002年中国社会科学院考古研究所在青海省民和县喇家遗址中发现了距今有4000多年的面条，长约50厘米，直径约0.3厘米，由粟制成，从而将面条在中国的历史大大提前，也说明三国时期已经有了面条。

曹魏大臣王朗在《上刘纂等樗蒲事》中说："左中郎乐林得纂面肉，共啖汤饼。"也提到了煮面条这种食物。在《世说新语》中，还记载了曹叡请何晏吃"热汤饼"，也就是汤面条。

煮着吃的另一种主要食物是饺子，有人认为它是汉末医学家张仲景发明的。传说，三国时张仲景看到很多贫穷的人在寒冷的冬天被冻伤了耳朵，于是发明了"祛寒娇耳汤"，其做法是：用羊肉和一些祛寒药材在锅里煮熬，煮好后再把这些东西捞出来切碎，用面皮包成耳朵状的"娇耳"，下锅煮熟后分给乞药的病人，每人2只娇耳、1碗汤，人们吃下祛寒汤后浑身发热，血液通畅，两耳变暖，老百姓从冬至吃到除夕，抵御了伤寒，治好了冻耳。

食物篇：
炒菜尚不流行

蒸：最常吃的是蒸饼

蒸在中国的历史非常悠久，依据考古发现，用于蒸的炊器陶甑最早出现在长江下游流域的跨湖桥文化遗址中，距今约 7000 年，在人们熟知的河姆渡文化中也有发现。这是一种底部带孔的盛器，用以盛装食物。之后，又出现了更先进的蒸锅甗，是由上下两部分组成的复合式炊具，上部为甑，下部为鬲。

陶甗
西汉 蒸煮器，甗分两部分，上部是甑下部是鬲或釜。
现藏于广州市文物考古研究院

鬲是一种形象奇特的盛水器，使用时，在鬲下烧火，加热鬲内的水，产生蒸汽，蒸汽透过甑底的小孔，加热甑内盛装的食物，达到蒸煮的目的。经过蒸煮的食物吸收了水分，更加膨胀、松软，既管饱又易于消化吸收，提升了食物的吸收利用效率。三国时期的谯周写有《古史考》，其中说"黄帝始蒸谷为饭，烹谷为粥"，有人据此认为黄帝是"灶神"。

三国时期的饼除了做成汤饼外，也可以蒸着吃。曾在曹魏担任司隶校

三国的日常生活

尉等职的何曾,入晋后飞黄腾达,是晋朝的开国元勋之一,平时生活豪奢,在厨膳方面也讲究极多,家中厨师的烹饪技能甚至超过皇宫。《晋书·何曾传》记载,何曾每次参加宫中宴会都不愿意进食,皇帝也惯着他,让他派人回去取自己家里的食物,其中就有蒸饼,拿来后何曾要先看看,"蒸饼上不坼作十字不食"。饼被蒸透,表面会裂出十字形花纹,何曾看到没有十字纹的,都认为没有蒸好,也不吃。

　　馒头是一种把面粉加酵母、水等混合揉制,之后蒸熟而成的食品,如果中间包着馅料,就是包子。传说,馒头是三国时期诸葛亮发明的,宋人高承在《事物纪原·馒头》中说,诸葛亮南征孟获时,有人说蛮地多邪术,须祈祷,蛮俗杀人以首祭神,诸葛亮认为不妥,用羊肉、猪肉和面粉做成人头状,用来祭祀,"后人由此为馒头"。不过,这只是传说,三国时期的史籍里没有提到过这件事,也没有提到馒头或包子,而是多次提到蒸饼,也提到专门卖蒸的人。三国时期可能没有馒头或包子,分析起来也许与对面食发酵技术的掌握有关,没有经过发酵而蒸出来的面食俗称"死面饼",与现在的馒头有很大区别。

献食陶俑
东汉　现藏于中国国家博物馆

脯:曹魏军队里最恐怖的军粮

　　在三国时期常用的烹饪方法里,还有一种叫作脯,也就是把肉、鱼、水果等特定食物做成肉干、鱼干和果干,从而延长食物的保质期。这种方法特别适合行军打仗,所以军队里经常有脯这样的食物。《魏略》记载,

食物篇：
炒菜尚不流行

李孚闯曹营时"皆敕使具脯粮"，也就是让随行的人带上足够吃的干粮。高平陵之变后，曹爽遭司马懿软禁，整天担心司马懿会杀自己。《魏末传》记载，曹爽给司马懿写了一封信，信中索要一些食物，以此试探，司马懿接信后立即让人送去了一些食物，包括100斛大米，还有"肉脯、盐豉、大豆"等，曹爽大喜，以为司马懿会放过自己，哪知最终也没有逃脱被灭门的命运。

程昱是曹操手下文武两方面都很突出的人，立下过很多大功，尤其早年在兖州时。那时，曹操与吕布战于兖州，这一仗打得很残酷，当时兖州一带闹蝗灾，最大的问题是缺粮。曹操不得已向袁绍求援，袁绍开出条件，说援助可以，但要曹操把家眷送到他那里，实际上就是做人质。曹操认为这是对自己的侮辱，但眼下舍此没有更好的办法，于是有点儿动摇。程昱当时从外面办事回来，听说这件事后马上来见曹操，他力劝曹操不要答应袁绍，并表示眼前虽有困难但只要大家齐心协力一定能克服。曹操得到了程昱的支持，打消了原来的念头。程昱立即行动，利用自己在兖州一带的影响力替曹操分忧解难，他四处征集粮食，甚至回到家乡东阿县把老百姓的粮食搜刮一空，以充曹操的军粮。一般人都很看重名声，即使不太看重的也会顾忌在家乡父老眼里的形象，在外面再作恶但一般不会跑到家门口干坏事。程昱把老家整个县都抢了，虽属被逼无奈，但也留下了恶名。

这还不算，据《世说新语》记载，程昱弄来的军粮里"颇杂以人脯"，"人脯"就是人肉干。这是骇人听闻的事情，乱世里也有人吃人的事，但军队拿人肉做干粮则极少发生。这件事影响到了程昱的一生，也影响到程昱的历史评价。魏国建立时，曹操拜程昱为卫尉，是部长一级。曹丕禅让后，本来像程昱这样追随曹操时间长、立下大功多、能力突出的老臣，应该有更高的职位，贾诩、董昭甚至王朗、华歆这些人都位居三公了，但程昱仍然是卫尉。其中的原因史书也有交代，认为程昱当年以人脯为军粮，

三国的日常生活

"由是失朝望，故位不至公"。

刘备请人吃"麻辣烫"

刘备一生轻财好士，喜欢结交各类朋友，能跟形形色色的人打成一片，这是他的超人之处。刘备在早年创业阶段，有人只要来见他，无论什么人，刘备都和他们同席而坐，一起吃饭，没有架子，也从不挑剔，因此众人都愿意归附他。《魏书》记载："士之下者，必与同席而坐，同簋而食，无所简择，众多归焉。"

"簋"是一种古代的食器，北京有个簋街，是著名的美食街。古人用簋来盛放煮熟的饭食，有人戏称这是中国最早的火锅，其实说火锅有点儿勉强，因为吃的时候不能同时在下面加热，说它是吃类似于"麻辣烫"这样的食物更合适。

即使你是陌生的朋友，又是第一次上门，刘备也会邀请你一起吃饭，用一个锅吃"麻辣烫"，这说明刘备完全没有架子，对人从不挑剔，所以众人都愿意归附他。

炒菜：三国时期还不流行

除了以上提到的烹饪方法，三国时期还有渍、熬等常用的烹饪手段。《礼记·内则》中有"八珍"的记载，指的是君王专门享用的8种美食，有淳熬、淳毋、炮豚、炮牂、捣珍、渍、熬和肝膋。其中："淳熬""淳毋"指的是煎熟的肉酱浇在黍米饭和稻米饭上，类似于"盖浇饭"；"炮豚""炮牂"是把猪、羊杀死掏去内脏，用枣填满，再用芦苇将其缠裹起来，外涂带草的泥巴，放在火中烧烤；"捣珍"是取牛、羊、鹿等食草动物的里脊肉反复捶打，捣成肉茸，用油煎着吃；"渍"是把刚刚宰杀的新鲜软嫩的牛肉切成薄片，在酒中浸一夜，第二天早上蘸醋、梅浆、酱等佐料生吃；"熬"是通过烘制做成肉脯。

食物篇：
炒菜尚不流行

在这些食物中，没有用到现在常用的烹饪方法"炒"。炒菜离不开锅和油，锅以铁锅为佳，陶锅和熔点较低的青铜锅都不太适合炒，而古人早期吃的油多属动物油脂，也对炒菜有一定影响。基于这些原因，炒菜在三国时期及其之前都并不流行，《说文解字》甚至没有收录"炒"字。

最早对炒菜进行明确而详细记载的文献是《齐民要术》，其记录有近百种菜肴的烹饪方法，其中有"炒鸡子法"，也就是炒鸡蛋："打破，着铜铛中，搅令黄白相杂。细擘葱白，下盐米、浑豉，麻油炒之，甚香美。"只是，这时距离三国结束已经有200多年了。

10 用餐仪式

相比于西方的分餐制，现在的中国人更习惯聚餐。然而，从科学性与先进性角度看，分餐制无疑更占有优势。中国人其实一开始也采取的是分餐制，在5000年历史中分餐制至少统领了3500年。三国时期，人们流行的就是分餐制。

食物匮乏只得分餐

原始社会，生产力水平低下，人们主要靠狩猎和采集野果为生。人有各种各样的需求，但首先满足的是生理需求，比如抵御饥饿的需求，那时候"吃"是人们生命中的大事。正如马斯洛在《动机与人格》一书中指出的那样："他的梦境里是食物，记忆里是食物，思想活动的中心是食物，感情的对象是食物。他只感知到食物，只想获得食物。"

在原始社会，往往几十个人结成一个群体，共同生活和劳动，得到的食物非常有限，为保证群体里每一名成员能生存下去，只得把食物平均分成若干小份，一人一份。这种生产和生活方式在一定程度也满足了人们安全方面的需求，集体劳动、统一分配更容易让人们产生相互信任、互相依存的心理。再加上当时居住条件简陋，没有什么像样的食器，大家拿到分给自己的那一份食物后，一般是找个地方站着或坐在地上吃，分餐就是自然而然的了。分餐制就是这样产生的，某种程度上属"不得已而为之"。

分餐也是礼制等级的体现

新石器时期结束后，人类进入青铜器时代，生产力得到较大发展，食

食物篇：
炒菜尚不流行

物增加了，餐具也有了许多革新，但人们仍然实行分餐而食的办法。当时有一种很常用的食器叫作鬲，其形状一般为侈口，口沿外倾，上面有2个耳，下面有3个中空的足，这样的造型便于在火上烧煮加热，是人们生活中的必备器具。从考古发掘出土的实物看，鬲的容量通常都不大，所盛食物往往只够一人一餐，说明当时人们仍采用分餐的形式。

与鬲形状有些相似的另一种食器是鼎，一开始也是2只耳、3只足，主要用途是烹制和装盛食物，只是造型、材质、制作等方面要讲究得多。《说文解字》："鼎，三足两耳，和五味之宝器也。"鼎的大小、图案以及拥有的多少显示了一个人的身份地位，鼎于是从单纯的食器演变为一种身份的象征，成为一种礼器。那时还没有椅子、桌子这些家具，进食时，一般端坐在地上铺着的席子上，上身挺直，双膝着席，臀部挺立或压在双脚上，主人与宾客通过方位、座次区分身份、地位，每个人面前摆着各自的食物，一人一份。

这种很有仪式感的进食方式符合人们区分尊卑贵贱的需要，即儒家提

铜染炉
西汉　饮食用，古代均称调料为"染"。
铜染炉符合分餐制的饮食习惯，宴饮时一人一炉。
现藏于广州市文物考古研究院

三国的日常生活

倡的"夫礼之初，始诸饮食"。不同身份的人，面前摆放的食物种类和数量并不一样，所用的食器也不一样。比如，君臣共食时，"天子九鼎八簋，诸侯七鼎六簋、卿大夫五鼎四簋，士三鼎二簋"；长幼共食时，"六十者三豆，七十者四豆，八十者五豆，九十者六豆"；宾主共食时，"主人者尊宾，故坐宾于西北，而坐介于西南以辅宾。宾者，接人以义者也，故坐于西北；主人者，接人以仁以德厚者也，故坐于东南；而坐僎于东北，以辅主人也。"

《史记·孟尝君列传》里有一个故事，说孟尝君对待天下投奔者从来一视同仁，手下数千名食客平时和自己吃的食物没有两样。一次，一位新投奔的侠士发现孟尝君在宴会中挡住了灯光，误以为孟尝君吃的和他们不一样，所以故意不让人看见。此人于是怒气冲冲，离席而去。后来孟尝君说明了原委，并亲自引侠士来看自己的食物，果然与大家没有不同，侠士羞愧难当，拔剑自刎以谢罪。上面这个故事说明，那时人们确实普遍实行的是分餐制，如果大家是在一张桌子上聚餐，这位侠士就不会产生误会，也不会死了。

《史记·项羽本纪》所记载的"鸿门宴"故事中，项羽、范增、刘邦、张良等人分坐于不同方位，这也是分餐制的场景，如果他们几个人当时围在一张圆桌上吃饭，项庄也就不可能通过舞剑的方式去杀刘邦了，因为那样项羽也会有危险。《陈书·徐孝克传》记载了另一个故事：南陈大臣徐孝克每次陪皇帝侍宴，没看见他吃什么，席散时座席前的食物却少了很多，陈高宗询问中书舍人管斌，管斌回答不了。管斌于是留意观察，发现徐孝克偷偷把食物塞在宽腰带内，管斌不解其意，后通过查访得知徐孝克是拿回去给母亲吃。管斌据实禀报，陈高宗感叹很久，下令给有关管事人员，以后宴会上凡摆在徐孝克案前的食物都可由他"打包"拿回家。

不仅史书记载如此，大量考古发掘出土的实物也证明是这样的。山东诸城出土的前凉"髡刑图"画像砖，也有汉代人用餐的场景，官吏列坐，

食物篇：
炒菜尚不流行

一人面前放置一份盛满有食物的餐具。四川博物院藏有6件东汉时期的石棺，最为著名的就是郫县出土的一件。石棺左侧刻有"宴饮舞乐百戏图"，有5个人席地而坐，一人面前一案，分餐而食。

三国时期的筵、席与小食案

三国时期还处在分餐制阶段，这还与当时的家具有关。椅子这种坐具出现得比较晚，在其出现并流行之前人们通常席地而坐，"席"是最常见的坐具。近代学者尚秉和在《历代社会风俗事物考》中认为："古器用不备，皆坐于地上，而籍以席。"

现在说的"宴席"是由"筵""席"发展而来的。"筵"是类似于"席"的东西，不同的是，"筵"比席大，一般铺在"席"下。《说文解字注》："筵亦席也。铺陈曰筵，籍之曰席。"《御定康熙字典》中记载："筵铺于下，席铺于上，所以为位也。"有一幅汉墓中出土的壁画《宴饮观舞图》，图中可见当时人们吃饭时是席地而坐的，一人面前一案，这种食案十分低矮。

《后汉书·梁鸿传》记载，隐士梁鸿由太学毕业，还乡后娶孟光为妻，夫妻二人后转徙至吴郡，靠帮工维持生计。梁鸿每次帮工回来，孟光都为他提前准备好食物，并将食案举至额前捧给丈夫，以示敬重。这就是"举

陶案
三国·魏　现藏于中国国家博物馆

三国的日常生活

案齐眉"的典故,成为夫妻相敬如宾的千古佳话。孟光所举之"案",就是当时常见的小食案,与餐盘不同,这种小食案有足,可放在地上或席上,用餐时一人面前一案。颜师古《急就章注》:"无足曰盘,有足曰案,所以陈举食也。"

筵、席、小食案,这些器具是当时人们用餐的"标准配置"。

没有椅子,只能席地而坐;没有桌子,只能用低矮的小食案。在这样的情景下用餐,想几个人围拢在一起聚餐,也并不方便。除此之外,当时人们的服饰也决定了要实行分餐制。魏晋以前,普通人常穿的衣服是绔或袴,是一种没有裆的裤子。上衣则通常是长袍广袖,这类服饰不适宜高坐姿,更适合席地而坐。

高足家具是三国以后才出现

魏晋以后,战乱频繁,社会动荡,传统儒家学说受到玄学等的挑战,在普通人的思想里等级、礼制等观念有逐渐淡化的倾向,这些影响到社会习俗的变革。同时,魏晋以后各民族实现大交流,文化相互融合,服饰、家具、食器等也不断创新,为聚餐制的出现创造了条件。

南北朝时,大量少数民族进入中原地区,带来了少数民族的"胡服"。与汉人传统服饰不同,胡服袖子窄、紧身、圆领、下开衩,穿上更适合活动,用餐时也不容易像"长袍大袖"那样碰翻食盘,沾上油污。

除了胡服,"胡床"也大量普及。胡床是可折叠的轻便坐具,类似于"马扎",本是游牧民族常用器物。由胡床进一步演化改进,出现了凳子、椅子。敦煌第285窟西魏壁画中,菩萨坐在带脚踏的一把扶手椅里,这把椅子一般被认为是中国家具史上第一把扶手椅。胡床刚引入时,食案还是比较矮的那种,床高案低,很不协调。河南出土的东魏石刻《胡床图》中,人在胡床上翘腿而坐,面前放着食案,但胡床比食案高很多,进食时需俯下身子才能取到食物。于是一些高足家具出现了,其中最常见的是桌

食物篇：
炒菜尚不流行

子。敦煌第85窟唐代壁画中，一位屠夫在切肉，肉放在一张高足的桌子上，只是这时候的桌子四腿较粗，造型简单。

穿着越来越紧身的衣服，坐在更高、更舒服的椅子里，面前是高足的桌子，人们用餐时的姿势无疑更舒服了，也更有利于聚餐。同时，如果仍采取分餐制，每人一张桌子、一把椅子，不仅浪费家具，而且室内空间不足够大的话，这么多家具也难以摆开。于是，人们逐渐聚拢在一张桌子边吃饭，分餐制向聚餐制悄悄转变。嘉峪关出土的魏晋墓室砖画《宴饮图》中，2个人围着一个食案相对而食，另一幅《宴乐图》中，4个人并列坐在一个长方形大食案的一侧，一边欣赏音乐一边用餐，反映的都是分餐制向聚餐制过渡的情形。

到了唐朝，聚餐制越来越普及。唐长安韦氏墓壁画《野宴图》中展示的就是一种聚餐的场景：正中置一方形高足大桌，食器全放在这张桌子上，9名男子都坐在高足的凳子上，分三面围桌边而坐，就是聚餐的形式。但唐和五代时期分餐制也没有完全消失。在南唐画家顾闳中的名画《韩熙载夜宴图》中，韩熙载和其他4名官员一边听琵琶曲一边宴饮，其中有一大一小2张食桌，韩熙载和3名官员围坐在大桌旁，另一名官员则独自坐在小桌旁，体现出用餐方式在变化和过渡中。

相较于分餐制，唐宋以后的人们更喜欢聚餐制。聚餐制更有利于营造欢乐气氛，有利于人们的情感交流。对于许多饮宴活动来说，吃也许并不是最重要的，重要的是交际，聚餐制无疑顺应了人们的这种需求。另外，随着食物种类越来越丰富，菜肴品种越来越多，如果仍采取分餐制，就难以适应食物多样化的趋势。比如，10个人吃15道菜，聚餐的话只需做出15道菜就行了，而如果分餐且每个人吃的菜品不变，就需要要做出150道菜。即便把菜做成大份再分，也得动用一二百只餐具，全部摆在一起，会占用很大空间。

所以，宋朝以后聚餐制便逐渐定型了。这时，椅子、桌子等聚餐用

三国的日常生活

的家具越来越成熟、越来越考究,桌子的高度已经超过人们垂坐时膝盖的高度,这样一来人们进食时就可将腿放在桌子下面,从而缩短了人与食物的距离。在宋代张择端的名画《清明上河图》中,可以看到东京汴梁餐馆里摆放的都是大桌、高椅,人们围桌进食,说明聚餐制在民间已完全普及了。即使在家中用餐,人们也习惯了聚餐的形式。从宋代墓葬中出土的一些壁画可以看出,当时有不少夫妻同桌共食。

而八仙桌的出现,将聚餐的普及性、便利性又向前发展了一步。八仙桌,至少在明朝时已经成熟和普及了,它造型简洁、用料经济,每桌四边,各边长短一样,每边可坐2人,一桌坐8个人,故得名。在民间,与八仙桌配套的除椅子外还有条凳,更加节约空间。众人围坐在八仙桌旁,每个人与食物距离相等,更便于安排坐次。

三国饭局上流行跳舞助兴

提起古代著名的酒局,首先想到的是楚汉相争时的鸿门宴,在那场酒局中,项庄、项伯拔剑起舞,虽然各有目的,但表面上都是为了助兴。三国时期,人们实行分餐制,没有"围桌而坐"的束缚,在吃饭以外还可以进行其他活动,如观看歌舞表演等,有时还跳舞助兴。

陶谦在成为一路诸侯前曾当过舒县县令,舒县归扬州刺史部庐江郡管,当时庐江郡的太守名叫张磐,凑巧的是,他是陶谦父亲的朋友,但陶谦年轻时脾气很倔,绝不主动跟领导拉关系。不过,张磐是个念旧情的人,对陶谦一直很照顾,陶谦不仅不领情,反而"耻为之屈"。陶谦因公事进见,汇报完工作,张磐总是热情地留他吃饭,陶谦经常推辞,推辞不下时,吃饭的时候也总拉个脸,好像别人欠他什么一样。

一次,大家一块儿喝酒,喝得高兴就跳舞助兴,轮到张磐跳,毕竟是太守,或者年纪也比较大,张磐有些矜持,就让陶谦替他跳。张磐大概没把陶谦当成纯粹的下级,而把他当成了晚辈,可陶谦更不高兴了,开始不

食物篇：
炒菜尚不流行

观伎画像砖
东汉　现藏于中国国家博物馆

情愿，再三催促才起身，之后勉勉强强比画了几下，可该转身的时候他也不转，《吴书》记载："尝以舞属谦，谦不为起，固强之；及舞，又不转。"张磐提醒陶谦该转身了，陶谦黑着个脸，不高兴地说自己不能转，因为一转就超过别人了，弄得气氛很尴尬。

从上面这个记载看，那时官场上同僚们私下聚会，常常会以舞助兴，没有一些这方面的"才艺"，还真会让自己陷入尴尬。除了跳舞，还有舞剑助兴的，当时的人们大概把这个也看作舞蹈的一种。

孙吴名将甘宁投奔孙权之前曾在黄祖手下，孙权征黄祖时，甘宁射死了凌统的父亲凌操。甘宁投奔孙权后，凌统一心为父亲报仇，孙权虽命令凌统不得与甘宁为仇，但凌统仍未放弃。《吴书》记载，有一次，二人同在吕蒙住处饮宴，酒酣，凌统"乃以刀舞"，甘宁不甘示弱，起身跳起了"双戟舞"，吕蒙见状也操刀持盾加入，一边舞蹈，一边伺机将二人分开。

服饰篇：男人化妆亦时尚

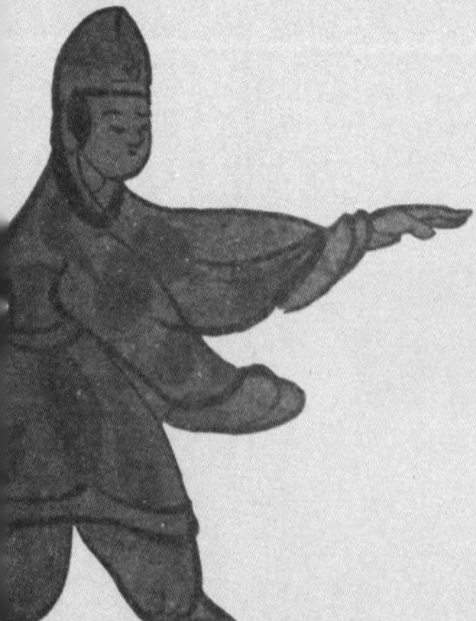

11 布料和纺织机

从踞织机到斜织机

大自然有严冬与酷暑，为抵御寒冷，人们开始穿起了衣服。在距今约2万年左右的北京周口店山顶洞人遗址中发现有1枚骨针和141件钻孔的石、骨、贝、牙装饰品，证实当时已经利用兽皮一类的自然材料缝制简单的衣服。《易经·系辞》说："黄帝、尧、舜垂衣裳而天下治。"这里说的"衣裳"，指的是用麻丝织成布帛而缝制的衣服，在甘肃秦安大地湾下层文化出土的陶纺轮，表明原始的纺织业在西北地区新石器时代早期便已出现，距今已有8000年左右的历史。

早期的纺织属于"手经指挂"，主要原料是采集的野生葛、麻、蚕丝等，并利用猎获的鸟兽的毛羽，手法主要是搓、绩、编等：搓的手法类似于搓绳；绩是先将植物茎皮劈成极细长的纤维，然后逐根捻接；编是用搓出的绳进行编织。到了先秦时期，人们从"手经指挂"中解放出来，《黄

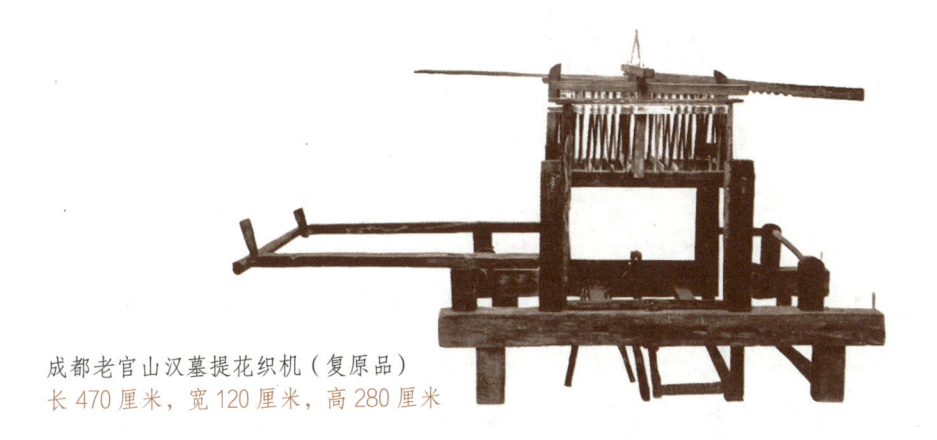

成都老官山汉墓提花织机（复原品）
长470厘米，宽120厘米，高280厘米

三国的日常生活

帝内经》和《淮南子》都记载，人们把一根根纱线依次接在同一根木棍上，另一端也依次接在另一根木棍上，把两根木棍绷紧，纵向纱成为经纱，横向织入的纱成为纬纱，经纬交织，就织成了布。由于这种织机的操作者是坐在地上或竹榻上进行织造的，故而人们称之为"踞织机"。"踞"，是蹲坐的意思。

到春秋战国时期，纺织技术又有了一次飞跃。江苏泗洪曹庄出土的汉画像石上刻着"曾母投杼图"，这里的"杼"，是纺织机上的梭子，《诗经·大东》里有"小东大东，杼柚其空"的句子，朱熹《诗经集传》解释："杼，持纬者也；柚，受经者也。""柚"通"轴"，轴是主经线的轴，与前代纺织机不同，新一代纺织机不仅有轴和梭子，还有一个机架，经线和纬线所在的平面也不是垂直或平行的，而是有一个五六十度的倾角，这样做的好处是，可以利用杠杆原理，用两块踏脚板分别带动两片线索，使线索上下交替，完成织布过程。这种做法实现了手脚并用，从而提高了织布速度。由于经线和纬线呈斜角，所以把这种纺织机称为"斜织机"。到三国时期，"斜织机"已经发展得很成熟，用它能织出各种布料。

在三国时期的史籍中，一般用"布"笼统指纺织物，如《后汉书·孝桓帝纪》记载，汉桓帝时颁布诏令，对于那些家贫无以安葬的死者，给家属进行抚恤，包括"人三千，丧主布三匹"，也就是每个人发给3000钱和3匹布。汉朝1匹是4丈，1丈为10尺，不过汉尺只有23.5厘米左右，所以1匹接近现在的10米，3匹布已经不算少了。

三国时期的史籍中还常用"端"来作为布的量词，如《资治通鉴》记载"烈闻而使人谢之，遗布一端"，这里说的是多次拒绝曹操聘请的三国隐士王烈，当时有个盗牛的人被主人抓住，盗犯向牛主认罪，并且说被判刑杀头都心甘情愿，只求不要让王烈知道这件事。王烈还是听说了，派人去看望他，送给他"一端布"，有人问这是为什么，王烈说盗牛人怕我知道他的过错，说明他有羞耻之心。既然心怀羞耻，必然能够改正错误，我这样做正是为了促使他改过。这里的"一端",合2丈,也就是半匹。除此之外,还有用"斤"来表示锦的数量的。204年,曹操颁布命令,重新确定原袁绍占领区内百姓的赋税标准,《魏书》记载,新的赋税标准有所减轻,每亩收租4升,每户出"绢二匹、绵二斤而已"。用"斤"做服装面料的计量单位,也许是怕有些人织锦的时候偷工减料吧。

锦、绢、纨、帛、绮:高档服装面料

在三国时期的史籍里,还经常出现"锦""绢""纨""帛""绮"这些字,它们指的都是用蚕丝织成的纺织物:锦是经纬丝先染后织,色彩多于三色;绢是质地薄而坚韧的丝织品;纨是很细的丝织品,也称细绢;帛指的白色的丝织物;绮是有花纹或图案的丝织品。早在公元前2700多年前,中国已经有了丝织技术,到三国时期,丝织生产已经有相当规模,上面这些丝织品在名称上有时并没有特别严格的区分,在很多时候它们只是表示对高档面料的一种称谓。

"五星出东方利中国"汉代织锦(复制品)

192年,董卓被杀,《资治通鉴》记载,在他生前苦心经营的郿坞中搜出大量金钱,有黄金二三万斤和白银八九万斤,同时"锦绮奇玩积如丘

三国的日常生活

山"。锦如同金银一样,有时可以作为财富的象征,所以也常用于赏赐。刘备平定益州后,大赏有功人员,《三国志·张飞传》记载,其中有4个人得到了一等赏赐,每人得到500斤黄金、1000斤白银和5000万钱,还有"锦千匹"。三国时期,锦、绢等常作为对大臣、部将的赏赐,其价值相当于金银,是"硬通货",比如:

> 诏书慰劳,赐绢七百匹。(《三国志·孙礼传》)
> 于是加赐钱米布绢,岁有常限。(《三国志·吕岱传》)
> 赐银千饼,绢千匹,以光宠存亡。(《三国志·齐王芳纪》)
> 赐绢万匹,奴婢百人。(《三国志·蜀后主传》)
> 赐钱百万,绢五百匹。(《晋书·王祥传》)

195年,汉献帝由长安东归,一路上险情环生。一行人准备在陕县附近强渡黄河,汉献帝以及百官们悄悄出城,向黄河边上徒步行进。大家行迹匆匆,都怕走晚了命就没了,所以什么多余的东西都没带,只有皇后伏寿的哥哥伏德例外。《资治通鉴·汉纪五十三》记载,伏德一手搀扶着妹妹,"一手挟绢十匹"。大家都有点儿纳闷,可很快他们将明白为何这些绢是如此重要。

一行人向黄河边上奔命,一路上拥挤不堪,就连皇后的卫士们也只顾往前跑,大家把路都堵住了。符节令孙㣼急了,在人群中挥着刀,一通乱剁,皇后伏寿衣服上都溅满了血。总算来到了黄河边,可大家全都傻眼了:黄河的大堤太高,离下面足有十多丈,相当于10层楼高,无法下去。这时候伏德把随身携带的绢拿了过来,董承又弄来几个马笼头,就用这些东西捆扎成一个简易坐辇。行军校尉向弘劲大,由他背着汉献帝刘协,坐在辇上,由上面的人拉着往下吊。其他人用伏德剩余的绢接起来陆续往下滑,排不上号的索性跳了下去,有的当场摔死,有的摔伤。

服饰篇：
男人化妆亦时尚

缯：丝织品的另一个统称

在三国时期的史籍里，提到丝织品，还有一个普遍性称谓叫作"缯"，如《吴书》记载，刘璋邀请刘备入蜀，以帮助自己攻打汉中的张鲁。刘备率兵到达后，刘璋给刘备提供了大量物资，除粮食、战马、车辆外还有"缯絮锦帛"。孙权临终前提拔诸葛恪，封其为阳都侯，兼任荆州和扬州牧，负责孙吴的军事指挥，《三国志·诸葛恪传》记载，孙权同时赐给诸葛恪 100 斤黄金和 200 匹马，还有"缯布各万匹"，也就是普通的布料和丝织品各 1 万匹。

在三国，出现一些专门贩卖丝织品的人。汉末名将朱俊小时候父亲去世了，"母尝贩缯为业"。公孙瓒在用人上一向很另类，他不喜欢世家大族出身的人，理由是这些人即便受到提拔重用也不会感恩，会认为理所应当，所以公孙瓒刻意重用一些身份低微的人，《汉末英雄记》记载，有 3 个人最受公孙瓒的器重和信任，一个是卜数师刘纬台，一个是贾人乐何当，还有一个是"贩缯李移子"，也就是专门售卖缯的小商贩李移子，如同小说中描写的"桃园三结义"一样，公孙瓒跟这 3 人结为异姓兄弟，还结成儿女亲家。

三国时期，人们还使用一种用双股经线与纬线织成的丝织品，称为"缣"，这种丝织品比较厚实，甚至可以做到不透水。《释名·释采帛》记载："缣，兼也，其丝细致，数兼于绢，染兼五色，细致不漏水也。"在《后汉书·荀爽传》中曾提到过它。

蜀锦：蜀汉对外贸易的"拳头产品"

益州出产的锦称为"蜀锦"，是三国时期的著名产品。蜀地农业与蚕桑业十分发达，种植和应用天然色素植物的历史悠久，形成了一套自成特色的染织工艺体系。蜀锦多用染色的熟丝线织成，用经线起花，运用彩条

三国的日常生活

起彩或彩条添花，用几何图案组织和纹饰相结合的方法织成。秦灭蜀后，便在成都夷里桥南岸设锦官城，置锦官，管理织锦刺绣。到了汉朝，成都蜀锦织造业已经十分发达，朝廷在成都设有专管织锦的官员，成都自那时起便被称为锦官城，简称锦城，环绕成都的锦江也因有众多织工在其中洗濯蜀锦而得名。

诸葛亮充分发挥益州在织锦方面的优势，《诸葛亮集》中有"今民贫国虚，决敌之资唯仰锦耳"的佚文残句，推测起来应该是诸葛亮对蜀锦重要性的阐述。诸葛亮大力发展织锦业，《华阳国志·蜀志》记载："州夺郡文学为州学，郡更于夷里桥南岸道东边起文学，有女墙。其道西城，故锦官也。"这里说的是，诸葛亮在成都设立锦官，负责组织和管理蜀锦的生产，使蜀锦业在这一时期有了突飞猛进的发展。对于蜀锦的生产，左思在《蜀都赋》中描绘道："阛阓之里，伎巧之家。百室离房，机杼相和。"意思是，专门生产蜀锦的人家，常常有多达上百间织锦房，织机之声交响应和。南朝李膺在《益州记》中也记述道："锦城在益州南，笮桥东，流江南岸，昔蜀时故锦官也，其处号锦里，城墉犹在。"意思是，成都南有锦城，在笮桥以东，流江的南岸，这里是蜀汉时故锦官所在地，号锦里，城墙现在还在。

蜀锦生产改善了蜀汉的经济和财政状况，《丹阳记》记载"魏则市于蜀，而吴亦资西蜀"，意思是蜀锦成为益州的特产和专有产品，魏、吴两国都跑来购买。这无疑改善了益州百姓的生活，也进一步巩固了蜀汉的政权。此外，蜀锦还作为"国礼"，馈赠盟邦。223年冬天，蜀汉派中郎将邓芝出使孙吴，带去了大量礼物，《吴历》记载，礼物包括200匹马和一些蜀地的土特产，还有"锦千端"，也就是500匹蜀锦，这些蜀锦在孙吴都是"抢手货"，孙权"亦致方土所出，以答其厚意焉"。孙吴大臣张温曾出使蜀汉，在其向孙权所上的奏表里有"刘禅送臣温熟锦五端"。曹丕也多次得到蜀锦，他进行了仔细观察和比较，发现这些蜀锦差别很大，感到很惊讶，所以他在《诏群臣》中说：*"前后每得蜀锦，殊不相似，比适可讶。"* 意思是，前后得到的蜀锦竟然不相同，对比之后，令人惊讶。曹丕还说，鲜卑人不喜欢蜀锦，大约这种轻薄的面料不适合北方寒冷的天气吧。

麻、葛：百姓服装常用面料

在三国时期，丝织品属于高档面料，普通百姓做衣服还无法轻易使用。对大多数人而言，做衣服的面料通常是麻、葛一类的布料。麻是从各种麻类植物中取得的纤维，主要有苎麻、黄麻、青麻、亚麻、罗布麻和槿麻等。葛有两种，一种是用丝做经线，用麻线等做纬线织成的纺织品，由于经线、纬线粗细不同，所以其表面有明显的横向条纹；另一种是多年生藤本植物，根肥大，叫葛根，可制淀粉，茎皮可制葛布，也称葛麻。

麻是中国的古老作物，以麻做服装材料，具有纤维长、质量轻、拉力强、易染色且不易褪色等优点。在浙江省余姚市河姆渡文化遗址出土的绳索中大部分是用苎麻拧成的，是中国人在 7000 年前就开始利用苎麻纤维的见证。在浙江吴兴县钱山漾新石器时代遗址中发现有苎麻织成的平纹细麻布，以及用两股或三股苎麻拧成的绳索，说明我国在 4000 多年前已开始把苎麻纤维当作衣服原料了。

到三国时期，麻布是应用最广泛的服装面料，大多数普通百姓的衣服都是用各类麻布做成的。之前的《盐铁论》有记载：*"古者，庶人耋老而后衣丝，其余则麻枲而已。"* "耋"指 80 岁至 90 岁之间，"枲"指麻类植物的纤维。没有官职和爵位的普通人到了 80 岁以上才能穿丝织品做的衣服，之前只能穿麻布做成的衣服，所以古人常以"布衣"代指没有官职或功名的普通人。诸葛亮在《出师表》中所说*"臣本布衣"* 就是这样来的。

三国时期，穿葛麻做成的衣服很普遍，人们尤其喜欢戴葛布做成的头巾，称为葛巾。《三国志·华歆传》记载，豫章郡太守华歆被迫归降孙策，二人初次相见时，*"歆葛巾迎策"*。在此之前，孙策先派"名嘴"虞翻去劝

三国的日常生活

降华歆，虞翻"请被褠葛巾与歆相见"。还有蒋干，史书虽然没有他"盗书"的这个情节，但他确实曾被曹操派到周瑜那里，《三国志·周瑜传》记载，蒋干"乃布衣葛巾，自托私行诣瑜"。魏文帝曹丕也喜欢戴葛巾，《博物志》记载，曹丕擅长一种弹棋游戏，能用手巾的一角去弹棋，而当时有一位书生能"低头以所冠著葛巾角撇棋"，水平比曹丕还高。

火浣布：能防火的特种布

在三国时期的典籍中还记载着许多特殊布料。曹丕在《诏群臣》中提到一种"如意虎头连璧锦"，像金箔那样薄。238年，日本列岛上的倭女王派大夫难升米等来曹魏朝拜，所献上的贡物中有"班布二匹二丈"，这里的"班布"是一种经过染色的木棉布。魏明帝接受倭女王的朝拜，不仅授予其"亲魏倭王"的称号，还回赠一大批礼物，其中有许多纺织品，包括绛地交龙锦5匹、绛地绉粟罽10张、蒨绛50匹、绀青50匹，还有绀地句文锦3匹、细班华罽5张、白绢50匹等。"罽"是用毛做成的毡子一类的东西；"蒨绛"似为"浅绛"，指的应该是一种浅红色锦缎；"绀青"是黑里透红的颜色，指的也应该是一种锦缎。

239年，西域向曹魏朝廷"献火浣布"，这种布据说可以防火，天子下诏让大将军、太尉向百官展示，史书没有记载展示的结果，但应该确实是可以火烧不透的，否则会记下一笔。关于这种布，之前的史书就有记载，《列子·汤问》："火浣之布，浣之必投于火。"《海内十洲记》《异物志》《傅子》《神异经》等也均有记载。魏文帝曹丕对这种布"听说过，没见过"，所以不信，《抱朴子》中有"天下无切玉之刀，火浣之布"的文章残句。235年，曹丕已经去世，在位的是他的儿子曹叡，"西域献火浣布袈裟"，才证实火浣布确实存在。

对于火烷布能耐高温的原因，当时的人们是从神话角度去理解的。东方朔《神异经》认为，南荒之外有火山，长30里，山上"皆生不烬之木"，昼夜火烧，任凭暴风猛雨也不灭，火中生活着一种老鼠，重百斤，身上的毛有2尺多长，细如丝，用这种毛织成的布可耐高温，就是这种火浣布。这样的"火山"和"火鼠"都是不存在的，火浣布其实是用石棉纤维织成的布，由于石棉耐高温，所以烧不坏。

三国时还没有棉花

在做衣服的面料里，棉布是一种优质的材料。棉织物坚牢耐磨，便于洗涤和在高温下熨烫，还具有吸湿、脱湿、速干等特性，因而穿着很舒服，是现在广泛采用并受到欢迎的一种服装面料。可是，这种面料在三国时期还没有。

棉花的原产地是印度和阿拉伯，大约在南北朝时才开始传入中国，不过那时也多在边疆地区种植，大规模传入内地则是宋朝以后的事情了。在棉花传入中国之前，中国只有可供充填枕褥的木棉，没有可以织布的棉花。南北朝之前的史籍中只有"绵"字，表示用蚕丝加工而成的絮状物，而没有"棉"字，"棉"字是从记载南北朝历史的《宋书》中才开始出现的。棉花在中国大量种植、棉布成为人们主要的衣服布料，则是元朝之后的事情了。

12 衣服式样

袍：男女都可以穿的外衣

袍服为中式长衣，能从上到下严严实实地包裹住身体，有一种深沉而庄严的气度。袍服在中国服饰史中影响最大，《周礼·司服》中有"享先王则衮冕"，"衮"就是袍服的一种，也叫"衮衣"，衣长至脚面，绣有龙形图纹，俗称"龙袍"，是始于周朝的皇帝的礼服。《诗经·九罭》有"我觏之子，衮衣绣裳"的诗句，意思是，好比我们这个小地方，来了一个伟大人物周天子，我们老百姓应该敬重他，看到他身上穿着绘有花纹的衣服，好不威严。

三国时期，人们常穿的外衣就是袍服，无论男女都可以穿。三国的袍服是由汉朝定型的，分为曲裾交领和直裾交领两种，领和袖一般加花边，以菱纹、方格纹为多，比衣服上的花纹显得素淡。所谓曲裾交领，是在衣襟右侧连缀一块三角形的帛，使衣襟延长，尖端绕至身后，再从左腋下绕至身前，也有稍短的曲裾绕至身后为止，长沙马王堆汉墓出土的帛画中就有妇女穿的曲裾袍，下摆宽大，纹样华美；所谓直裾交领，就是将直裾下摆部分剪裁为垂直，衣裾在身侧或侧后方，没有缝在衣上的系带，由布质或皮革质的腰带来固定。

三国时期，上自皇帝下至普通百姓都可以穿袍服，只是皇帝的袍服讲究得更多，比如，大裘冕，最庄重的服饰，祭祀天地时所穿；衮冕，登基、祭祀宗庙、派遣将领征战、宴饮、行成人礼、纳后、受朝贺、册封王公大臣时所穿；鷩冕，接待使者时所穿；毳冕，祭祀四望山川时所穿。不过，如无特殊需要，史籍中也常用"御服""御袍""御服袍"代指上面这些各

服饰篇：
男人化妆亦时尚

袍服
江苏南京东晋墓

大袖袍服
河南洛阳北魏
宁懋石室线刻画

衫
江苏南京西善
桥南朝墓砖画

小袖裤褶服
河北景县北
朝封氏墓群

袒臂裤褶服
山西太原圹坡
北齐张肃俗墓

大袖裤褶服
河北景县北
朝封氏墓群

风帽、披风
河北景县北
朝封氏墓群

式各样的袍服，如曹魏时担任过秘书丞的薛夏很有才能，魏文帝曹丕与之谈论，一谈就是大半天，曹丕不呼薛夏的全名，也不呼其表字，而是叫他"薛君"。《魏略》记载，薛夏家贫，曹丕看到他穿得很单薄，"解所御服袍赐之"。

三国的日常生活

裾：衣服的大襟

"裾"指衣服的大襟，从汉朝开始，由于内衣的改进，盛行于先秦及西汉前期的绕襟曲裾渐渐多余，本着经济胜过美观的发展原则，东汉以后直裾逐渐普及，成为袍服的主要样式。赵岐和马融都是汉末名士，二人还有亲戚关系，赵岐娶了马敦的女儿，而马融是马敦哥哥的儿子，《三辅决录注》记载，赵岐曾给朋友写信评价马融，说马融虽然知名于当世，但没有士人节气，所以"三辅高士未曾以衣裾襒其门也"。当时士人们日常也穿袍服，"襒"是拂拭的意思，"以衣裾襒其门"指用袍服的大襟拂拭大门，表示恭敬。赵岐上面这句话的意思是，马融虽然有名气，但关中一带的高士们知道他的为人，并不尊敬他。"襒裾"由此也成为一个专用词语，表示恭敬。

220年，魏文帝曹丕想从冀州迁10万户人家充实到河南，有关部门认为不可，但曹丕不听，仍强令推行。侍中辛毗觉得事情很严重，跑来劝谏。《三国志·辛毗传》记载，曹丕知道辛毗的来意，故意拉个脸，想让他张不开口。辛毗不管，问曹丕，只说陛下要大批迁移人口，不知道是怎么考虑的？曹丕不正面回答，反问先生认为此事有无不妥。辛毗说确实不妥。曹丕不想跟这位老先生打嘴仗，但辛毗仍不依不饶，说陛下如果认为臣无能，可以把这件事交给有关部门，让大家都来议议。臣所言非私事，是为社稷考虑，怎能迁怒于我？曹丕说不过他，站起来就走，辛毗跟着就过去了，"随而引其裾"，也就是抓住了曹丕袍服的大襟。曹丕被气乐了，叫着辛毗的表字说，佐治，你把我抓得也太紧了吧？辛毗不管，抓住不放，说怕你跑了，强制迁移人口有失民心，望陛下收回成命！争来争去，最后君臣各让一步，迁10万户改为5万户。

曹魏大臣许允的妻子阮氏虽然貌丑，但见识非凡，有人把她归为中国古代"四大丑女"之一。二人结婚，合卺礼行毕，许允却不去洞房，家人为此感到忧虑。《魏略》记载，一次有客来访，阮氏命婢女探看，婢女回来后说是桓范来了，阮氏说桓郎必然是劝许君入房的。桓范果然对许允说，阮家既然嫁丑女于你，应该别有深意，你最好仔细观察行事。许允听了，就来到新房，但一见妻子的容貌拔腿又要往外溜，阮氏上前"捉裾留之"，也就是抓住袍服的衣襟不放。经过阮氏一番开导，许允面露惭愧之色，从此夫妻相敬相爱，感情和谐。

袷：没有领子的大衣

袍服通常有衣领，也有一种没有领子的大衣，叫作袷，类似于现在维吾尔、塔吉克等民族习惯穿的对襟长袍。

265年，孙吴权臣孙峻杀了孙休的皇后朱氏，埋在建业城外的石子冈，让两位巫师各住一处，在那里守灵。《搜神记》记载，两位巫师都报告说看见了一个30多岁的女人，"上著青锦束头，紫白袷裳，丹绨丝履"，从石子冈上到半冈，以手抚膝而长叹，徘徊良久，奄然不见。这里的"束头"指的是头巾，"紫白袷裳"指的是紫白二色的对襟长袍。

孙吴暴君孙皓身边有位侍中名叫李仁，孙吴灭亡后，对孙皓的暴政多方辩解。有人问李仁，都说孙皓不喜欢别人直视他，有人敢直视他就要将其眼睛凿去，有没有这样的事？李仁辩解说哪有这样的事？况且按照礼法应该"视天子由袷以下"，不然就显得傲慢了，傲慢则无礼，无礼则不臣，不臣则犯罪。李仁的说法来自《礼记》，原话是"天子视不上于袷，不下于带"，意思是，看天子的时候视线不能高于衣领，不能低于衣服外面系着的带子。

深衣：上下身缝在一起的"连衣袍"

深衣是把上衣和下裳衣分开裁，但上下缝合，因为"被体深邃"而得名。通俗地说，就是把上衣和下裳连在一起，一般用不同色彩的布料做边缘，穿上后身体深藏不露，可以称之为"连衣袍"。深衣的长度根据"短

三国的日常生活

毋见肤，长毋被土"原则，大致到足踝间，即不致被泥土所玷污，同时"续衽钩边"，也就是接长右衽至背后，使曲裾交掩，以掩下裳的开露。深衣的边缘在颜色上有讲究，《礼记·深衣》说："具父母、大父母，衣纯以缋；具父母，衣纯以青；如孤子，衣纯以素。"意思是，祖父母、父母都在的，深衣的边缘用彩色；仅父母在的，边缘用青色；如果是孤儿，则边缘只能用白色。

除文献记载，考古中也发现有与深衣相关的实物。1953年湖南长沙仰天湖出土的彩绘木俑是穿着深衣的实物形象，上衣下裳相连，是领做交叉而方折向下、衣襟下达腋部即向后旋绕而下的曲裾钩边形式。湖南长沙马王堆一号墓出土的曲裾绣花绵袍，是方领、曲裾，衣襟下达腋部即缠绕于后，其上衣下裳相连，袖口宽大而下垂等都和深衣较为接近。但如果以文献记载去衡量，其又有一些细节上的不同。原因是，文献记载往往是面面俱全，而且要从礼制方面给以解释，实际上深衣仅仅规定一个基本形制，随穿着者的身份、地位、贫富等的不同也不可能完全一律。

朱红菱纹罗丝绵袍
辛追墓出土，类似汉代"深衣"。
现藏于湖南省博物馆

服饰篇：
男人化妆亦时尚

按《礼记》的说法，深衣是古代诸侯、大夫等阶层的家居便服，也是庶人百姓的礼服。深衣在汉朝很流行，长沙马王堆一号汉墓出的 12 件服装中就有 9 件是深衣。

三国时期人们也经常穿着深衣。司马懿的孙子司马炎开创了晋朝，王朝初建时各项制度虽然承袭了汉朝和曹魏之制，但也做了许多改进，务求节俭。司马炎本人以身作则，《晋书·武帝纪》记载其平时"深衣素冠"，也就是穿着普通的"连体袍"，戴着素色的帽子。孙吴大臣射慈对礼俗有研究，曾著《丧服图》及《变除》五卷。按射慈的说法，天子遇丧事先去吉冠，即换成普通的帽子，之后"十五升布深衣"，也就是穿上用 15 升布做的深衣。袁绍非常钦佩的汉末大学士郑玄曾对深衣有过解释："深衣者，用十五升布锻濯灰治，纯之以采。善衣，朝祭之服也。自士以上，深衣为之次，庶人吉服，深衣而已。"古人将织布所用缕数用"升"来表示，"八十缕为升"，"十五升布"即幅内含 1200 缕的布。

东晋顾恺之《女史箴图》局部
对镜的两位女子身着"深衣"。

三国的日常生活

东晋顾恺之《洛神赋图》局部
洛神身上所着服饰,是深衣的一种变体,称"袿衣"。

襦裙:短衣短袄配裙子

袍服多宽大,看起来正式、庄严,但行动多有不便,所以从战国时期开始出现了一种服饰搭配:上衣穿"襦",也就是短衣或短袄,一般长不过膝;下身穿长裙,有时还佩披帛,加于半臂。这种穿着搭配叫作"襦裙",1957年甘肃武威磨嘴子汉墓中发现过襦裙实物,襦以浅蓝色绢为面,中纳丝棉,袖端接一段白色丝绢;裙子也纳有丝棉,质料用黄绢。这一时期的襦裙一般上装窄袖右衽,矩形交领;下裙以素绢四幅连接合并,上窄下宽,裙腰系绢带。

司马懿征辽东,大获全胜。《晋书·宣帝纪》记载:"时有兵士寒冻,乞襦。"征辽东的军队来自中原地区,没有带冬衣,请求拨付一些襦服,

服饰篇：
男人化妆亦时尚

也就是短棉被，但司马懿不答应。有人问，辽东的仓库里有很多襦服，为什么不拿出来发给将士们？司马懿回答："襦者官物，人臣无私施也。"从这一点上看，司马懿是个挺冷酷的人，让人为你卖命，却连一件御寒的棉袄都不肯给。

管宁是三国时期隐士，名气很大，曹操、曹丕都征召过他，想让他出来做官，但管宁只想归隐。魏明帝曹叡没有见过管宁，十分好奇，也多方征召，但管宁不至。《三国志·王烈传》记载，曹叡曾向青州刺史程喜下诏书，问管宁是一个什么样子的人，程喜上奏说，我也没见过这个人，只是听管宁的族人管贡说起过，说管宁经常戴着皂色的帽子，"布襦裤，布裙"，年纪虽然很大了，但能拄着拐杖走，不需人搀扶。

管宁平时穿"布裙"，其实并不奇怪，在早期，男人其实是穿裙子的。商朝时，人们上身穿"衣"，长至膝盖；下身穿"裳"，长至足踝，腰部束一条宽边的腰带，腹前加了一条上窄下宽、像斧子形状的装饰物，称为"蔽膝"。到了周朝，讲究雅致和礼仪，于是把下裳的两片布合成一个圆筒，也就是裙子。

裙子很简单，但也有不便之处，主要是行动起来不方便，尤其是骑马，所以裙装后来多为女性所穿。《三国志·蒋钦传》记载，孙权曾到部将蒋钦家，看到蒋钦"妻妾布裙"，十分感慨，叹其节俭，于是让御府专门为其妻妾做锦绣之服。《魏略》提到三国时期敦煌的风俗，"妇人作裙，挛缩如羊肠，用布一匹"，意思是，妇人做裙子时喜欢曲卷，结果造成用布很费，做1条裙子甚至能用1匹布，为此官府下令"禁改之"。阮籍在《达庄论》中提到一种"垂曲裙"，大概也是造型复杂、比较费布料的一种裙装。《后汉书·服妖志》记载，三国时的建安年间，男子做衣服喜欢上身长而下身短，而"女子好为长裙而上甚短"，有人将其视为"服妖"，预示着"阳无下而阴无上"，将致天下不平。

短襦、长裙
江苏南京
东晋墓

宽袖长裙
江苏常州戚家村
南朝墓画像砖

裲襦、长裙
河南邓县
南朝墓画像砖

裤褶装
山西太原圹坡
北齐张肃俗墓

从胫衣到裤子

袍服、裙服有一个致命的缺陷：不适合骑马时穿。如果双腿直接接触马背，马背会时刻摩擦大腿内侧的肌肉，容易出血。于是，人们对下身的服装进行了改进，发明了胫衣。"胫"是腿，"胫衣"从字面上看是"给腿做的衣服"，一般左右腿各一支，互相不连，这种穿法有点儿像现在女士穿的长筒袜。在史籍里，胫衣也被称作袴或绔，《说文解字》解释："绔，胫衣也。"《释名》解释："袴，跨也，两股各跨别也。"

胫衣虽然保护了腿，但由于左右不连，所以保护效果有限，且无法保护隐私。战国时期，赵武灵王推行"胡服骑射"，所谓"胡服"，是指类似于西北戎狄等游牧民族所穿的衣服，特点是衣短袖窄，与当时中原汉族所穿的宽衣、博带、长袖大不相同。"胡服"中的裤子一般左右腿相连、中部有裆，这一点在考古发掘中得到证实，在新疆塔里木盆地的洋海古墓里就发现了 2 条这样的裤子，距今已有 3300 多年，可能是迄今为止发现的历史最为悠久的裤子。这种"连裆裤"在秦汉时期得到推广，汉昭帝时将其命名为"裤"。

所以，三国时期已经有"裤子"这样的概念了。曹植有一篇《赏罚

服饰篇：
男人化妆亦时尚

令》，其中有一句：“乃知韩昭侯之藏弊裤，良有以也。"韩昭侯是战国时代的韩国国君，"弊裤"可以理解成"破裤子"，这句话的意思是，现在知道韩昭侯让人把破旧的裤子藏起来是有原因的。《全三国文》中收录有一篇《奏乐舞冠服》，不知何人所作，里面提到魏明帝时演奏的一种"武始舞"，是祭祀上天时的舞蹈，舞人所穿的服装是："平冕，黑介帻，玄衣裳，白领袖，绛领袖中衣，绛合幅裤，绛袜，黑韦鞮。"大意是，平顶礼帽，黑色的裹发巾，玄色的衣裳，白色的领和袖，绛色领袖的内衣，绛色的合幅裤子，绛色的袜子，黑色的皮鞋。

　　三国时期，尽管已经有了合裆的裤子，但"裤"，也就是胫衣，仍然是人们经常穿着的衣服。曹操有个好朋友名叫孙宾硕，是一个游侠式的传奇人物，曾资助过逃难中的汉末名臣、袁绍的长辈赵岐。《魏略》记载，孙宾硕在北海国初见赵岐时，后者穿着"絮巾布裤"，絮巾是一种头巾，有人也将其理解为绵帽子。曹操手下名臣贾逵少孤家贫，《魏略》说他"冬常无裤"，也就是冬天连类似"长筒袜"的简易裤子都穿不起。贾逵有一次到妻子的哥哥柳孚家借宿，天亮后天太冷，只好"著孚裤去"，也就是把柳孚的"长筒裤"给穿跑了。曹魏少帝曹芳在位时期，许允参与了李丰等人发动的政变，听说李丰被司马师、司马昭抓了起来，许允惊魂未定，想去自首，出了门又心神不定，《魏略》记载许允"中道还取裤"，等把"长筒裤"取来，李丰失败的消息已经得到证实。

　　孙策平定江东期间，曾与部将吕范下棋，吕范趁机请求暂领都督一职，这个都督并不是孙吴的"大都督"，而是一个级别较低的武职。孙策说你已经是一位统领众多士兵的将领了，怎么好为了我而委屈你再去担任那小小的职务呢？吕范说，如今我之所以远离故乡，把性命托付给将军你，不是为了自己的妻子儿女，而是想成就一番事业，就好像与您一起乘船渡海，一旦有一件事情做不好，我们都会失败，所以我这样考虑并非全是为了您。孙策听完，笑着不知如何回答，吕范认为他已经默许了。《江

三国的日常生活

表传》记载:"范出,更释褠,著裤褶,执鞭,诣阁下启事,自称领都督。"这里的"裤褶"意思是上服褶而下缚裤,"褶"也是一种衣服,类似于短袄或短袍,颜师古注《急就篇》:"褶,谓重衣之最在上者也,其形若袍,短身而广袖,一曰左衽之袍也。"

裈:三国时人们穿的"秋裤"

除了外面穿的裤子,古人还穿不穿短裤呢?从西汉开始,出现了一种叫作裈的衣服,是一种内穿的、连裆的裤子,因为较外裤短,也可以看作短裤。不过,裈通常较长,理解成"秋裤"则更恰当。裈的发明,最早是为了方便体力劳动者干活,它的形状类似于牛犊的鼻子,故又称作犊鼻裈。司马相如和卓文君私奔后在集市上卖酒,司马相如平时就穿着这种犊鼻裈与杂役们一起干活。

裈在三国时期也是人们常见的服饰之一。魏文帝时韩宣任尚书郎,因为工作上的原因受罚,当杖刑,还没行刑时,魏文帝曹丕刚好路过,问是谁,有人说是韩宣,曹丕听弟弟曹植说过韩宣的名字,知道他为人耿直,便原谅了他,让人把韩宣的绑绳解开。《魏略》记载,这时天比较冷,韩宣已经做好了行杖刑的准备,"豫脱裤,缠裈面缚",也就是两手被反绑,把外面的裤子和里面的秋裤都脱了缠在身上,光着屁股只等挨板子。解开绑绳后,韩宣"裈腰不下,乃趋而去",意思是,韩宣没有把秋裤拉起来,就那样快步离开了。看到这个样子,曹丕笑着说"此家有瞻谛之士也","瞻谛"是"视瞻停谛"的缩写,意思是很刚强。

祢衡"击鼓骂曹"的故事很有名,"骂曹"的情节是《三国演义》虚构的,但这件事也有历史原型,记载在《典略》里。祢衡狂傲,曹操想借故羞辱他一番,命他在宴会上击鼓,祢衡击了一曲《渔阳参挝》,音节殊妙,座上宾客听了莫不慷慨。一旁有人呵斥祢衡没有换上鼓吏的衣服,祢衡于是当着曹操的面把身上的衣服一件件脱了,裸身而立,之后"徐徐乃著裈帽毕"，也就是不慌不忙地把鼓吏所穿的"秋裤"等衣服以及帽子一件件穿好戴好，然后继续击鼓，整个过程面不改色。曹操大笑，对四座说本欲羞辱，不想反被祢衡羞辱。

中衣：三国时期的"衬衣"

衬衫原来是指用以衬在礼服内的短袖的单衣，即去掉袖头的衫子。周朝时已经有衬衫了，那时叫作中衣，以后也叫中单。《全三国文》收录的《奏乐舞冠服》中还记载有在宫廷里演奏"武始舞"时舞人所穿的服装："武冠，赤介帻，生绛袍单衣，绛领袖，皂领袖中衣，虎文画合幅裤，白布袜，黑韦鞮。"意思是，戴武士帽，赤色的裹发巾，生绛色的袍子，单衣，绛色衣领衣袖，皂色领袖的衬衫，虎纹合幅裤，白色布袜，黑色的皮鞋。

三国时期，也有"衫"这样的叫法。《陆氏异林》转述了有关曹魏名臣、著名书法家钟繇的一个故事，其中就提到过衬衫。钟繇晚年经常不上朝，有人问他原因，他说常有一个妇人来，长相美丽非凡。人们忙说，这是妖怪，把她杀了！后来，这个妇人又来找钟繇，不敢向前，站在门外。钟繇问她为什么不进来，妇人说您想杀我。钟繇说没有的事。说完殷勤邀请，于是妇人便进到屋中。钟繇想杀她，但又不舍，下不了手，可最终仍砍伤了她的大腿，妇人立即跑了出去，用衣服中的棉絮擦血，血流满路。第二天，钟繇让人沿着血迹寻找，结果找到一座大坟，棺中有一个漂亮的妇人，外表容貌以及身体如活人一样，"著白练衫，丹绣裲裆"，也就是穿着白绸做的衬衫，外面套着坎肩，坎肩上绣着花纹。妇人左腿受了伤，用坎肩里的棉絮擦过腿上的血。

汉朝时衬衫还有一个名字叫厕牏，《史记·石建传》记载："取亲中裙厕牏，身自浣涤。"石建在汉武帝时曾任郎中令，他虽然官高年老，但对父亲石奋却十分孝顺，休假时回家看望父亲，见过礼，就退入一旁的屋子，悄悄让侍者取出父亲所穿的中裙和衬衫，拿到近墙的沟边亲自洗涤，

三国的日常生活

之后再悄悄交给侍者。石建这样做,是担心别人洗不干净,所以自己动手;又怕被父亲知道后心中不安,所以独自躲在一旁去洗。石建对父亲体贴得无微不至,被认为是一种大孝。

亵服:三国时人们穿的"睡衣"

除了秋裤、衬衫这些内穿的衣服,三国时期人们还有贴身的衣服,通常叫"亵服",也有称"寝衣"的。《论语·乡党》提到亵服,三国学者王肃注:"亵服,私居服,非公会之服。"汉朝刘向也在《列女传·周宣姜后》中说:"脱朝服,衣亵服,然后进御于君。"

《论语·乡党》的原话是:"君子不以绀緅饰,红紫不以为亵服。当暑,袗绤绤,必表而出之。缁衣羔裘,素衣麑裘,黄衣狐裘。亵裘长,短右袂。必有寝衣,长一身有半。狐貉之厚以居。去丧,无所不佩。非帷裳,必杀之。羔裘玄冠,不以吊。吉月,必朝服而朝。"这段话讲的是孔子的衣着习惯:不用深青透红或黑中有红的布镶边,不用红色或紫色的布做平日常穿的"睡衣";夏天穿粗的或细的葛布单衣,但必须套在外面;冬天穿黑色的罩衣时配黑色的羔羊皮袍,白色的罩衣配白色的鹿皮袍,黄色的罩衣配黄色的狐皮袍;平常在家穿的皮袍,要做得长一些,右边的袖子短一些;在家一定要穿"睡衣",要有一身半长;要用毛长的狐貉皮;丧服期满,脱下丧服后可以佩戴各种各样的装饰品;如果不是礼服,必须加以剪裁,去掉多余的布;不穿着黑色的羔羊皮袍和戴着黑色的帽子去吊丧;每月初一,一定要穿着礼服去上朝。

魏明帝曹叡平时穿衣随便,常不合礼制,《晋书·舆服志》甚至说他"好妇人之饰"。一次,曹叡"著绣帽,披缥纨半袖"见大臣杨阜,这是典型的"妇人之饰",杨阜当面劝谏,曹叡听后默不作声。《晋书》认为曹叡的这身打扮不仅不合礼法,而且"近服妖也",原因就是"亵服尚不以红紫",何况是在接见臣下的场合。

13 穿鞋戴帽有章法

鞋子是穿在脚上、便于走路的东西。《释名》解释："鞋，解也。著时缩其上如履然，解其上则舒解也。"鞋是统称，古文中不同的鞋有不同的称呼，如履、屦、屐、靴、舄等。

三国时期流行穿布鞋

上古时期的人类不穿鞋子，长期赤着脚，脚底长出厚厚的茧子，痛觉自然没有那么敏感。后来，随着人类的迁徙，生存环境发生改变，加上经常外出狩猎，脚部难免会有磕磕碰碰，为保护双脚，人们学会用动物的皮毛和植物根茎裹脚，既坚韧耐磨又可御寒保暖。

大约在5000年前的仰韶文化时期，出现了兽皮缝制的最原始的鞋。到了奴隶社会，草鞋也慢慢流行起来，遍地有草，家家户户都可以采来编织，人人都有鞋子可穿，用不着向别人借，因此又名"不借鞋"。春秋战国时期出现了革，这种由兽皮加工处理后做成的材料用来做鞋，不仅保暖性强，而且便于行走，骑马也很方便，成为军用鞋的最佳选择。

从字面看，"鞋"是个形声字，从革，从圭。"革"指皮革，"革"与"圭"联合起来表示"人脚上穿着的皮革制品"。《本草纲目》载："古者以草为屦，以帛为履。周人以麻为鞋。"按照这个说法，鞋子有屦、履、鞋等不同叫法，其中用草编织的称为屦，用皮革做的称为履，用麻布做的才称为鞋，而鞋是从后唐时才开始出现的。不过，上面这个说法有些问题，因为从汉朝时布鞋就已经流行起来了，并成为鞋子的主流，只是汉朝和三国时期的史籍提到鞋子时一般没有区分得那么细，多数情况下仍以"履"

三国的日常生活

锦鞋
汉代　现藏于中国国家博物馆

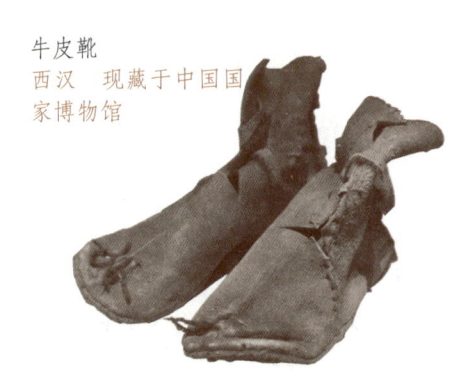

牛皮靴
西汉　现藏于中国国家博物馆

相称。

曹操还在做司空时，名士邴原主动来拜见。《三国志·邴原传》记载，曹操久闻邴原大名，听说后"大惊喜，揽履而起"，意思是提上鞋子就跑出去迎接。"揽履而起"形容了着急的情状，当然还有更着急的，叫作"跣足出迎"，也就是鞋子都来不及穿，光着脚就跑出去了，官渡之战期间许攸来投曹操，曹操正在洗脚，听到消息就是"跣足出迎"的。

三国时期流行的布鞋多为布锦鞋，一般用结实的布或锦做成。刘虞治理幽州时期实行宽政，农业生产发达，商业活跃，百姓生活安康，但刘虞十分节俭，《后汉书·刘虞传》说他"敝衣绳履，食无兼肉"，意思是穿旧衣服、草编成的鞋，每顿饭只吃一个肉菜。之所以强调"绳履"，是因为这时大多数人已经不穿草绳编成的鞋了。

祢衡击鼓骂曹的故事很有名，他惹恼曹操后仍不收敛，《三国志·荀彧传》注引《平原祢衡传》记载，祢衡"布单衣，练布履"，坐在曹操的军营外面，以杖捶地，大骂曹操。练布是一种类似于苎布的稀疏纺织物，属于低档布，祢衡穿的就是这种布做成的鞋，史书之所以强调这个细节，大约觉得这是祢衡刻意为之的。这次叫骂后，曹操再也忍无可忍，把祢衡送到荆州刘表那里，想借刘表之手将祢衡杀了。

三国时期有个叫沐并的人，为人公正果敢，不畏强权，曹操任丞相时聘他做军谋掾。后来曹丕当了皇帝，沐并任成皋县令，校事刘肇路过成皋，命人向县府索取谷物，当时正值蝗祸及旱灾，县里一时拿不出来，在想办法时，刘肇忍不住直入沐并府中大声叫骂。《魏略》记载，沐并闻听大怒，"因躧履提刀而出"，刘肇吓得赶紧溜了，回去向曹丕告状，曹丕竟然要处死沐并，后改判髡刑。

屐、舄、靴：各种特殊的鞋子

屐是一种两齿木底鞋，走起路来吱吱作响，适合在南方雨天、泥地上行走，在三国时期，屐也是一种常见的鞋；舄是一种重木底鞋，早期多为一些尊贵者如帝王、大臣才能穿；靴是一种长筒的鞋，穿于脚上，至少能掩盖住脚掌、足踝，有的可伸展到小腿甚至膝盖。上面这几种特殊的鞋子，在三国时期的史籍中也常有提及。

《后汉书·五行志》记载："延熹中，京都长者皆著木屐。"诸葛亮病逝于五丈原后，蜀军烧营而走，《晋书·宣帝纪》记载，司马懿得到有关情报后仍无法判断诸葛亮是生是死，但决定火速追击，蜀军走的是秦岭山中的栈道，时值雨天，山中道路泥泞，司马懿派2000名军士"著软材平底木屐前行"，山中道路泥泞，穿着木屐方便于行走，这些军士在前面开路，骑兵部队在后面徐徐前进，追到赤岸时诸葛亮的死讯才得到确认。

曹植爱喝酒，也因酒误过事，他写过一篇《酒诲》，其中有"又乱其舄履"之句，这里提到"舄"这种鞋子。221年，曹丕封孙吴为吴王，在策命中提道："是用锡君衮冕之服，赤舄副焉。"意思是，以皇帝的名义赐给吴王孙权亲王的冕服一套，并配以红色的舄鞋。曹魏少帝也曾赐给大将军司马昭"衮冕之服，赤舄副焉"。孙吴的镇军将军、沙羡侯孙壹叛降曹魏，曹魏任命其为车骑将军、交州牧，封吴侯，并且依"古侯伯八命之礼，衮冕赤舄"。周朝官爵分为九等，称为九命，其中第八命为王、三公以及州牧。

三国的日常生活

靴子出现较早，在新疆楼兰出土的一双羊毛女靴距今已有 4000 年，由靴筒和靴底两大部分组成。战国时的孙膑因为被庞涓敲碎膝盖骨，不能行走，就用硬皮革裁成"底"和"帮"，发明了高皮绚，也是一种靴子。在曹操给杨彪写的一封信里提到，曹操曾赠送给杨彪的夫人"错彩罗谷裘一领，织成靴一量"，所谓"一量"，也就是一双。

能穿鞋上殿是极大特权

在三国时期的史籍里，经常能看到"剑履上殿"的记载。从字面上看，所谓"剑履上殿"，就是佩带着剑、穿着鞋子上殿。按照制度，面见皇帝的人臣是不能佩带剑的，见面前也得先把鞋子脱了，允许"剑履上殿"，就如同允许"在皇宫骑马"一样，是对少数有特殊地位或特殊贡献的大臣的一种待遇。

在三国时期的史籍里，凡提到拥有"剑履上殿"特权的，一般还会相应有"入朝不趋"和"赞拜不名"两项特权。按照礼仪，大臣朝见皇帝的时候旁边要站一个司仪官，把他的官衔和名字都喊出来，比方说曹操去见天子，司仪官就要喊："武平侯、丞相领冀州牧曹操，参见皇上"，然后曹操就要跪下来高声说："吾皇万岁，万万岁。""趋"是小步快走的意思，见到皇帝为表示恭敬，老远就得一路小跑过来，这就是"趋"。拥有"入朝不趋"和"赞拜不名"两项特权后，皇帝的司仪官喊完"武平侯、丞相领冀州牧"的时候可以省略曹操的名字不喊，这就是"赞拜不名"；老远见到皇帝也不用一路小跑，可以端个架子慢慢走，这就是"入朝不趋"。上面这 3 项，可以同时授予，也可以只授予其中的一项或两项。

上面这些看起来是无聊的形式主义的东西，但在三国时期的政治生活中是大事，获得这些殊荣的人定然是人臣之极。在整个三国时期，拥有这些特权的人并不多，史籍提到了只有董卓、曹操、曹真、曹爽、司马懿、司马师、诸葛恪7个人：

> 卓迁相国，封郿侯，赞拜不名，剑履上殿。（《三国志·董卓传》）
> 天子命公赞拜不名，入朝不趋，剑履上殿，如萧何故事。（《三国志·武帝纪》）
> 朝洛阳，迁大司马，赐剑履上殿，入朝不趋。（《三国志·曹真传》）
> 朝议以为前后大司马累薨于位，乃以帝为太傅。入殿不趋，赞拜不名，剑履上殿，如汉萧何故事。（《晋书·宣帝纪》）
> 明帝崩，齐王即位，加爽侍中，改封武安侯，邑万二千户，赐剑履上殿，入朝不趋，赞拜不名。（《三国志·曹爽传》）
> 恪踌躇而还，剑履上殿，谢亮，还坐。（《三国志·诸葛恪传》）
> 癸巳，假大将军司马景王黄钺，入朝不趋，奏事不名，剑履上殿。（《三国志·高贵乡公髦纪》）

216年是丙申年，曹魏开始春祠。古代宗庙有四时之祭，春祠是其中之一。有关部门提出建议，认为曹操之前已获得"剑履上殿"的特权，所以到宗庙祭祀时也可以穿着鞋、佩着剑，但曹操认为不妥。据《曹操集》中所收录的《春祠令》，曹操认为："今有事于庙而解履，是尊先公而替王命，敬父祖而简君主，故吾不敢解履上殿也。"意思是，如果穿着鞋、带着剑去祭祀先祖，那就是对先祖的不敬，自己不敢这样做。

袜子：一般有带子可系口

至少早在夏朝时就出现了原始的袜子，到了周期，袜子已较为普遍，一般用熟皮和布帛做成，富贵人家还能穿上丝质的袜子。《韩非子》记

三国的日常生活

载:"文王伐崇,至凤黄虚,袜系解,因自结。"意思是,周文王系袜子的带子散开了,自己手扎袜带。那个时候的袜子一般高1尺多,上端有带子,穿时用带子束紧上口。除"袜"这个名字外,先秦时期还把袜子称为"足衣"。

汉朝和三国时期,人们平时穿的袜子通常为白色,祭祀时反而穿红色的袜子。讲究一些的,袜子用绢纱做成,并绣有花纹。从长沙马王堆一号西汉墓中出土了两双绢夹袜,都采用整绢裁缝而制成,缝在脚面和后侧,底上无缝,袜面用的绢较细,袜里用的绢较粗,袜筒后开口,开口处附有袜带,袜带由素纱制成。

在《全三国文》中收录有一篇无名氏所作的《奏乐舞冠服》,其中提到过"白布袜",是礼服的一种配置。曹植写过一篇《冬至献袜履表》,提到"伏见旧仪,国家冬至,献履贡袜,所以迎福践长",意思是,我看到过去的礼仪,诸侯国每年冬至都要向皇帝献鞋和袜子,用来迎福,以使步履长久。曹植于是也献上"文履七量,袜若干副"。

对于普通官民,三国时期的史籍中也有过袜子的记载,如曹魏大臣高柔的妻子给丈夫写过一封信,收录在《太平御览》中,其中提到"组生履一緉绩,织成袜一量",也就是做了一双鞋子和一双袜子。

"延年益寿大宜子孙"锦袜
东汉　现藏于中国国家博物馆

服饰篇：
男人化妆亦时尚

中国人很早就发明了帽子，有一种说法，认为帽子是黄帝所发明的。在中国古代，帽子作为戴在头上的一种物品，除了保暖、保护、装扮等实用功能外还被赋予了礼制方面的功能。在古籍中，除"帽"字外，"巾""帻""冠""冕""弁"等指的也是帽子或者与帽子功能相同的物品。

巾帻：不仅实用而且有风度

上古时期，人们还普遍不习惯佩戴帽子，那时帽子只有少数特殊身份的人才能佩戴，一般人用丝、麻质的巾来包头或扎发髻。《玉篇》记载："*佩巾也，本以拭物，后人著之于头。*"可见，"巾"最早是劳动时围在颈部擦汗用的布，由于自然界中风沙、酷热、寒流对人类的袭击，后来人们将巾从颈部逐渐裹到了头上，在保暖、防暑、挡风、避雨、护头等实用功能的基础上，逐渐演变成为帽子的形式。

在各种头巾中，有一种武士戴的头巾最别致，类似于头箍，系在前额，防止头发披散挡住视线，从而妨碍战事。这种"武士巾"逐渐演变为较宽并缠裹住头的头巾，汉朝时称其为"帻"，官员和百姓都能佩戴。在三国时期，帻又被称为幅巾或帕头，通常裁取"一幅"即长度和宽幅各3尺的丝帛做成，从额头向后包住头发，并将巾系紧，余幅使其自然垂后，一般至肩，也有长至背的。用葛布制成的幅巾称为"葛巾"，多为布衣庶人佩戴；用细绢制成的幅巾称为"缣巾"或"纶巾"，多为王公、雅士佩戴。

三国时期，一些有地位、有身份的人平时也喜欢佩戴巾帻，认为代表了一种风度。曾在曹魏任郡太守的傅玄著《傅子》一书，其中提到汉末王公多"*以幅巾为雅*"，袁绍、崔钧等人虽为将帅，但都喜欢佩戴缣巾。三国名士华歆曾任豫章郡太守，孙策横扫江东，豫章郡眼看不保，华歆不得已投降了孙策。《三国志·华歆传》记载，华歆毕竟是名士，所以在迎接

三国的日常生活

孙策时故意"乃幅巾奉迎",以显示风度不减。还有刘备器重的谋士法正,其祖父法真少时明"五经"、兼通谶纬,虽然学无常师,但在当时名声很大。《三辅决录注》记载,法真"常幅巾见扶风守",也就是佩戴幅巾去见本郡太守。司马懿的大哥司马朗任兖州刺史,217 年与夏侯惇、臧霸等征吴,时军中大疫,司马朗亲自到军中慰问,结果染病而死,时年 47 岁。《三国志·司马朗传》记载,司马朗临终前"遗命布衣幅巾,敛以时服",也就是要求在下葬时给自己穿上布衣、佩戴普通的幅巾。孙吴名臣张昭 81 岁时去世,《三国志·张昭传》记载,他临终前也"遗令幅巾素棺,敛以时服"。

幅巾　　　　　纶巾　　　　　角巾

孙权在濡须口之战结束后选周泰为驻军总指挥,《江表传》记载,孙权为给周泰立威,"即敕以己常所用御帻青缣盖赐之",所谓"御帻",就是孙权自己专用的头巾。《典略》记载,"建安七子"之一的刘桢曾给曹丕写过一封信,信中有"鼶貂之尾,缀侍臣之帻"的句子,鼶和貂均为鼠属,毛皮极为珍贵,可制裘服,也可以用其尾装饰冠帽或巾帻。汉献帝刘协驾崩后,按汉朝天子礼仪葬于禅陵,所谓汉朝天子的礼仪,按《后汉书》的记载是一套非常宏大的仪式,参加的人包括公卿以下 300 人"皆素帻,委貌冠",校尉 300 人"皆赤帻,不冠",也就是公卿以下戴着素色的头巾和黑冠,校尉戴红色的头巾,不戴头冠。曹魏名臣崔琰曾给他人写过

服饰篇：
男人化妆亦时尚

一封私信，信中涉及议论时事的"敏感话题"，但这封信竟然被收信的人随意丢弃了。《魏略》记载："人得琰书，以裹帻笼，行都道中。"所谓"帻笼"，就是盛放头巾的笼子，那时头巾几乎是人人离不开的物品，于是在集市上专门有卖头巾的人。这封信后来又辗转到了曹操手里，为崔琰引来杀身之祸。

平上帻：衬在冠帽里的头巾

王莽时期，帻巾有了一些改进，有了硬挺的顶部，可以覆罩整个头部，接着又出现了顶部呈介字形屋顶的帻，叫作介帻。到了东汉和三国时期，又流行一种平顶的帻，作为戴冠时的衬垫物，称为平上帻或平巾帻。

204年，曹操兵围邺城，李孚奉袁尚之命设法进城联络。《魏略》记载，李孚很有办法，来到邺城外围时，先让人砍了30根木棍，做成军中执法用的问事杖，系在马上，然后"自著平上帻"，只带着3名骑兵就来闯营。李孚一行装扮成曹军的执法官，一路连哄带蒙，居然通过了曹军大营，顺利进了城。267年，司马炎已经称帝，建立了晋朝，《搜神记》记载，这一年张掖郡太守焦胜上言，本郡发现了一些石刻，上面画着一些图文，"其一有人平上帻，执戟而乘之"，焦胜把这些都摹绘下来，呈报朝廷。

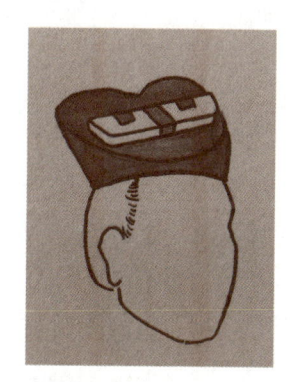

平巾帻

平上帻可以单戴，更多的时候则作为冠帽的里衬佩戴，相当于衬帽，所以三国时期的古籍中多次提到"冠帻"，如195年汉献帝一行由长安东归，曾在黄河边遇险。《资治通鉴》记载，河岸高十多丈，一些人匍匐而下，有的直接跳了下去，结果"冠帻皆坏"，也就是不仅帽子摔坏了，而且里面的衬帽平上帻也摔坏了，至于人就可想而知，一定非死即伤。

三国的日常生活

冠冕：身份地位的象征

帽子虽然出现的时间很早，但在奴隶社会时期帽子只是官员贵族们有资格佩戴，从而成为身份地位的象征。这时的帽子一般称为"冠"或"冕"，有着不同式样，象征地位和权力的大小，形成一种官僚秩序，即所谓冠冕制度。《释名》记载："二十成人，士冠，庶人巾。"可见，那时只有士以上的人才可以戴帽子，其他平民百姓没有戴帽子的权利，像孔子、孟子这样的大学者在没官职前也不能戴帽子，而是用头巾裹头，所以他们教育学生要树立"轩冕之志"。

冕，一般外面是黑色的，里面朱红色，顶部有长方板，前圆后方，象征天圆地方，同时后高前低，略向前倾。长方板的前端缀有数串小圆玉，叫作"旒"；冕加在发髻上，横插一玉簪，以别住冕，玉簪的两端绕额下系有朱红丝带，叫作"纮"，下面有垂缨；又各用一条名叫纨的丝绳挂着一个叫作"瑱"的黄色绵丸。一开始，冕并非天子专用，诸侯、士大夫也可以佩戴，主要以旒的多少区分身份，一般天子12条旒，诸侯9条，上大夫7条，下大夫5条。到三国时期，冕仍然是帝王、诸侯的礼冠，除帝王外，一些有爵位的人也可以佩戴。

冠，根据不同身份和不同场所，有很多形制。汉朝和三国时期的冠有通天冠、远游冠、高山冠、进贤冠、法冠、武冠、建华冠、方山冠、巧士冠等20多种。通天冠、远游冠、进贤冠是天子、诸侯王、公侯佩戴的冠帽，三国时期蔡邕著《独断》提到"天子冠通天冠，诸侯王冠远游冠，公侯冠进贤冠"。进贤冠又称缁布冠，主要是士人所戴之冠，前面高7寸、长8寸，从汉代开始使用，是中国历史上使用最广泛、影响最深远的冠式之一。所谓进贤，即进荐贤能之人，按《周礼·大司马》所述，"进贤兴功以作邦国"，因为古代文官都有向朝廷举荐贤人的责任，因而用"进贤"名之。武冠又称"大冠"，有各种变形，如在两侧插鹖尾，就变成所谓的"鹖冠"，如果在弁或帻上饰以貂和蝉，就变成所谓的"惠文冠"，又称

"貂蝉冠"。《通典》记有"冠插两鹖尾",河南邓县东汉画像砖墓出土过戴鹖冠、垂绶、佩剑、执笏的武吏像。

　　三国时期的典籍经常提到上面这些冠帽的名字。汉灵帝刘宏是一个"贪玩"的皇帝,在后宫里弄出一条"街市",让宫女、宦官假扮成商人,在里面做"买卖",自己也扮成客商,流连其中,讨价还价。《后汉书·孝灵帝纪》记载,汉灵帝喜欢斗狗,让狗"著进贤冠",还喜欢驾驴车。魏明帝曹叡的外祖母去世,赵咨拟了一份丧礼仪程上奏,据《通典》所记,赵咨认为皇帝在丧礼上应"黑介帻,进贤冠皂服",而且"十五举声则罢",也就是只能哭15声。曹魏大臣所写的《王侯在丧袭爵议》中提到天子在丧礼上戴"麻冕",也就是麻布做成的冕。在《以刘康袭爵素服夺情议》中对麻冕有过解释:"麻冕者,则素冕麻不加采色。"也就是说,这种冕冠不仅要用麻布来做,同时只能用白色。曹丕当皇帝后对汉末名臣杨彪给予厚遇,《魏书》记载,曹丕专门下诏,赐给杨彪延年杖、冯几,准其入朝参见时"可使著鹿皮冠",杨彪辞让,"竟著布单衣、皮弁以见"。弁也是一种帽子,通常配礼服用,赤色和黑色布做的叫爵弁,白鹿皮做的叫皮弁。

　　曹操称魏公后,汉献帝专门下诏,对曹操的服饰进行了明确,《三国志·武帝纪》记载:"改授金玺、赤绂、远游冠。""绂"系印玺的绳子,其颜色不能随意用,远游冠是诸侯王才能戴的冠帽,曹操虽然不姓刘,但称魏王后视同于刘氏诸侯王,因而可以戴远游冠。汉献帝还专门诏令,曹操"位在诸侯王上"。曹魏名将于禁在樊城之战中被关羽打败,后投降,最终又辗转回到

佩剑执笏武吏画像砖
东汉　河南邓县出土

三国的日常生活

曹魏。《魏文帝集》中收录有曹丕所颁《与于禁诏》,其中提到:"今赐将军以魏王时自所佩朱韨及远游冠。""韨"是一种祭服,形似围裙,系在腰间,长度过膝,方便跪拜。曹丕把曹操生前用过的这些东西赐给于禁,并不是对于禁的原谅与关爱,而是进一步羞辱他。

14 名人的鞋帽故事

刘备母子摆摊卖鞋

提起刘备,都知道他是"刘皇叔",但这里面有实也有虚。"实"的一面,刘备确实跟"皇"字沾边,他是汉朝中山王刘胜的后代,刘胜是汉景帝刘启的儿子,也是汉武帝刘彻的哥哥,从这一点上看刘备是"皇家后代"。"虚"的一面,中山王刘胜生活在西汉初年,刘备生活在东汉末年,刘备出生时"老祖宗"刘胜已经去世270多年了,刘胜这一支起起落落,到汉末已经完全平民化,跟普通百姓没有两样,而"皇叔"的身份更是文艺作品虚构出来的,刘备并不是汉献帝的叔父辈。

刘备一出生,"皇族"的身份没有带给他任何实质性帮助,他既不能凭着这个求得一官半职,也不能靠这个发财致富,能改变自己命运的只有自己的双手。刘备的爷爷名叫刘雄,《三国志·先主传》说他"举孝廉,官至东郡范令",范县隶属于今河南省濮阳市,刘备的老家是河北省涿州市,两地相距很远,当时有"三互法",想当官必须去异地。

爷爷在世时刘家境况还算可以,但到了父亲刘弘,家境就一般了,尤其刘弘死得早,刘备一家的生活面临困难。为了生计,刘备的母亲被迫摆摊,从事起手工业和商业,《三国志·先主传》记载:"先主少孤,与母贩履织席为业。"履是鞋子,席是当时人们使用最广泛的家居用品之一,不仅能铺在床上,而且因为当时没有桌子这一类高足家具,客厅、餐厅等普遍铺着席子,对席子的需求量很大。

中国古代很早就有集市,但秦汉时期的集市与人们熟悉的宋代《清明上河图》中规模宏大、热闹非凡的集市不同,早期的集市局限于一些特

三国的日常生活

定的地方,营业时间有严格规定,而且固定商铺较少,是真正的"地摊经济"。汉朝及三国时期,人们普遍看不起商人,尤其刘备母子这样的小商贩,刘备早年的这个经历就曾被曹操所讥嘲。《魏略》记载,汉中之战时曹操与刘备相持,刘备派养子刘封挑战,曹操大骂:"卖履舍儿,长使假子拒汝公乎?"意思是,你这个卖鞋的小子,只能派个假儿子向我挑战吗?

曹操"分香卖履"

曹操十分注意节俭,《三国志·武帝纪》注引《魏书》记载,曹操曾颁布命令:"侍御履不二采。"侍御是曹操魏王宫中的女官名,"履不二采"意思是做鞋子不用2种以上颜色的布料。曹操颁布过多份《内戒令》,大多是强调亲属和身边的人要注意遵纪守法及生活节俭的,在《太平御览》所收录的一份《内戒令》里,曹操提到自己南征荆州时,"于江陵得杂彩丝履",也就是在江陵得到许多各种花色的丝鞋,曹操把这些鞋子分送给家人,但又与家人约定"当尽著此履,不得效作也",意思是,等这些鞋子不能再穿时,也不要再仿做。

220年正月,曹操在洛阳病逝。曹操的后事均按照他临终前的遗嘱办理,除了一年前曹操正式颁布的《遗令》外,曹操临死前还留下了另一份遗嘱,这篇文献正史没有提及,保存在南朝萧统编纂的《文选》中,这部书里有陆逊的孙子、晋朝著名文人陆机所写的《吊魏武帝文》,对这份遗嘱的大概内容有过记载。

根据陆机的记录,加上《太平御览》《宋书》等史籍补证,曹操临终前的遗嘱如下:"吾夜半觉,小不佳;至明日,饮粥汗出,服当归汤。吾在军中,持法是也。至于小忿怒,大过失,不当效也。天下尚未安定,未得遵古也。吾有头病,自先著帻。吾死之后,持大服如存时,勿遗。百官当临殿中者,十五举音;葬毕,便除服;其将兵屯戍者,皆不得离屯部;有司各率乃职。敛以时服,葬于邺之西冈上,与西门豹祠相近,无藏金玉珠宝。"大意

服饰篇：
男人化妆亦时尚

是：半夜里，我觉得稍微有些不舒服，天明时喝粥出了点儿汗，服用了当归汤；我在军中坚持依法办事，这是对的，至于因为一时之怒而造成大的过失，这些不应当学；天下还没有完全安定，古代的葬仪不必完全遵守；我有头痛的毛病，很早就开始戴头巾，我死后，丧服跟平时穿的一样就行，这个别忘了；文武百官来吊孝的话，只要哭15声就行；葬礼完毕即脱去丧服。驻守在各地的将士都不要离开驻地，各级官员要认真履行职责；入殓时不必再换衣服，不要用金玉宝器来陪葬。把我葬在邺城西边的高岗上，与西门豹祠紧邻。

在这份遗嘱里，曹操还对身边的婢妾、歌伎等做了安排，说自己死后，让她们住在铜雀台上，好好对待她们，在台上安放一张6尺长的床，挂上帷幔，一早一晚供上祭物，每个月的初一、十五，从早到晚向着帷幔歌舞。曹操告诉这些婢妾、歌伎，要她们经常登上铜雀台，远望我西面的陵园。曹操还说，自己留下的香料可以分给各位夫人，不要用香料来祭祀。曹操还交代："诸舍中无所为，可学作组履卖也。"意思是，宫人们如果无事可做，可以学着纺织丝带、做些鞋子卖。曹操还对自己的儿子们说，自己一生为官所得的各种绶带都存放在库房里，留下来的衣物可存放在另外一间库房，不行的话你们兄弟就分掉吧。

这篇遗嘱很不完整，中间可能佚失了不少内容。在这份遗嘱中，既有曹操对自己人生经验的总结，也有如何安排后事的具体交代，有些地方说得很细，有点儿婆婆妈妈，让人跟雄霸天下的曹操无法联系起来。人之将死，其言也哀、也善、也真，后世对曹操颇有争议，但对他之前发布的《让县自明本志令》以及这篇临终遗嘱都不约而同地给予高度评价，认为这是一个男人真性情的流露，是曹操本色的体现，这篇遗嘱也为后世留下了一个"分香卖履"的典故。

蜀汉"鞋底抽脸事件"

蜀汉有个大臣名叫刘琰，名气不大，但他跟刘备同宗同族，也是所谓

三国的日常生活

"汉室宗亲",而且跟随刘备的时间很早,所以职位较高,后主继位后他是蜀汉的车骑将军,论履历李严、魏延都不如他。诸葛亮北伐时刘琰也来到汉中,但不直接统兵,平时也只在诸葛亮身边做一些咨询和劝谏方面的事。魏延对刘琰有些瞧不上眼,可能觉得刘琰既没有能力又没有贡献,却荣登高位,让人不服。

魏延还看不惯刘琰的做派,刘琰平时生活挺讲究,车马衣服都很奢靡,身边的侍婢都精通声乐,没事时刘琰就在家里和着音乐吟诵《鲁灵光殿赋》,在魏延看来,这就是腐败,也是显摆。刘琰其实没什么,也就是个没有多大本事的贵族而已,平时爱摆老资格、爱享受、爱显示自己儒雅。跟魏延闹矛盾后,刘琰受到诸葛亮的批评,心里很紧张,赶紧给诸葛亮写信做自我批评。诸葛亮考虑到刘琰在汉中,平时总会跟魏延低头不见抬头见,就让他回了成都。

234年,也就是诸葛亮病逝于五丈原的那一年,刘琰的妻子胡氏进宫向太后贺新年,太后留胡氏在宫中住了一个月。《三国志·刘琰传》记载,胡氏长得很漂亮,刘琰怀疑她在宫中这一个月与后主有私情,就让手下人拷打胡氏,"至于以履搏面",也就是用鞋底子抽打脸。打完,刘琰还把胡氏休了。胡氏不服,向有关部门检举,刘琰被逮捕下狱。有关部门也没有审出什么名堂来,当初手下人殴打胡氏时用鞋子打了胡氏的脸,有关部门最后认为"卒非挝妻之人,面非受履之地",意思是,士卒不是用来殴打妻子的,脸也不是鞋子能打的地方,以此为由竟然将堂堂的车骑将军刘琰处死并弃市。为杜绝风言风雨,后主下诏,规定大臣的妻子、母亲等女眷以后不准再进宫朝贺。

刘琰这个人一向神神道道,经常胡言乱语,怀疑妻子与后主有染,应该是无中生有的事,简直匪夷所思,但这件事已经传开,对后主的形象产生了负面影响,必须给予严惩,但理由又不能说他诬陷后主,最后只好稀里糊涂地把他杀了,诸葛亮那时即使还在世,想必也救不了他。

服饰篇：
男人化妆亦时尚

曹操是帽子发明家

汉末三国时期战争不断，又经常暴发自然灾害和瘟疫，人口锐减，生产力极度下降。以粮食为例，东汉时期正常年景一斛谷大约 30 钱，而到了汉末的个别年份，一斛谷居然涨到 10 万钱，兴平元年（194）闹起蝗灾，一斛谷竟然达到了骇人听闻的 50 万钱，出现了"人相食"的惨事。曹操目睹了这些社会现状，他内心里也为此忧心忡忡，写过"白骨露于野，千里无鸡鸣。生民百遗一，念之断人肠"的诗句。

为克服严重的经济困难，曹操带头节俭，反对奢侈浪费。在起兵之前曹操就有这样的思想，在担任济南国相时，他就主张禁淫祠，其中一个重要的原因就是避免浪费，反对给百姓增加额外负担。占领冀州后，为了恢复生产，曹操专门下达了《整齐风俗令》，针对诸多社会弊端提出了革新和兴弊除害的具体措施。

曹操"雅性节俭，不好华丽"，他要求后宫妻妾及宫人不能穿太华美的衣服，这方面规定得还特别具体。在曹操的起居室里，帏帐屏风"坏则补纳"，能修就修，能补就补，衣被等物也是能朴素就朴素，"无有缘饰"。攻城拔邑所得到的奢侈品以及"四方献御"的东西，曹操从不留给自己，都奖励给有功人员。

古人的衣帽不能乱穿乱戴，而是有讲究的，以体现不同的身份地位，为此有一套很复杂的衣服鞋帽标准制式，但当时"天下凶荒，资财匮乏"，完全按礼仪规范来就会增加很大负担。曹操亲自动手发明了一种帽子，《傅子》记载，曹操"拟古皮弁，裁缣帛以为帢，合于简易随时之义"，也就是按照之前朝代皮弁的式样，用缣帛做成一种"帢帽"。这种帽子用材普通，只是通

帢帽

三国的日常生活

过颜色来"别贵贱",既实用又节约。曹操本人带头戴这种"帢帽",《曹瞒传》记载,曹操"时或冠帢帽以见宾客"。

曹操的夫人卞氏主持后宫也极尽节俭,《魏书》记载,曹操死后她曾对身边的人说:"吾事武帝四五十年,行俭日久,不能自变为奢,有犯科禁者,吾且能加罪一等耳,莫望钱米恩贷也。"卞夫人请亲戚吃饭,"菜食粟饭,无鱼肉。其俭如此"。曹操对子女们要求也极严格,有时甚至到了苛刻的程度,有一次曹操看到曹植的妻子穿着华丽的衣服在外面行走,大为恼怒,居然下令将其处死。

红头巾差点儿要了孙坚的命

在关东联军讨董卓期间,一次,孙坚与董卓的部将徐荣遭遇,孙坚不敌,打了败仗,而且败得很狼狈。孙坚最后只领着程普等几十骑突出重围,徐荣在后面穷追不舍。

孙坚之前因战功被朝廷封为乌程侯,还被任命为长沙郡太守,是个有身份、有地位的人,但他平时喜欢只戴着头巾出行,包括上战场也如此。《三国志·孙坚传》记载"坚常著赤罽帻","赤罽"是一种红色的毛毡,大概用它做成的头巾又挺又帅,加上是红色的,也很鲜艳夺目。可是,现在这个头巾却要了命,在一片混乱的战场上,孙坚的头巾成为一个容易找寻的符号。大约对手也知道孙坚的这个习惯,所以盯住红头巾,孙坚冲到哪里,敌人就往哪里追。关键时刻,部将祖茂提醒了孙坚,孙坚"乃脱帻令亲近将祖茂著之",这样孙坚才得以解围。祖茂戴着孙坚的红头巾,被敌兵追到一片坟地,四处都是敌兵,祖茂只好下马,把红头巾绑在一根柱子上,自己趴在草中一动不动。凉州兵看见红头巾,以为抓住了孙坚,就里三层外三层包围起来,慢慢靠近,到了跟前才发现是根柱子,祖茂后来也设法脱了险。

15 穿皮草的讲究

穿皮草需外罩裼衣

人类很早就发现，动物的皮毛可以用来御寒。四五万年前，全球正处于"远古冰川时期"，大部分地区十分寒冷，原始人类出于生存本能，开始披挂兽皮御寒保暖。动物皮毛用于服饰，通常的叫法是"裘"，甲骨文中就有"裘"字，《说文解字》解释：*"裘，皮衣也。"* 从字形上看，是手去抓带毛的野兽而请助力的意思。

在先秦文献中，有将羊、狐、虎、狼、鹿、青犴、豹、狸、犬、黑貂等毛皮做成裘服的记载，其中青犴是古代北方的一种野狗。到了汉朝，见于记载的动物毛皮种类进一步增多，还有獭、猫、花猫、獐、竹狸、鼠、海鹿、海龙、海獭、海虎、天马、白狼等，最常见的是羊裘、狐裘、貂裘，其中羊裘有珍珠毛、黑紫羔、青种羊、白种羊等品名，狐裘有火狐、沙狐、草狐、青白狐、玄狐等品名，貂裘有银貂、丰貂、金貂、银针紫貂和翎眼紫貂等品名。甚至还流行过鼠裘，有银鼠、黄鼠、灰鼠、花灰鼠、深灰鼠和青鼠等品名。

做成的裘服，有袍、褂、袄、裤、裙等，还可以做成各种饰物，用于领、袖、襟、摆、靴口、帽檐等部位装饰。一开始，裘服与丝绸做成的衣服一样，是特权阶层才能穿的，但后来也逐渐平民化，一般人也可以穿着。不过，按照礼法，裘服一般不能直接穿在外面，需要罩一件衣服，这种衣服称为裼衣，《礼记·玉藻》称 *"锦衣以裼之"*。裼衣的颜色有一定的搭配规范，如《礼记·玉藻》中所说，白狐裘要搭配锦裼衣，青狐裘要搭配玄绡裼衣，羔裘要搭配缁裼衣。

三国的日常生活

皮草分轻裘与重裘

三国时期，裘服也是人们经常穿着的衣服。根据材料与用途的不同，分为轻裘与重裘两种，轻裘是穿着方便、质量较轻的裘服；重裘是款式比较宽大、分量较重的裘服，有的还指皮毛质量粗糙、档次不高的裘服。

三国时期，人们对轻裘情有独钟。《论语·雍也》说："赤之适齐也，乘肥马，衣轻裘。"曹操的养子兼女婿何晏曾写过一篇《景福殿赋》，里面有"玄辂既驾，轻裘斯御"的句子，意思是驾着黑色的车子，驾车的人披着轻裘。魏晋时期的名将羊祜有儒将之风，《晋书·羊祜传》说他"在军常轻裘缓带，身不被甲"，意思是在军中不穿戴盔甲，平时喜欢披着轻裘。《三国志·荀攸传》里了也有"肥马轻裘，光耀道路"的句子，说明人们很喜欢穿轻裘，觉得它比较随意，穿起来有风度。

重裘虽然笨重，但御寒效果更好。深受司马懿赏识的汉末太原人王昶为人谨厚，给哥哥的儿子取名为王默、王沈，给自己的儿子取名为王浑、王深，从这些名字就能看出他的谦恭自敛。王昶也写有《戒子书》，其中引用了当时流行的谚语："救寒莫如重裘，止谤莫如自修。"说明在人们心目中，只有"重裘"才能抵御严寒。

曹操脱下裘皮大衣盖在高柔身上

曹操手下有个官员名叫高柔，从事司法工作数十年，以公正无私著称，是个很能干的人，曹操也很信任他。但说起来，曹操最早对他有一定成见，甚至想杀他，这与高柔的出身和社会关系有关。

高柔是东汉陈留郡圉县人，也就是现在河南省杞县的圉镇，这个小镇历来名人辈出，汉末三国时期除高柔外还出过高干、蔡邕、蔡文姬等名人。高柔的父亲曾是一名郡都尉，在很远的外地任职，高柔留在家乡。汉末天下大乱，高柔年纪还小，但他很关心时事，有着不凡的见解，对乡人

服饰篇：
男人化妆亦时尚

说陈留郡是"四战之地"，很容易被战火波及，他劝大家尽早去外地避难，但人们不相信他说的话，大部分乡人没有离开，结果这里很快陷入战乱，许多人遇害了。

高柔则跟着一部分族人去了河北，这时他听到一个不幸的消息，自己的父亲在任上遇害了，高柔不畏路途遥远和兵荒马乱，冒险到父亲任职的地方治丧，一路历尽艰难，办完丧事又重返河北，前前后后历时3年之久。这时候曹操已经占领了河北，听说高柔是一个有本事的人，就聘他当了一名县长。高柔治理地方很有办法，对那些不法之徒尤其不手软，许多人不敢在他的治下为非作歹，纷纷逃到外县。县里有些官吏过去做过一些违法的事，害怕高柔追究，打算辞官逃跑，高柔则挽留他们，表示只要他们改过自新就可以包容以往的事，这些人在高柔鼓励下都成了好官吏。

曹操一向"唯才是举"，对有能力又有政绩的官员自然会提拔和重用，对高柔却是个例外，曹操不仅不想提拔他，还想治他的罪，这是因为高柔有个堂兄叫高干，是曹操老对手袁绍的外甥，袁绍死后高干投降了曹操，但后来又发起叛乱，高柔虽然没有参加堂兄的叛乱，但也被曹操看成了"不可靠的人"，高柔虽然感到冤枉却无法分辩，只有用更加勤勤恳恳的工作来表白自己。曹操免了高柔的县令，改任刺奸令史，这个官职有些像基层法院的院长，史书上对曹操的用意说得很明白，那就是假如高柔在执法中有失当行为，曹操就会以此为理由把他杀了。然而，很长时间过去了，曹操却找不到机会，高柔不仅熟悉法令，没有错判漏判的事发生，而且很敬业，经常在官署里加班到深夜，所管理的监狱里从来没有滞留过未判决的犯人。

一天晚上，曹操亲自在外面巡察，来到高柔负责的官署，看到高柔怀里抱着文书睡着了，这让曹操十分感动，他没有让人叫醒高柔。《魏氏春秋》记载，曹操"见柔，哀之，徐解裘覆柔而去"，也就是悄悄脱下身上的裘皮大衣，把它盖在高柔的身上，之后悄悄地离开了。从此，曹操对高

三国的日常生活

柔有了完全不同的看法，再也不想找他的麻烦了，而是提拔他到了更重要的岗位。后来，曹操根据高柔为人公正、敬业勤奋的特点和专业特长，让他继续负责司法方面的工作，在很长一段时间里高柔一直是曹魏司法方面的负责人。

孙权的"白裘论"

孙权晚年重用校事吕壹等人，伤了很多旧臣的心，造成很大的负面影响。吕壹死后，接替吕壹的是袁礼，孙权派他向受吕壹等人诬陷的文武大臣们道歉，并代为询问对时局革新的意见。袁礼跑了一大圈，先后赴各地拜见了陆逊、诸葛瑾、步骘、朱然、吕岱、潘濬等重臣，但大家心有忌惮，不肯多说什么。

袁礼向诸葛瑾、朱然、吕岱征求对时局和政治的意见，他们都说自己只懂军旅，"以不掌民事，不肯便有所陈"，把提意见的任务推给陆逊、潘濬。袁礼去见陆逊、潘濬，这二位干脆声泪俱下，"泣涕恳恻"。袁礼回来如实禀报，孙权大为惊虑，他知道陆逊等人心里仍有恐惧，对自己无法完全信任，这让孙权感到很可怕。

孙权于是写了一封长信，分别派人送给以上重臣。在信中，孙权一一以诸人的表字相称，口气十分亲切。孙权说"夫惟圣人能无过行，明者能自见耳"，意思是天下只有圣人才能不犯错误，只有聪明绝顶的人才能看清自己，一般人哪能做到那么周全呢？孙权这样说，是告诉大家是他在一些地方伤害了众人，他又疏忽没有察觉，所以大家才有顾忌。孙权接着说，自己随先父起兵以来已经50年了，和诸君相处，从年轻到年长，头发已经白了一半，总以为已经做到了完全了解，做到了推诚相见，于公于私都结为一体。那些穿布衣的平民百姓结成的友谊尚能经历磨难不变心，而"诸君与孤从事，虽君臣义存，犹谓骨肉不复是过"。孙权还说荣华富贵、欢喜忧愁，愿意和大家一起分享，希望大家能竭尽忠诚不隐瞒，贡献

服饰篇：
男人化妆亦时尚

智慧不保留。船开到河中间，还能在河里把谁换下去吗？齐桓公是霸主，做得好管仲就赞扬，有过失管仲就指出来，意见没被接受劝谏就不停止。孙权希望听到大家的见解，以改正自己的不周之处。

这封信写得言辞恳切，可以说发自肺腑，也可以看作经历吕壹一事后孙权向大家做出的检讨。这封信记录在《三国志·吴主传》里，《江表传》对这封信进行了补充，说孙权在信的最后写道："*天下无粹白之狐，而有粹白之裘，众之所积也。*"意思是，天下没有纯白色的狐狸，但是有纯白色的裘皮衣服，这是众人用纯白色的狐皮积攒出来的。孙权想说的是，既然可以用各种颜色的狐皮缝制一件纯色的皮衣，那么只要调动起众人的力量，就能无敌于天下；只要能利用众人的智慧，就不怕比不上圣人。

16 常见的日用品

被褥帐席：常用作赏赐或礼物

提到被子，常与"棉被"相关联，但棉花是宋元之后才在中国大规模种植的，在此之前没有棉花，人们怎样做被子呢？

没有棉花，也难不倒人们。远古时期，由于地广人稀，文明还没有达到一定程度，人们为了在夜间睡觉时保暖，通常使用的是野兽皮毛。再往后，人们慢慢把柳絮、芦花等塞进布做的套子里面，做成最初的被子。条件好一点儿的用貂绒、羊绒、鸭绒等塞在丝绸做的被套里。

三国时期，人们已经习惯在被子里睡觉了，史籍中也提到过被子。吕布曾投奔袁绍，后来二人翻脸，吕布要走，袁绍假意派人护送，想趁夜晚吕布在帐中睡着时下手除掉他。《汉末英雄记》记载，袁绍手下的人夜半起兵，冲进吕布睡觉的军帐，"乱斫布床被"，也就是用刀朝着吕布的被子乱砍一气，但吕布早有防范，已经偷偷溜走了。《后汉书·赵岐传》记载，汉末名士赵岐临终前交代儿子，自己死后"覆以单被，即日便下，下讫便掩"，也就是盖一条单被子，当天就下葬掩埋。《资治通鉴》记载，汉末名士姜肱与二弟姜仲海、姜季江以孝友闻名，"常同被而寝，不应征聘"，直到各自娶了妻子，才分开居住。《三国志·蒋钦传》记载，孙权曾到将领蒋钦家，看到蒋钦"母疏帐缥被"，"疏帐"是纺织得很稀疏的、质量较差的帐子，"缥被"是淡青色的被子。曹操平时盖的被子一用就是10年，他在《内戒令》中提到"吾衣被皆十岁也"。

有被子就有褥子，褥子的制作原理除与被子差不多外，还可以用毡以及动物皮毛制成。曹操在《与太尉杨彪书》中提到所送的一些物品中有

"青毡床褥三具"，这种褥子就是用毡做成的。魏晋名臣王祥官拜太保，年老时多次申请致仕，也就是退休，晋武帝均不批准。《晋书·王祥传》记载，王祥最终退休时，晋武帝专门下诏书对其进行褒扬，同时赐给很多东西，其中有"绢五百匹，床帐簟褥"。簟，是一种竹子编织的席子。同时代为官的何曾在退休时，晋武帝也赐给很多东西，包括"绢五百匹及八尺床帐簟褥自副"，意思是500匹绢和8尺的床1张，以及与床相配套的帐子、席子和褥子。

孟母"缝被教子"

传统"二十四孝"故事里有一个"孟宗哭竹"，说的是三国时期孟宗的故事，他曾担任孙吴的雷池监渔官，一天，母亲想吃笋，但这时正值秋末冬初，山寒水瘦，万木萧条，孟宗在竹林里寻寻觅觅，怎么也找不到一根竹笋，于是抱头大哭，结果孝心感动上天，竹笋破土而出。

故事有些传奇，但孟宗确实品质很好，这与母亲对他从小苦心教育有关。《吴录》记载，孟宗小时候到南阳人李肃那里求学，"其母为作厚褥大被"，有人问原因，孟宗的母亲说："小儿无德致客，学者多贫，故为广被，庶可得与气类接也。"意思是，我的儿子拿不出什么好东西来结交朋友，他的学友大多很贫寒，这床大被子正好让他们一起盖，共同御寒，以增进他与学友之间的友谊。

孟宗在慈母言行的感召下尊师爱友，品学兼优，学习上帮助同窗，生活上照顾学友，为社会广为传颂。孟宗在孙吴为官也很有政绩，又很清廉，评价颇高，最终官至司空。

毛巾："手巾""濡布"功能相同

人们现在最常用的毛巾，多是由3个系统纱线相互交织而成的具有毛圈结构的织物，于1850年在英国发明。在此之前，中国古代也有专门的

三国的日常生活

东西用以擦汗、洗脸,先秦时期就有了"手巾",汉代乐府民歌《孔雀东南飞》中有"阿女默无声,手巾掩口啼"的诗句。至于"手帕",一般认为唐初诗人王建写的"缠得红罗手帕子,中心细画一双蝉"是关于它的最早记录。

三国时期,虽然没有现在用的这种毛巾,但人们洗脸的时候也有专门的手巾。《魏略》记载,曹丕的第一任妻子是甄氏,二人初见面时甄氏还是一名俘虏,披发垢面,满脸是泪,看不出模样,后来"顾揽发髻,以巾拭面,姿貌绝伦"。这里的"巾"不应该是头巾,而是《孔雀东南飞》中说的手巾。另据《后汉书·方术列传》记载,华佗给一位病人治疗时,曾以"濡布拭身体","濡布"可以理解为把布弄湿,但也可以理解为是一种专用的布,作用类似于毛巾。

韝:三国时期的"套袖"

古代有一种东西叫"韝",也写作"褠",《说文解字》解释:"韝,射臂决也。"《玉篇》解释:"结也,臂沓也。"所谓"臂沓",就是套袖,有人认为它专指古代射箭时戴的皮质袖套,但在三国时期的史籍里出现过"布韝"和"布褠",说明它也有布做的,用途不仅限于射箭。

三国时期,马超反攻凉州,进攻冀县,杨昂等人联手抗击马超。《三国志·杨阜传》记载,杨昂的妻子王异"躬著布韝,佐昂守备",意思是,亲自戴上布套袖,参加城池的守备工作。《三国志·吕岱传》还记载,孙吴将领吕岱跟吴郡人徐原关系很好,"岱知其可成,赐巾褠,与共言论","巾褠"可以理解为"手巾和套袖"或"头巾和套袖"。吕岱去世时,"遗令殡以素棺,疏巾布褠",也就是带着套袖下葬。

尉:三国时期的手套

有一种看法认为,中国古人的衣服袖子很长,手可以藏在袖子里,不

服饰篇：
男人化妆亦时尚

用专门的手套，一直到清朝末年。这样说法貌似有道理，而且查阅古代典籍，确实没有"手套"或类似物品的名称。不过，从考古发现来看，中国古代早就有手套了。

湖北江陵望山一号楚墓发掘出土的文物十分有名，其中有把刻着"越王鸠浅　自作用剑"鸟书铭文的越王剑，同时还发现一双皮手套。该皮手套长 28.5 厘米，五指分开，套口稍长，与现代手套的样式十分接近。

除了"皮手套"，中国古代也出现过丝、绢、菱等制成的手套，这一点在考古发现中也得到了证实。长沙马王堆汉墓出土了随葬的一件九子漆奁，里面就装着 3 副手套，其中一副"朱色菱纹罗手套"，长 24.8 厘米，用朱菱制成，直筒露指头，大拇指套分缝，掌面为朱红色菱纹罗，掌部上下两侧饰"千金绦"，绦上有篆书白文"千金"字样。

朱色菱纹罗手套
西汉　辛追墓出土
现藏于湖南省博物馆

从这些考古发现中，我们可以知道，三国时期有专门的手套，形制与现在的手套也相差不多。距离三国较近的东汉，流行织锦手套，新疆地区曾出土过一些东汉至晋代的织锦手套，如民丰尼雅一号墓地的三号墓出土过一副这样的手套，上面还织有"世毋极锦宜二亲传子孙"字样，长 35.5 厘米，形状与马王堆汉墓所见相似，四指合并，大拇指单出，露指头。

那么，三国时期的手套叫什么名字呢？长沙马王堆汉墓的所有随葬品

三国的日常生活

都登记在简册上,通过比对简册,发现汉朝时人们把手套叫作"尉"。《通俗文》曾解释"火斗曰尉",火斗就是熨斗,"尉"有熨的意思,把手套取名为"尉",可能说指熨东西时需要戴手套,以防烫伤。

簦:三国时期的雨伞

关于雨伞的发明有很多传说,其中一个传说是春秋时期鲁班和他的妻子发明了伞,相传那时没有伞,为了让人减少暴晒和淋雨,鲁班在道路两旁修了很多亭子。鲁班的妻子心疼丈夫,想到如能发明一个随身带着的小亭子就好了,于是她仿照亭子的样子,用木条、树皮、草叶等材料扎出了一个轻便的小棚,装上手柄,让人们随身携带,后来演变成了伞。

执伞铜跪俑
西汉　现藏于昆明市博物馆

虽然鲁班发明伞是一个传说,但根据史籍记载,公元前11世纪时中国就有用帛制成的伞了,后来出现了显示统治者威严的黄色"华盖伞",战国时秦穆公最先使用过。早期的伞也称"簦",《说文解字》解释:"簦,笠盖也。"这是一种有柄的斗笠,其实就是早期的伞。汉朝无名氏所作《越谣歌》唱道:"君乘车,我戴笠,他日相逢下车揖;君担簦,我跨马,他日相逢为君下。"大意是：如果将来你坐着车，而我还是戴斗笠的平民，那么有朝一日相见，你会下车跟我打招呼吧？如果将来你撑着伞，而我骑着高头大马，那么有朝一日见到你，我也会下马同你交谈。

笠：遮阳挡雨的帽子

"笠"是一种竹篾或棕皮等编制的遮阳挡雨的帽子，这是一个会意字，表示有了这种帽子，可以使农夫在田野中站立。三国时期笠已广泛使用，吕蒙白衣渡江夺取了荆州，为安定人心，他进城后发布命令，不允许骚扰百姓，也不能拿取百姓的财物。《三国志·吕蒙传》记载，吕蒙麾下有一名士卒跟自己是同乡，"取民家一笠，以覆官铠"。这名士兵可能看到下了雨，为保护公家的铠甲，就擅自拿了百姓的一顶竹笠，吕蒙认为其用意虽然是保护公物，但违反了军令，最后把这名同乡斩首示众，"于是军中震栗，道不拾遗"。

蓑：能穿在身上的雨具

三国时期还有一种雨具叫作"蓑"，是用一种不容易腐烂的蓑草编织而成的、厚厚的像衣服一样能穿在身上用以遮雨的雨具，也有用棕制作的。蓑衣一般制成上衣与下裙两块，穿在身上，与头上的笠配合使用，用以遮雨。曹操任命的扬州刺史刘馥是一个有经验、有远见的人，他在位时让人编织了很多蓑衣，与其他守城物资一起存放在合肥城内，大家不知道这些蓑衣有什么用。《三国志·刘馥传》记载，刘馥死后，孙权率10万人马来攻合肥，围城100多天，"时天连雨，城欲崩，于是以苫蓑覆之"，结果城池没有被雨水泡倒，打退了吴军。"苫蓑"，就是用草编织成的蓑衣。

17 妆奁名堂多

化妆是一件程序繁杂的事

化妆的历史很悠久，考古学家曾在原始人类的遗址上发现用小石子、贝壳或兽牙等制作而成的美丽串珠，用于装饰；在洞穴壁画上发现了美容化妆的痕迹。一开始，人们在面部和身上涂上各种颜色和油彩，表示神的化身，以此祛魔逐邪，并显示自己的地位与存在。后来，化妆越来越具有实用性，因为爱美是人类的天性，人们就用一些特别的东西来装饰自己，使自己变得更加美丽。到三国时期，人们化妆有了大体上固定的步骤，包括敷铅粉、抹胭脂、画黛眉、点额黄、画面靥、点口脂等。

敷铅粉就是打粉底。一开始粉底是普通的米做成的，叫作米粉，因为不好定妆，于是人们发现了铅粉。铅粉涂在脸上会增白，上妆效果好，不易掉落，但长期使用会让肌肤发青。除铅粉外，还有水银粉、紫粉、珍珠粉等。

《太平御览》收录有曹操向汉献帝献上器物的一份奏疏，其中提到"纯银粉铫一枚"，这种"粉铫"就是专门制作粉的器物。《魏略》记载，三国著名书法家邯郸淳有一次去见曹植，曹植先不与他谈正事，而是呼随从"取水自澡讫，傅粉"，洗完澡，在脸上打了粉底，才出来畅谈。《全三国文》中收录三国时期孙仲奇的妹妹临终前写给丈夫一封信，信中说"镜与粉盆与郎"，"粉盆"是放粉的盒子，这样做的目的，是希望丈夫"行身如明镜，纯如粉"。

珍珠
西汉　现藏于西汉南越王博物馆

服饰篇：
男人化妆亦时尚

抹胭脂是把胭脂擦拭在腮上形成腮红，以此美颜。古代制作胭脂的主要原料为红蓝花，又名红花，原产于埃及，汉朝时经中亚传入中国，此花色泽红润鲜美，匈奴人采来制作颜料，并作为美容品。"胭脂"二字也是红蓝花的匈奴语称呼，匈奴人称妇女为"阏氏"，生长有红蓝花的山名为"焉支山"。三国时期红蓝花已经广泛种植，这种花的花瓣中含有红、黄两种色素，花开之后被整朵摘下，然后放在石钵中反复杵槌，淘去黄汁后即成鲜艳的红色颜料。

画黛眉类似描眉。一般认为，描眉的风气始于战国，在还没有特定的材料前，妇女将柳枝烧焦后涂在眉毛上。后来，人们找到了更好的材料，也就是"黛"，这是一种青黑色矿物，描画前先将其在石砚上碾磨，使之成为粉末，然后加水调和。磨石黛的石砚在汉墓里多有发现，说明这种化妆品在汉代已经大量使用了。除了石黛，还有铜黛、青雀头黛和螺黛等。妇女以黛画眉，远看像两座对耸的青黑色小山，所以用"眉黛"指眉毛。汉桓帝时，后宫人数太多，耗费巨大，《后汉书·陈蕃传》记载，名臣陈蕃上疏建议缩减后宫开支，其中提到后宫"采女数千，食肉衣绮，脂油粉黛，不可赀计"，其中的"脂油"指胭脂，"粉黛"是打底用的粉和画眉用的黛。

点额黄又称贴花钿，是用丝绸、彩纸、金箔、云母片等材料剪成的样式各异的装饰物，一般粘贴在眉心或前额，也可以贴在两颊或嘴角等处，形状有圆形、菱形、月形、桃形以及花、鸟、鱼、蝴蝶、鸳鸯等，颜色主要是红、绿、黄三色。

画面靥是在女子的面颊两旁用丹青、朱红等颜料点缀出各种形状。除了红色圆点，有的面靥形如钱币，称为"钱点"；有的状如杏桃，称为"杏靥"；还有各种花卉的形状，称为"花靥"。

点口脂类似于抹口红。口脂一般制成筒状，也有些是粉状。粉状口红的用法是将色素涂于纸的两面，用嘴唇抿住后，颜色自然会附于唇上。湖

三国的日常生活

南曾出土过西汉墓葬中的口红,尽管过了2000多年,但依然鲜艳夺目,说明当时口红的制作技术十分精湛。

胡粉:三国时期最流行的化妆品

胡粉也是一种搽脸的粉,属于铅粉,化妆效果好,因而很受欢迎。东汉大臣李固就喜欢用这种胡粉,《后汉书·李固传》里有"固独胡粉饰貌,搔头弄姿"的记载。"胡粉"并不是"从胡人那里传来的粉",《释名·释首饰》解释:"胡,糊也,脂合以涂面也。"糊,取其中的"胡",用其调和之意。出生于三国时期的晋人张华在《博物志》中有"胡粉、白石灰等,以水和之,涂鬓须不白"的记载,说明胡粉不仅能抹脸,还可以保养头发。

《天工开物》中记录有胡粉的制作方法:先把100斤铅熔化,之后再锤成薄片,卷成筒状,安置在木甑子里,甑子下面及甑中各放置一瓶醋,外面用盐泥封固,并用纸糊严甑子缝,用大约4两木炭的火力持续加热,7天后再把木盖打开,就能见到铅片上面覆盖着的一层霜粉;将粉扫进水缸里,将那些还未产生霜的铅再放进甑子里,按照原来的方法再次加热7天后收扫,直到铅用尽为止,剩下的残渣可作为制黄丹的原料,每扫够霜粉1斤,加豆粉2两、蛤粉4两,在缸里把它们调和搅匀,澄清之后再把水倒去,用细灰做成一条沟,沟上平铺几层纸,将湿粉放在上面,快干的时候把湿粉截成瓦形或者是方块状,等到完全风干后收藏起来即可。

三国时期,胡粉已经成为常用的化妆品,是民间商人售卖的重要物品之一。有一段时间,曹魏的官贩也售卖胡粉,在曹操身边曾任秘书郎的刘放专门上了一道《奏停卖胡粉》,收录在《魏名臣奏》中,其中说道:"今官贩粉卖胡粉,与百姓争锥刀之末利,宜乞停之。""锥刀之末"典出《左传》,比喻很小的利益。刘放认为制作、售卖胡粉是民间活动,官府不宜在这方面与民争利,故建议停止。

服饰篇：
男人化妆亦时尚

曹操的养子"粉不离手"

在三国及其以前，不仅女子化妆，男子也化妆。湖北枣阳九连墩一号楚墓是春秋战国时期的墓葬，出土有迄今为止所发现的最早的梳妆盒，竟然是男子所使用的，里面有铜镜、木梳、刮刀、脂粉盒等。《汉书·佞幸传》也记载："孝惠时郎侍中皆冠鵕䴊，贝带，傅脂粉。""郎侍中"是皇宫的随从，"贝带"是贝壳为饰的腰带。

何晏是曹操的养子，同时也是曹操的女婿，跟魏明帝曹叡的父亲曹丕同辈，是曹叡的叔父或姑父。何晏长得很白净，而且很注意个人形象，《魏略》记载"晏性自喜，动静粉白不去手，行步顾影"，也就是每天都用粉擦脸，走一步都要回头看看自己的影子。曹叡看到何晏的脸这么白，怀疑是用粉化妆的结果，很想找机会验证一下，于是专门在夏天最热的时候请何晏吃饭，而且专门吃"热汤饼"，也就是很热的汤面条。何晏果然吃得大汗淋漓，不时用衣袖擦汗。但曹叡仔细观察后发现，何晏的脸确实很白，不用擦粉也有那个效果。

在汉朝和三国时期，男人化妆也是一种时尚，除了上面提到的李固、曹植、何晏，"竹林七贤"之一的嵇康也喜欢化妆。嵇康即使喝醉的时候，脸看起来依然像玉一样，原因是他喜欢在脸上涂"面药"，从而使皮肤非常白皙而有光泽。

奁：三国时期的"梳妆盒"

奁是中国古代女子存放梳妆用品不可或缺的器物，"奁"属会意字，"匚"意为盛物品的容器，"大"指尺寸大，"大"与"匚"联合起来表示"大号的盛放物品的器物"。《韵会》解释："奁，藏香之器，一曰镜匣。"其一般为圆形，直壁，有盖，腹较深，下有三兽足，旁有兽衔环耳，这种器物从战国时期就有了，主要用于存放化妆品及镜子。

三国的日常生活

彩绘双层九子漆奁
西汉　现藏于湖南省博物馆

神兽纹青铜镜
三国　现藏于中国国家博物馆

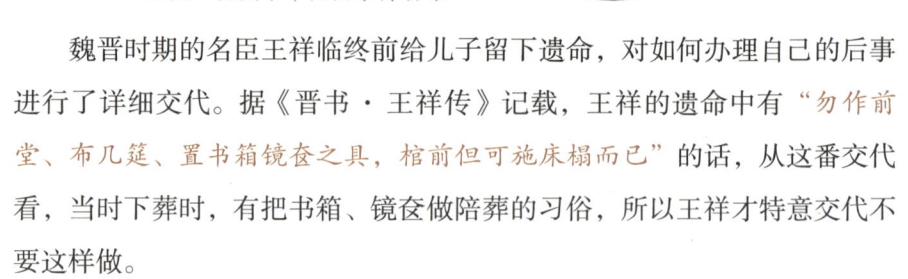

魏晋时期的名臣王祥临终前给儿子留下遗命,对如何办理自己的后事进行了详细交代。据《晋书·王祥传》记载,王祥的遗命中有"勿作前堂、布几筵、置书箱镜奁之具,棺前但可施床褥而已"的话,从这番交代看,当时下葬时,有把书箱、镜奁做陪葬的习俗,所以王祥才特意交代不要这样做。

在曹操向汉献帝所进的《上杂物疏》中有"纯银澡豆奁,纯银括镂奁","澡豆"是用豆沫制成的粉,也是化妆用的,可以光润肌肤;"括镂"指雕刻。还提到"纯金参带方严四具","方严"指"方庄",是一种方形的奁盒,因避汉明帝刘庄的讳,改称"方严"。上面这些都属于"梳妆盒",汉献帝和朝廷常年流离失所,御用物品丢失贻尽,所以曹操想方设法搜集来,献给皇帝。在曹操所献的东西中,还有大量的镜子,有数十面之多,包括"御物有尺二寸金错铁镜一枚,皇后杂物用纯银错七寸铁镜四枚,贵人至公主九寸铁镜四十枚",反映出镜子的使用在三国时期不仅很普遍,而且有较高的工艺水平。

服饰篇：
男人化妆亦时尚

三国时期已经有假发了

　　古人很重视头发的护理，将剪头发看作生命中的一件大事。未成年男女的头发多梳成丫角状，《礼记·内则下》称："三月之末，择日剪发为鬌，男角女羁。"也就是在孩子出生3个月后，给其理第一次发。关于孩子的发式，郑玄注："鬌，所遗发也，夹囟曰角，午达曰羁也。"意思是，男孩的顶门两旁留小撮头发，把头发梳理结成丫角状，女孩的顶门正中留一小撮头发扎起。孩子稍大以后，无论男孩、女孩都不再剪发。男孩一般梳成椎髻，一直到弱冠年龄时戴冠或着巾，以示成人。女孩成人时则梳发髻、戴笄，笄是一种束发的东西，故而把女孩成人称作"及笄"。

　　成年妇女的发型以发髻为主，当时的发髻以髻的多少分为单髻、双髻和多髻等。椎髻是单髻的典型发式，当时士兵多梳椎髻，颜师古注《汉书》解释："椎髻者，一撮之髻，其形如椎。"双髻是头顶两侧各梳一个发髻，这种发型多用于少女。至于多髻，形式有很多种，造型也非常复杂，有三角髻、四起大髻、反绾髻、三环髻、花钗大髻等，在汉朝和三国时期的石刻里，可以看到这些发髻的样子。

　　汉末权臣梁冀曾与曹操的祖父曹腾是政治上的盟友，他的妻子名叫孙

陶俑
三国·蜀　现藏于中国国家博物馆

三国的日常生活

金凤步摇冠饰
东汉

寿,喜欢化妆打扮,曾发明一种"堕马髻"。《后汉书·梁冀传》记载:"作愁眉,啼妆,堕马髻,折腰步,龋齿笑,以为媚惑。""愁眉""啼妆"是把自己的眼睛化得像刚刚哭过的那样,以示楚楚动人;"堕马髻"是像刚刚从马背上摔下来的那样,将发髻偏斜一边;"龋齿笑"是牙疼时那样的遮遮掩掩的笑;而"折腰步"是最下功夫的,走路时要装出腰肢细得要折断的样子,左右脚要始终踩在两脚间的直线上。

三国时期已经有人戴假发了,孙吴末代皇帝孙皓骄奢淫逸,以张布的女儿为美人,有宠,后因故将其棒杀,不久又思念她的美貌,让巧工刻木像放置在座位一侧。《江表传》记载,孙皓问左右张布还有没有女儿,左右回答还有一个,不过已嫁给了已故卫尉冯朝的儿子冯纯,孙皓闻听,强夺其入宫,十分宠爱,拜为左夫人,为讨其欢心,"使尚方以金作华燧、步摇、假髻以千数"。"尚方"是宫中的官署,负责制作器物。"步摇"是一种首饰,取其"行步则动摇"而命名,多以黄金屈成龙凤等形,上缀珠玉制成。"假髻"是一种人工制造的、佩戴于头上的发髻,供妇女代真发使用,相当于假发,在先秦时期的古籍中也称"编""副",汉朝以后称"假髻"或"假紒"。

住行篇：能住楼房不容易

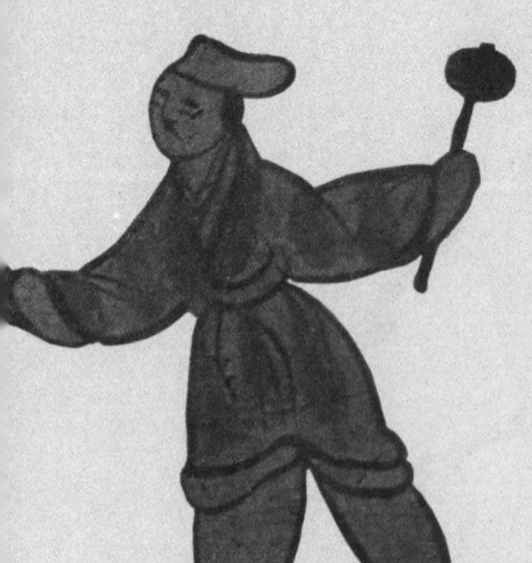

18 重要的城市

洛阳：毁于战火的最大城市

洛阳原是东汉最大的城市，也是京师所在，位于中国地理第二、第三级阶梯交界处。相较于长安，洛阳更居众多王朝控制区域的中部。洛阳经崤山向西可进入关中平原，向东可连通开封，渡过黄河向北可到达黄土高

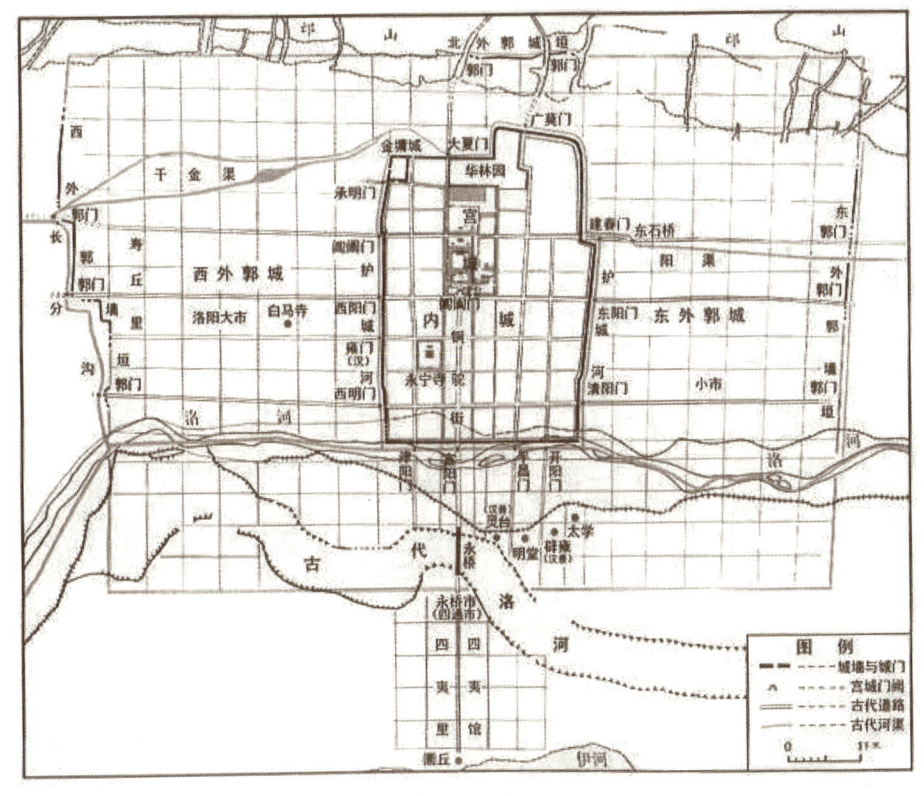

汉魏洛阳城平面图
选自钱国强《汉魏洛阳城城门与宫院门的考察研究》

三国的日常生活

原,向东北则可通华北平原,向南可到达南阳平原、江汉平原,洛阳的位置可谓四通八达。

从地理形势看,洛阳位于河南、陕西交界群山中的三川谷地,处于盆地中心,四面皆山,山中可设置关隘把守:南部龙门山被伊河穿过形成伊阙关,北部有孟津关,西部有函谷关,东北部有虎牢关,嵩山之间有轩辕关,东南部有大谷关,南部有广成关。这些关隘拱卫着洛阳,使其成为一个相对安全的独立区域。

洛阳位于黄河中游南岸,由于北面邙山阻隔,黄河水患较少殃及。又由于黄河水系的发达,使洛阳周边有洛水、伊水、瀍水、涧水等河流,如同"八水绕长安"一样,形成"四水绕洛阳"的格局。在洛阳以南,又有汝水、颍水等淮河水系的河流,将黄、淮水系连成一体。水资源丰沛,有利于生活和农业生产。位居中心、地势险要、水系发达、运河便捷,这让洛阳在建都方面具备了得天独厚的优势。明清时期地理学家顾祖禹在《读史方舆纪要》中称洛阳为"中国形胜之冠",这里的"形胜",有地理位置优越、地势险要、山川壮丽之意。

可惜的是,东汉末年汉灵帝驾崩后,时局陷入混乱,董卓趁乱控制了朝廷,引发群雄讨董卓。对战中,董卓不敌,只得放弃洛阳,临走前对洛阳进行了毁灭性破坏。董卓下令把洛阳一带所有富豪集中起来,胡乱安个罪名集体处死,财产全部没收。还下令在洛阳周围200里范围内大行烧光、抢光、杀光,还命令士兵开棺掘墓,盗取珍宝,邙山一带密集地排列着本朝多位先帝的皇陵和许多贵族的墓地,大都无法幸免。

董卓还下令把洛阳周围一带的百姓都迁往长安,《三国志·董卓传》说人数多达"数百万口",这个数字也许有些夸张,但洛阳经此一劫,已成人间地狱。更严重的,董卓留吕布守洛阳,吕布临撤走时,一把火将洛阳城烧为灰烬,其惨象令率先带队突入洛阳的孙坚忍不住伤心落泪,《江表传》:"旧京空虚,数百里中无烟火。坚前入城,惆怅流涕。"洛阳从此残破，群雄争霸也不再将其作为重点，甚至一度成为"无人区"，汉献帝东归重返洛阳时，甚至找不到一个像样的住的地方，一些郎官只能在残垣断壁间凑合。

长安：5年多的临时国都

西安是中国历史上建都时间最长、建都朝代最多、影响力最大的都城，居中国古都之首，历史上最强盛的周、秦、汉、隋、唐等朝代均建都于西安。从西周时期周文王在今西安城西南营建丰京，将臣民从岐山周原迁居于此开始，到五代十国中的后梁将西安所在的京兆府改名为雍州，结束西安的建都史，西安作为中国首都的时间累计有1100多年，建都时间为各大都城之首。

古代封建王朝选择首都一般都慎之又慎，著名历史地理学家谭其骧先生归纳指出，历代统治者主要是从经济、军事、地理位置几方面来考虑都城选择的：经济上，要求都城附近是一片富饶的地区，足以在较大程度上解决统治集团的物质需要，无须或只需少量仰给远处；军事上，要求都城所在地既便于控制内部，又利于防御外来侵略；地理位置上，要求都城大致位于王朝全境的中心地区，但并不要求是地理上的几何中心，只要有通达全国的便捷的交通，便于中央与各地的联系，利于统治就行。

对照以上标准，西安确实是建都的最理想地点：从经济上说，西安处于秦岭北麓关中平原的中心，附近有丰沛的水系，自古有"八水绕长安"之称，《尚书》还说这里"厥土惟黄壤，厥田惟上上"，意思是西安周边的黄土地是当时全国最好的土壤，利于农耕，因而使这里成为最早的"天府之国"，司马迁在《史记》中说，关中地区只占当时全国总面积的1/3，人口只占全国总人口的30%，创造的财富却占全国的60%；从军事上说，关中的本意就是"众关之中"，西安四周著名的关隘，东有函谷关、蒲津关、龙门关，南有武关、崤关，西有陇山关、大震关，北有萧关，加上秦岭和

三国的日常生活

渭河，形成了"被山带河"的有利地形，进可攻，退可守；从地理位置上说，西安所在的关中地区在很长时间里也处于各朝代疆域的中心位置，西安市泾阳县至今仍是中国的"大地原点"，自古以来，都有便捷的交道干道通往全国各地。

公元 25 年，汉光武帝刘秀决定在洛阳建都。隋唐时期，隋炀帝杨广以及武则天相继营建洛阳为东都，洛阳对西安都城的替代作用开始显现。唐代以后，西安结束了上千年的建都史，其中的原因，主要有自然环境的变化、气候的变化以及全国经济重心不断南移等。从自然环境因素看，关中地区作为 1000 多年的首都所在地，承载了大量的人口和经济开发重担，这些对自然资源势必造成一定破坏。作为众多王朝的首都，关中一直是各时期人口密度最大的地区，为了生存，不少林地、草场被破坏，在耕地面积增加的同时水土流失情况也越来越严重。西安周边本有"八水绕长安"的丰沛水系，随着水土流失的加重，这些河流的水量逐渐变小，有的逐渐干涸，成为季节河。从气候变化因素看，唐代中期以后，北方地区气温逐渐变冷，唐中期以后关中地区的气候也发生了比较大的变化，失去了先前的温暖湿润的环境。偏冷的气候一方面对农业造成较大影响，使农业灾害增多，农业产量增长也受到限制。另一方面，偏冷的气候减少了降水量，进一步加剧了旱情，河流水位也进一步降低。渭河是关中的"母亲河"，公元前 647 年晋国发生大旱，向秦国求救，秦国给晋国支援了大批粮食，"以船漕车转，自雍相望至绛"。

不过，长安在三国时期又一次成为瞩目的焦点，董卓挟持汉献帝及朝廷于 190 年迁都长安，192 年 4 月董卓被王允、吕布刺杀，192 年 6 月董卓部将李傕等人又攻入长安，后又相互连兵攻杀，195 年 7 月汉献帝携文武百官仓促逃离长安，于 196 年 7 月 1 日重回洛阳。汉献帝和朝廷离开洛阳共 6 年 5 个月，除去约 1 年时间在逃亡路上，其余 5 年多都是以长安为临时国都，在此期间，为了筹集军粮，凉州兵在关中一带又杀又抢，弄得民不聊生，长安的人口急骤下降，物资严重匮乏。

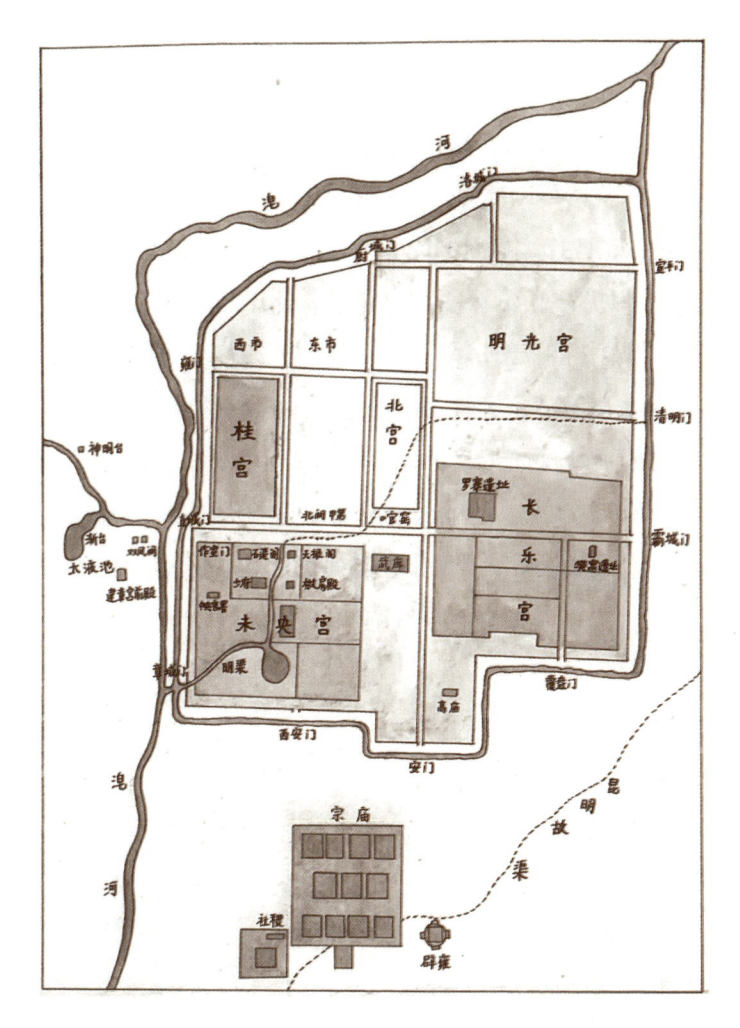

西汉长安城平面图

许县：规模太小致使住房紧张

许县即今河南省许昌市，是周代诸侯国的国都，根据周制，周王城"方九里"，其下的诸侯国按照等级不同分成7里、5里、3里3种定制，许国是五等诸侯国，它的国都应该小于7里、大于3里。据民国年间编撰

三国的日常生活

的《许昌县志》记载,汉魏"许昌故城在城东三十里,围九里一百二十九步,相传曹操所筑,今存遗址"。又记载"周围十五里,世传汉献帝迁都于此"。周代以300步为1里,经过考证,约合415米,小于现在的1里,考古实证与古制基本吻合。根据这些资料可以推知,许县故城规模很小,边长仅3里多一些,可以称为"弹丸之地"。

196年8月,曹操率兵进入洛阳。汉献帝在杨安殿接见了曹操,君臣们正深受粮荒困扰,曹操不仅兵力充足,还带来许多粮食,汉献帝很高兴,宣布由曹操主持朝廷日常工作,并授予代表天子的节钺,拥有临时决断之权。曹操在洛阳见到了神交已久却从未谋面的董昭。《三国志·董昭传》记载,见面后曹操向董昭讨教下一步如何行动,董昭分析说将军入京朝拜天子,辅佐王室,这是可以媲美春秋五霸的功绩,但眼下各位将领想法各异,他们未必肯服从,所以情势对您不利。曹操一听感到有些紧张,问董昭那该怎么办。董昭建议:"此下诸将,人殊意异,未必服从,今留匡弼,事势不便,惟有移驾幸许耳。"也就是待在洛阳有危险,不如迁都许县。

许县远离洛阳,地处中原腹地,沃土千里、气候温和、物产丰富,有利于朝廷的后勤保障,它还是春秋时代许国的国都,城市建设有一定基础。当时许县已经被曹操所掌握,便于对朝廷的控制,所以董昭的这个提议非常有眼光。曹操接受董昭的建议,随后将汉献帝和朝廷迁往许县,许县成为东汉朝廷新的所在地。许县毕竟太小,原有的小城只能作为皇宫以及朝廷主要办事机构使用,曹操把这一部分当作内城,然后依托内城修筑了外城,尽管如此,仍然显得很局促。

朝廷刚迁到许县那阵曹操多方招揽人才,杜畿从荆州来到许县,同侍中耿纪相识,两个人经常在耿纪家里深夜闲聊。荀彧跟耿纪是邻居,一天夜里,荀彧听到他们的谈话,认为杜畿这个人才识出众。《傅子》记载:"尚书令荀彧与纪比屋,夜闻畿言,异之。"第二天,荀彧对耿纪说身边有这么才识出众的人不向天子推荐，岂不是白拿了朝廷的俸禄？荀彧于是主动邀请杜畿相见，倾谈之下更是觉得自己判断得不错，于是把他推荐给了曹操。荀彧时任尚书令，相当于朝廷的"秘书长"，侍中相当于皇帝的顾问或"随身秘书"，论品秩侍中比尚书令还要高。两个朝廷重臣互为邻居，夜里居然能听到对方家里的谈话，说明朝廷刚迁到许县时住房多么紧张。

成都：2000多年名称从未改变

三国时期的成都即今四川省成都市，历史悠久。距今4500年至3700年，成都平原出现过后世称为"宝墩文化"的一系列古蜀先民聚落。殷商晚期至西周初期，今天的成都一带已经成为古蜀王国的中心都邑所在。东周时，秦国兼并蜀国，并设置蜀郡，郡治就在成都。蜀郡太守李冰汲取前人的治水经验，率领该地人民修建了沿用至今的都江堰水利工程，大大改善了成都平原的农业生产条件，成都取代关中而被称为新的"天府之国"。自秦代兴建成都大城至今的2000多年来，成都城或毁而重建，或扩而新建，但城址从未迁徙，"成都"这一名称也从未改变，在中国众多历史文化名城之中绝无仅有。

东汉时成都仍属蜀郡，但东汉末年益州刺史部的州治不在成都，而在广汉郡雒县。刘璋为益州牧后，将州治移于成都，成都成为州、郡、县治所在地。220年曹丕代汉，次年刘备以汉室宗亲的身份在成都称帝，建立蜀汉政权，成都是蜀汉的国都，前后共43年。

建业：诸葛亮眼中"虎踞龙盘"之地

三国时期的建业即今江苏省南京市，与成都相反，南京以其在历史上的"别名"众多而闻名，曾用过的名字有金陵、建业、扬州、建邺、建康、秦淮、升州、蒋州、冶城、越城、石头城、秣陵、上元、白下、集

三国的日常生活

庆、应天、江宁等。

3100年前,南京是西周周章的封地,公元前571年楚国在六合设棠邑,置棠邑大夫,是南京有历史记载的最早地方建置,也是南京建城的开始。公元前541年,吴国在高淳建濑渚邑,因城池坚固,又名固城。公元前495年前后,吴国在朝天宫一带筑冶城,到越国灭吴国后,于中华门外的长干里筑越城。公元前333年,楚国灭越国,楚威王欲借南京的长江天堑为屏障以图谋天下,于石头城筑金陵邑,金陵之名源于此。

石头城周长约3000米,修建于公元前333年。在南京的清凉山西麓,自虎踞关龙蟠里石头城门到草场门,可以看到城墙逶迤雄峙,石崖耸立,这就是依山而筑的石头城。清朝同治年间修撰的《上江两县志》记载:"自江北以来,山皆无石,至此山始有石,故名。"《建康志》记载:"山上有城,又名曰石城山。"

三国时期,孙吴集团大本营最早在吴县,即今江苏省苏州市,后迁往京口,即今江苏省镇江市,刘备"借荆州"即发生于此。后来,孙权仍觉得京口位置太靠东,不利于争霸,于211年将大本营迁到秣陵,这也是南京的别名。第二年,孙权在石头山金陵邑原址筑城,这是新的石头城,以此扼守长江险要,为兵家必争之地。

赤壁之战后,诸葛亮奉命秘密出使孙吴,以解决"雷绪事件"。雷绪是庐江郡人,早在袁术占领扬州刺史部期间已拥兵数万,后周旋于袁术、曹操、孙权之间,成为一股相对独立的地方势力。刘备拓展江南时雷绪率部曲数万人表示归顺,但庐江郡属扬州刺史部,是孙权的势力范围,也是孙权赖以与曹操在东线抗衡的主要支点,雷绪愿意投奔刘备,看起来是件好事,却给刘备出了个大难题,因为刘备与雷绪之间还隔着孙权,如果接纳雷绪,形同支持反叛孙权的武装在背后闹事,无疑是对孙刘联盟的严重破坏,诸葛亮的秘密之行就是处理这件事。

当时孙权的大本营还在京口,诸葛亮解决完"雷绪事件",路过了此时还叫作秣陵的南京。《吴录》记载，诸葛亮看到紫金山山势险峻，像一条盘龙环绕着，石头城很威武，像老虎蹲踞着，禁不住赞叹道："钟山龙盘，石头虎踞，此乃帝王之宅也！"南京从此被称作"虎踞龙盘"之地。

武昌：不是现在的武汉而是鄂州

三国时期，孙权是继曹丕、刘备之后最后一个当皇帝的，他一开始建都的地方不是建业，而是武昌，而这个武昌也不在现在的湖北省武汉市，而是湖北省鄂州市。

219年，孙权趁魏、蜀在汉中交战之际，在背后偷袭关羽并夺得荆州，于是把发展的重心放到了荆州，将大本营安置在荆州刺史部江夏郡鄂县，孙权将其改名为武昌。鄂州也在长江边上，位于武汉的下游，两地相距120公里，约合汉代350里。

曹丕称帝后封孙权为吴王，孙权将武昌作为吴国国都，并在此修建武昌城。221年8月，就在刘备称帝的4个月后，武昌新城筑就，孙权正式入驻。武昌作为孙吴新大本营的地位更为巩固，这里的自然条件非常好，三面环山，一面临水，东南方的幕阜山余脉，山势险峻，是天然的军事屏障。武昌临近江边的西山景色十分秀美，环城绕郭有洋澜湖和三山湖，让古武昌城显得景色宜人，适于居住。附近的西山还自古出铁，离武昌不远的汀祖、碧石和大冶的铜录山一带铜矿丰富，冶炼业在这里早有一定规模。

武昌城西90里处有樊川，可停泊水军船只，与樊川相连的有长达百里的梁子湖，湖面很宽，水量足，终年不枯，是操练水军的理想处所。由樊川还可轻松进入长江，其交汇处就是三国时期著名的军事要塞樊口，这里已经成为孙吴水军最重要的基地之一。要与强大的魏军争衡，水军是吴军的致胜法宝，孙权一向重视水军建设，大本营迁到武昌后，孙权命人在这里大量造船。《江表传》记载，孙权"于武昌新装大船，名为长安"。船造好后,孙权下令在钓台圻试航,他本人亲自登上这艘"长安号"大船参加首航。

此后,在汉水汇入长江的区域,也就是今武汉都市圈所在范围,形成了一个"城市群":武昌是核心城市,附近还有夏口、陆口、公安、沙羡等城。229年,孙权在武昌称帝,建立孙吴政权。此时吴蜀关系和缓,诸葛亮派人出使武昌,双方在武昌"绝盟好誓",立誓共抗曹魏。为适应新的联盟形势,孙权又将都城迁往建业,留太子孙登与陆逊守武昌,武昌的战略地位下降。

襄阳:汉末名士学者云集之地

三国时期的襄阳即今湖北省襄阳市,当时属荆州刺史部。汉末大乱,中原地区的人纷纷向外逃亡,其中逃往荆州的人最多,因为相对而言这里与内地的交通最为便利。刘表主政荆州后,荆州在十多年里没有大规模战事,相对安宁,加上荆州气候适宜农业发展,物产丰富,经济发达,这些都吸引着大量逃难的人来此定居,其中包括大批的士人和官吏。人力资源历来都是最重要的生产力,是国力、军力的重要体现,没用几年时间,刘表就发展成为"南收零、桂,北据汉川,地方数千里,带甲十余万"的割据势力。刘表将荆州的州治放在襄阳,着力打造这座城市,使襄阳成为荆州的政治、文化和经济中心。

襄阳临汉水,沿汉水两岸风光逶迤秀丽。出襄阳城,沿汉水向南,一直到宜城这100多里的一段是汉末名士聚集之所。《荆州记》记载,岘山到宜城,依山傍水,到处是名士和权贵们修建的别墅,一座座修得很漂亮,绵延不绝,雕墙峻宇,间阎填列。这一带最多时住着担任过九卿、刺史一级二千石的高官就有几十家,人们路过这里,看到朱轩軿辉、华盖连延,掩饰于山峦之下,无不由衷赞叹。《水经注》记载:"(宜城)县有太山,山下有庙,汉末名士居其中,刺史二千石卿长数十人,朱轩华盖,同会于

住行篇：
能住楼房不容易

庙下。荆州刺史行部见之，雅叹其盛，号为冠盖里。"

西晋史学家习凿齿后来曾在此为官，他所著的《襄阳耆旧记》对此也进行了记录，据他详细考证，汉末冠盖里一带曾同时住着4位郡太守、7位都尉、2位卿、2位侍中、1位黄门、3位尚书、6位刺史，这些大都是"省部级"高官，多达25人。中原战火连天，生灵涂炭，居住在那里的人们，无论你曾经是高官显贵还是富可敌国，在战乱中，朝夕之间生命都将会陨落。为了保全性命，为了自己和家人的平安，一些有身份有地位的人也随着大批避难的人来到荆州，他们有着足够的经济实力，就在汉水两岸修建了豪华住宅，过起了悠闲且富足的生活。

这些似乎与人们印象中避难的场景有所不同，却是在史料中有据可查的事实。《荆州记》还载，能在这一带修建起别墅的富贵之家，生活很奢华。南阳郡有一种菊水，其源头满地芳菊，此菊很特别，花枝短，花朵大，食之甘美，边上的水也都很甘馨。生活在这里的30多家，没有井，平时即饮此水，高寿者能活到120多岁，中寿的也100多岁，活到70岁就算是夭折了。曹操手下的文臣王粲，其爷爷王畅担任过南阳令，天下太平时，县里不忘每月送30石水到京师，做饭、洗澡都用这种水。《襄阳耆旧传》还记载，这一段的汉水里出产一种鳊鱼，头项短粗，弓背，身体扁平而宽，鳞细而银白，味道极其鲜美，但产量有限，官府便禁人采捕，以槎断水，捕上来的鱼供少数权贵享用，人们称之为"槎头鳊"。

喝着菊花水，吃着槎头鳊，没有战火，不担心杀戮，住在豪华别墅里，悠然自在地生活着，令很多人趋之若鹜。他们之中，有不少人既是高官也是学者。综合各种史料记载，在此时期由中原一带前来避难的北方知名学者，包括王粲、和洽、杜袭、赵俨、裴潜、韩暨、司马芝、繁钦、梁鹄、傅巽、邯郸淳等人，他们的研究专长，不仅涉及传统经学和儒术，还有诗赋、艺术，当时天下最知名、最顶尖的书法家、音乐家都在其中。当然，这些人是否集中居住于冠盖里已无法考证，但这冠盖云集之处也是藏

三国的日常生活

龙卧虎之地,他们除了观山看景,也读书调琴、聚谈雅集,使汉水两岸成为"百里文化走廊"。

汉中:三国没有一座叫"汉中"的城

三国时期没有名叫"汉中"的城市,有汉中郡,属益州刺史部,郡治南郑,即今陕西省汉中市南郑区。所以,提到三国时期的汉中有两个含义,一个是汉中郡所在的广大区域,另一个是指汉中地区的中心城市南郑。

汉中地区位于秦巴山区西段,北向秦岭山脉,汉江从二者之间流过,冲击成盆地,整体地势呈南北高、中间低,搭建了"两山夹一川"的地貌骨架。汉中盆地面积约5000平方千米,南北长37千米,东西宽23千米,平坝、丘陵、山区各占三分之一,其南北两侧连接四川与关中盆地,西邻青藏高原,东向为长江中下游平原,四大地理板块或多或少都对其产生辐射影响。山环水绕的独特地理环境使汉中气候温和、雨量充沛,没有严寒酷暑,适宜居住,同时物产丰富,稻香橘红,塘库星罗棋布,是著名的鱼米之乡,有"小江南"之称。汉中得名于汉水,但这里的"中"并非"中游"。巴人语言中将"地方"称为"中",如沔中、褒中。汉中,意思是"汉水流过的这个地方"。清朝嘉庆年间所修《汉南续修郡志》记载:"郡临汉水之阳,南面汉山,故名汉中。"

汉中也是远古时期人类的一处聚居之所。位于汉中市西向6千米的龙岗寺新石器时代遗址,考古发现有大量墓葬遗物和部分房屋残迹,充分表明在距今7000多年前的仰韶文化到距今4000多年前的龙山文化时期,先民就曾在这里居住。作为一个行政区域,汉中的历史则可上溯至夏商时代。《尚书·禹贡》记载,禹分天下为九州,其中有"华阳黑水惟梁州"。华阳即华山之南,黑水在何处虽无定论,但不会远离陕南和四川之间。作为九州之一的梁州地域虽广,但汉中始终是其政治、经济、文化中心,所以汉中有梁州的称谓。

春秋战国时秦国、楚国相争，战事多在汉中一带爆发。公元前451年"左庶长城南郑"，这是汉中的南郑建县之始。公元前312年，秦国置汉中郡，治所先在南郑，后迁往西城，即今陕西省安康市，至刘邦封汉中王时又将王都迁回南郑。刘邦从汉中发迹，南郑为帝业所兴，所以刘邦称帝后不再将汉中封给藩王。三国时，刘备、曹操曾争夺汉中，刘备自封"汉中王"，之后建立蜀汉政权，诸葛亮也以汉中作为北伐大后方，汉中留下了众多三国遗迹。

下邳：吕布被擒杀的地方

与汉中一样，三国时期也没有一座名叫"徐州"的城池，有徐州刺史部，是汉末13个州之一。西汉时，徐州刺史部州治在薛县，东汉前期迁往东海郡郯县，此地在今山东省临沂市郯城县，陶谦治徐州、曹操征徐州、刘备救援陶谦、陶谦"让徐州"等都发生在郯县。

陶谦死后，刘备接手徐州刺史部，但他实力有限，对徐州刺史部所辖郡国没有太多掌控能力，为安全起见，也为避免与徐州地方实力派发生冲突，刘备将州治迁往下邳，其古城遗址在今江苏省徐州市睢宁县古邳镇境内。刘备收留吕布、张飞弄丢下邳以及后来曹操兵围吕布都发生在这里。下邳城的南门城门楼俗称"白门楼"，曹操就是这里生擒并缢杀的吕布。

小沛：顶在头上的"钢盔"

无论是《三国志》还是《三国演义》都经常提到小沛这个地方，它算不上三国时期的大城市，但知名度很高，人们熟悉的吕布辕门射戟就发生在这里。小沛是沛县的俗称，汉末属豫州刺史部沛国管辖，为与沛国区别，就称它为小沛。汉高祖刘邦早年供职的泗水亭就在该县。沛国相当于一个郡，属豫州刺史部，曹操的老家谯县也在沛国。豫州刺史部在东汉13

三国的日常生活

个州里面积不是最大,人口也不是最多,却是最核心的一个州,范围大约相当于今河南省南部和东部、安徽省北部、江苏省西北部以及山东省的西南部,下辖颍川郡、汝南郡、梁国、沛国、陈国、鲁国6个郡国,有97个县,治所就是曹操的老家谯县,即今安徽省亳州市。

曹操征陶谦,刘备千里驰援,事后陶谦让刘备驻扎在小沛。小沛属豫州刺史部的沛国而不属于徐州刺史部,作为徐州牧的陶谦有什么资格往这里派官员呢?这是因为汉末天下大乱,朝廷被凉州军阀挟持到了长安,原有的政权体系已经失效,各地于是自行其事,有实力的地方派就在自己的地盘上任命官员。陶谦作为徐州牧,为答谢刘备的救援,"表奏"刘备任豫州刺史,但陶谦的势力主要在徐州,他在豫州能控制的地盘仅限于小沛一带,所以只能让刘备去小沛上任。

不过,这只是表面原因。如果摊开地图看一下,就会发现小沛的地理位置很微妙,它虽属豫州刺史部,却远离豫州刺史部的中心地带,像一把剑插在北边的兖州刺史部和东边的徐州刺史部中间。当时曹操控制着兖州刺史部,他是陶谦最大的敌人,此前曹操已两征徐州,迟早还有第三次,如果曹军南下进攻徐州,第一站就是小沛,所以小沛是徐州的最前线,也是徐州最危险的地方,陶谦给刘备的这个豫州刺史并不是美差,它是陶谦头上的"钢盔",是替陶谦"挡子弹"用的。

刘备后来取得了徐州,与曹操的关系虽然有所改善,但他出身于公孙瓒阵营,又继承了陶谦的政治遗产,与袁绍、曹操素无渊源,还不能算一条船上的人,处处得提防,所以吕布来投时他欣然收留,让吕布去小沛,也是想在他与曹操之间建起一个缓冲区。吕布分别跟袁绍、曹操闹翻过,形同水火、势不两立,是他们众所周知的敌人,刘备大概觉得让吕布去小沛再合适不过了,因为吕布永远不可能跟曹操和好,吕布为了自保也只能依赖自己,刘备觉得自己头上的这顶"钢盔"更坚固。

但刘备失算了,因为吕布虽然断了北边的路,但南边还有办法,吕布

住行篇：
能住楼房不容易

与南边的袁术联手是刘备所忽略的。事实证明，吕布这顶"钢盔"太重太大，刘备承受不起，差点儿被捂死在里面。

有人说当刘备反投时吕布应该借机杀了他，以绝后患。但吕布不能那么做，因为他的实力不够。吕布就任徐州刺史，进驻到了下邳，但徐州不是吕布的根据地，不仅内部不稳，而且北有曹操、袁绍，南有袁术，都是敌人，吕布这时最需要帮手，于是让刘备第二次去小沛就任豫州刺史，刘备又成了吕布头上的"钢盔"，这也就是后来袁术派兵攻打小沛时吕布上演辕门射戟这一幕的原因。

19 最时尚的城市

曹操统一北方后，在长安和洛阳均已残破，又不愿意与汉献帝共同留在许县的情况下，亟须选一个新的政治中心，于是选择了冀州刺史部魏郡的邺县，历史上习惯称之为邺城，其位置在今河北省临漳县一带。邺城于是成为三国时期的政治和文化中心，也是生活条件最优越、最为时尚的城市。

曹操着力经营的城市

三国时期的邺县在今河北省临漳县境内。"邺"作为地名，相传始于黄帝之孙颛顼孙女女修的儿子大业的始居地（今临漳县邺城镇一带），其历史距今有4000多年了，唐尧、虞舜及夏朝属冀州，商朝属畿内，西周属卫国，春秋属晋国。齐桓公时始筑邺城，后属魏国，魏文侯以邺城作为陪都，秦朝统一天下后属邯郸郡。

西汉初年置邺县，东汉、三国时期城均有此县。《后汉书·郡国志》记载，东汉时邺县曾扩大至今河北省磁县。东汉末年，曹操击败袁绍进占邺城，即临漳县邺北城，营建邺都，邺城自此成为曹魏的国都，以后又成为后赵、冉魏、前燕、东魏、北齐政权的都城，所以有"三国故地，六朝古都"之称。

曹魏政权建立前，虽然东汉的国都在许县，但曹操将建设的重点放在司空府、丞相府而不是朝廷上，汉献帝身边的官员编制不齐，人才凋零，绝大多数人才都在曹操身边。197年，曹操由许县出发征南阳张绣，临行前向汉献帝辞别，汉献帝以"五大不在边"的旧制，令武士将曹操"交戟叉颈而前",曹操吓得后背直冒汗。《世说新语》记载,曹操"自此不复朝见"。官渡之战后,曹操便很少在许县居住,攻克袁绍集团治下的邺县后,曹操索性将邺县作为新的政治中心,着力营建,邺县成为曹操丞相府所在地。曹操称魏公、魏王后,邺县又成为魏公国、魏王国的国都,地位反超许县。

历史上习惯称邺县为邺城,邺城于是成为三国时期的政治和文化中心,也是生活条件最优越、最为时尚的城市。

袁绍对邺城的经营

邺城的地理位置十分优越,向西越过目前的京港澳高速公路和京九铁路,再往前就是太行山,东面是华北平原,它的附近有漳河、滏阳河,是齐鲁地区进入西北,以及由中原地区进入幽燕的必经之地,被称为河北的咽喉。管仲辅佐齐桓公成就霸业的时候,就建议在此地筑城以卫国土,以后魏国的西门豹、史起先后在此筑城、修建水利工程、发展经济,使邺城很早便成为军事重镇。

东汉末年,韩馥统治冀州时期曾把州治定在邺城,袁绍夺取了冀州,仍然把邺城作为其基地,据元代史学家胡三省考证,袁绍在邺城曾考虑过以此作为都城,把天子迁到这里来,所以开始修建宫殿等建筑,胡三省注《资治通鉴》指出:"袁绍据邺,始营宫室。"胡三省也许忽略的是,袁绍如果真的在邺城大修宫殿,也未必是给汉献帝刘协准备的。袁绍一向对汉献帝不感兴趣,他至少有3次想另立新君,在邺城修宫室有可能是为另立新君准备的。只是袁绍修了哪些宫殿,是否已初具规模,已不可考了,但这给曹操进一步营建邺县办了好事。

204年二月,曹操率军进入洹水,这时袁绍的两个儿子袁尚、袁谭相互攻伐,袁尚留苏由、审配守邺城,苏由投降曹操,审配仍坚守。五月,曹军水淹邺城。七月,袁尚回兵救援,曹操大败袁尚援军,袁尚北逃。八

三国的日常生活

月,审配的侄子审荣开城投降,审配不降被斩,邺城自此归于曹操。城破之时,曹操年仅18岁的儿子曹丕随军入城,在城内的袁氏府邸第一次见到了袁绍的二儿媳、23岁的甄宓,曹丕对甄宓一见倾心,最终娶其为妻。

漳河水患的治理

漳河紧贴邺城而过,方便了农业生产和人民生活,但也带来了水患。而且,一旦邺城被围攻,漳河水又成了攻城的武器,在军事上十分不利。曹操看中了邺县这个地方,决定把自己的大本营安顿在这里,所以开始思考漳河治理问题。

206年,北方战事暂告一个段落,恢复和发展生产也成为当务之急。另一方面,战争造成了大量流民,袁军被打散的士卒也有相当多的人散落到民间,这些流民和散卒人数众多,他们脱离了原有的土地,聚集在社会上成为流民,如果不妥善加以安置,这些人就是下一拨黄巾军或黑山军。基于这些考虑,曹操接受司马朗、郭嘉、荀攸、董昭等人的建议,把已经取得良好效果的屯田制引入新占领区,并在邺城周边大兴水利工程建设,既发展生产,又安置了流民,一举两得。

在此之前,对漳河的治理由来已久,战国时邺县县令西门豹主持兴建了著名的引漳十二渠,这些人工水利工程对于灌溉和水患治理发挥了很大作用,但由于年代久远,加之漳河频繁改道,这些工程毁坏殆尽,曹操下令组织流民,对这些水利工程进行重修。这是一项浩大的系统工程,前后持续了十多年时间甚至更长,动用的军民也有数十万,虽然《三国志》等史籍对此无正面记载,但从晋人陆翙所著的《邺中记》、北魏郦道元所著的《水经注》等史料中可以一窥这项工程的全貌。

《水经注》记载,曹操下令在漳河上修建了一道大坝,名叫天井堰。有了这道大坝,漳河水被拦出一座水库。《邺中记》说这座水库名叫堰陵泽。这样以来,水流下泄便可以实现调节,枯水时多放水,有水患时利用

住行篇：
能住楼房不容易

《水经注》影印版节选

石田塘
东汉　现藏于中国国家博物馆

三国的日常生活

大坝对洪水进行调节，其原理与如今的三峡大坝没有什么不同。《水经注》还说天井堰以下20里内又修了12个"墱"，每个"墱"相隔300步，"一源分为十二流，皆悬水门"，意思是由天井堰下来的水被这12个"墱"分出12条水流，每个"墱"口都修有水闸，控制水流的出入。什么是"墱"？唐人李周瀚解释说："墱，级次，泄水之处，言有十二也。"也就是说，"墱"就是人工灌溉渠，天井堰围出了堰陵泽这座大水库，保证了漳河水流的相对稳定，使这些灌溉渠道有了水源保证，即使在枯水期也可以发挥灌溉作用。

先进的水利工程使邺城周围乃至魏郡的广大地区农业得到极大发展。数十年后出生的晋代著名文学家左思写过一篇《魏都赋》，对邺县农业发展情况有过具体描述，其中提到，丰富的水利资源使这里盛产一种"芒种"的作物，唐代李善对此进行了考证，认为芒种指的是水稻和麦子，当时的农民一般在地势较低的地方引水种水稻，在地势高的地方种麦子等谷物。关于邺县当时广种水稻的事，在曹丕的文章里也得到了印证。

三国时期著名学者傅玄在一篇文章里介绍了水利工程对魏郡地区粮食产量提高所做的贡献，他说可以灌溉的旱田亩产达到了十多斛，而水田更可以收谷数十斛。当时一般土地亩产高的也就是10斛左右，有的甚至只有三四斛，由此可见漳河上的这些水利工程对农业发展起到了多么大的促进作用。

从漳河引出来的水有一股被引到了邺县城内。《水经注》记载，曹操下令在邺县修了一条暗渠，名叫长明沟，由漳河引来的水从城西引入，"伏流入城东注"，也就是进入暗渠向东流。这条暗渠在城里绕了一个圈，先向南流，之后从东门出城。《水经注》还记载这条暗渠"沟水南北夹道，枝流引灌"，意思是从这条暗渠上还有不少小的水渠引出去，通向城里的各个地方。这条渠出了邺城后，曹操还下令在其上修了一道稍小点儿的水坝，名叫石窦堰，进一步控制水流。如果《水经注》所记载的这些内容属实，那么此时的邺城便已经拥有了一套相当复杂和先进的城市供水系统。水不仅是生活必需品，也关系到城市的文明程度，漳河水的引入，使邺县一跃成为那个时代最现代化、最为时尚的城市之一。

新邺城的规划和扩建

在此基础上，曹操下令对邺城进行了新的大规模扩建，这项工程更为庞大，而且充满创新精神，对后世城市建设尤其是都城的建设影响深远。像长安、洛阳这些大城市，其城垣长度与宽度都有制度规定，不能随意突破。在城垣之内，其大部分区域是宫城，它一般位于城市正中或者偏南，洛阳城里有北宫和南宫，面积相加占城内总面积的三分之二以上，其他政府办事机构、达官贵人的府第、交易市场等又占了一部分，真正的城市平民能挤到城里居住的很少。

现在人们所熟悉的都城之内中轴线设计、对称布局、集中规划里坊等，在曹操扩建邺县之前是没有的，它们都是曹操的首创，这些规则影响到唐代长安的城市布局，一直影响到明清，日本早期的都城如藤原京、平城京、难波京以及后来的京都等也全部借鉴了这种布局方法。修建房舍需要大量木材，并州刺史部上党郡的大山里盛产上等木材，这里离邺县很近，免去了运输之苦。并州刺史梁习从上党郡督选木料运到邺县，为大规模的城市建设源源不断地提供建设用材，从《邺中记》、明代编著的《彰德府志》以及顾炎武所著《历代宅京记》等著作中，可以管窥曹操大修邺城的概况。

根据上述史料的记载，曹操主持大修的邺城城池东西7里、南北5里，不算太大，不是工程预算不够，而是城池的规模有严格限制。洛阳号称"九七城"，即南北9里、东西7里，邺县必须小于这个规模。邺城共建有6座城门，全部为曹魏时期重修，南面有中阳门、广阳门、凤阳门三门，东面只有一座建春门，北面有广德门，西面有金明门一座城门。由于南北

三国的日常生活

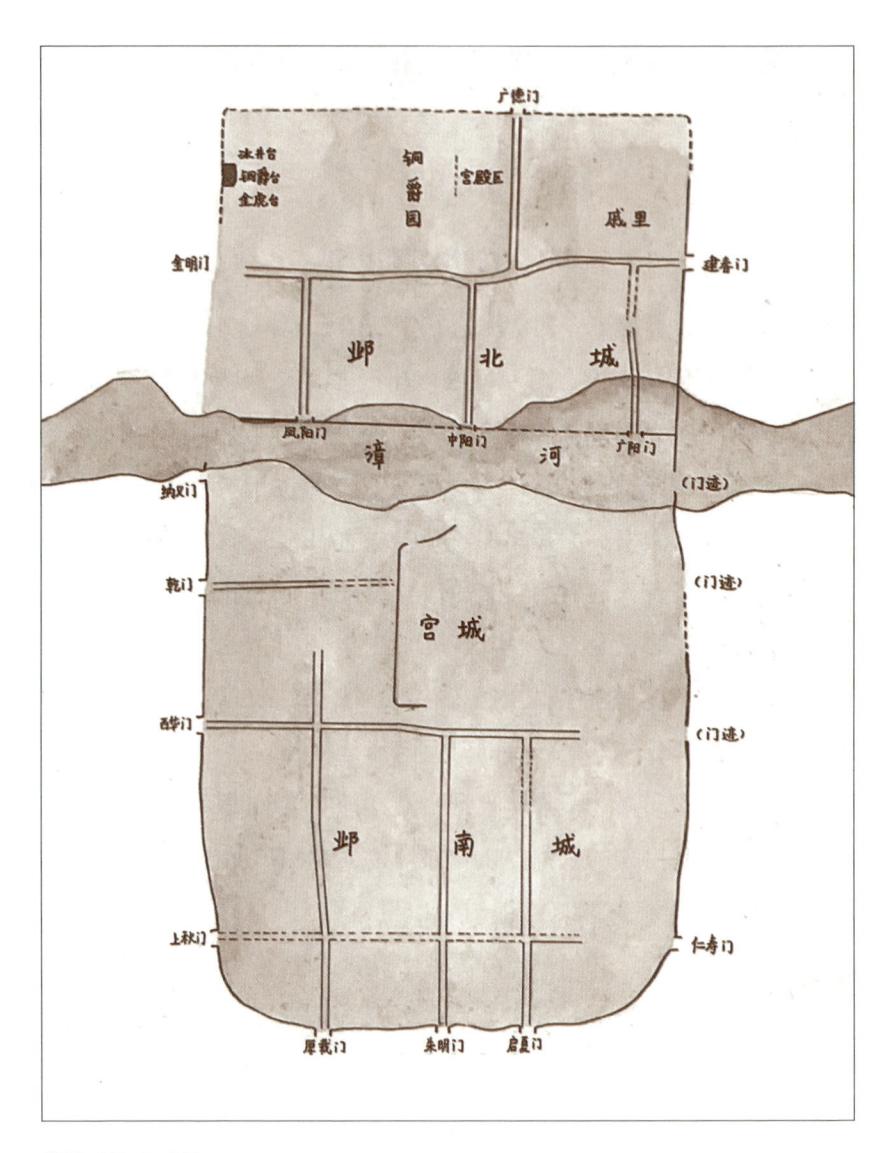

邺城遗址平面图

只有 5 里，在东城和西城各只开了一座城门，在这两座城门之间是一条横贯东西的大街，这条街将全城一分为二，北面是官署和贵族居住区，曹操建魏国后在此修建了宫殿，在宫殿区附近的是各种办事机构，再往两边是包括铜雀园在内的花园，以及名字叫"戚里"的贵族居住区。"里"就是街坊,是居住小区,在东西大道的南面,规划了4个很大的居住小区,分别叫思忠里、永平里、吉阳里和长寿里,这是一般百姓居住的地方。

邺城的规划历来受到推崇,作为这个规划的主要决策者,曹操虽然不是建筑设计师,但他在城市规划方面是一个有心人,他注意吸收长安、洛阳等大都市规划方面的长处,同时对它们的缺陷进行了改造,首次在城市规划中提出了中轴线的概念,以中轴线为界,更加合理地划分功能区域分布,让宫殿官署更为集中,普通百姓的居住区面积更大,突出了整齐、实用的特点,这些都对以后各代城市的规划产生了深远影响。

邺县的扩建是旷日持久的工程。赤壁之战以后曹操在邺县城西北角先后修建了铜雀台、金虎台、冰井台,使这场扩建活动达到了高潮,让邺县不仅超越了已经破败的洛阳、长安,也超越了天子所在的许县,以及襄阳、成都、临淄等当时一流的大城市,成为一座崭新的、规模巨大、经济发达、文化气息浓厚的都市。有了这座超级堡垒,曹操就有了稳固的后方,可以把重要将领、官员的家眷从各地接到邺县来,免除大家的后顾之忧,以便更安心地打仗或工作。对那些手握兵权但又不是嫡系的将领来说,把家眷送到邺县去,不仅可以享受更好的生活条件和教育条件,而且可以打消曹操对自己的顾虑,所以,张绣、张燕、臧霸等人先后主动要求把家眷送到邺县来。

20 少数人才能住楼房

重楼

　　人类祖先一开始不住房子，天当被、地当床，席地而睡。几十万年前，人类开始居住在天然洞穴里，冬暖夏凉。后来人类用木棍石器挖掘出人工洞穴，适应人口的不断增加。南方地区潮湿闷热，古人用树木搭起来巢居，离开地面，可以通风散热。

　　到了夏朝，建筑形式进一步丰富起来，距今 4000 多年前的河南偃师二里头遗址发现了我国最早的庭院式木架夯土建筑。到了西周时期，出现了半瓦当，还出现了铺地方砖以及三合土墙体抹面，陕西岐山凤雏村的西周早期遗址是我国已知的最早形制的四合院建筑，为二进院落，中轴对称，前堂后室，大门前还有影壁。

　　秦汉时期，中原与吴楚建筑文化进一步交流，出现了规模宏大的建筑

陶院落
三国·吴　现藏于中国国家博物馆

住行篇：
能住楼房不容易

群，组合多样，屋顶也很大。两汉之交，开始流行重楼建筑，这是汉代建筑结构发展上的一个重要标志。从出土的东汉明器陶楼可以看出，当时的重楼多为三四层，有的在层与层之间设腰檐；有的在腰檐上设平坐，平坐边沿设勾栏，相当于阳台；有的只置平坐而不施腰檐。这种分层配置平坐和腰檐的做法，主要是为了保护各层的建筑材料和土墙，同时也起到遮阳和凭栏远眺的作用。层层挑出的平坐、腰檐，给高耸的楼体以强烈的横分割，形成有节奏的挑出、收进，产生虚实明暗的对比，创造了中国式楼阁建筑的独特风格。

少数人的享受

三国时期，除了皇宫里有规模庞大的楼房建筑外，一些官员及经济实力雄厚的人家也建有楼房。跟曹操有忘年之交的太尉桥玄家中发生过一次人质劫持事件，被劫的是桥玄的幼子。《资治通鉴》记载："*玄幼子游门次，*

绿釉陶楼院
汉代　现藏于甘肃省博物馆

三国的日常生活

为人所劫,登楼求货。"劫匪要求付钱,司隶校尉、河南尹闻讯领兵前来,但不敢靠近,桥玄怒目高呼:"奸人无状,玄岂以一子之命而纵国贼乎!"于是下令进攻,劫持者和桥玄的儿子都死了。桥玄上奏:"天下凡有劫质,皆并杀之,不得赎以财宝,开张奸路。"朝廷批准,将不给劫匪付赎金作为一项法律,劫持人质事件大为减少。

汉末宦官专权,大宦官侯览贪侈奢纵,前后共侵夺他人住宅381所,良田118顷,给自己建了16处住宅。《后汉书·侯览传》记载,这些宅院"皆有高楼池苑,堂阁相望,饰以绮画丹漆之属,制度重深,僭类宫省"。群雄混战时期,袁绍从韩馥手中连骗带夺占有了冀州,韩馥以杂号将军的名义住在邺城,家中就有楼房。韩馥的原部下朱汉觉得自己之前受过气,对韩馥不满,于是擅自发兵围住韩馥的府第,拔刃登屋。《汉末英雄记》记载:"馥走上楼,收得馥大儿,槌折两脚。"不过,韩馥最终捡回一条命,而袁绍因为怕人议论把朱汉杀了。

不仅官员在家里盖楼房居住,一些有经济实力的人也能盖楼房。蜀汉儒林校尉周群家里很富裕,在做官之前跟着父亲周舒学习占验天算之术,《三国志·周群传》记载,周家"于庭中作小楼,家富多奴"。不过,在三国时期能住上楼房的人毕竟还只是少数,多数人住的是平房,这是因为三国时期的建筑多属土木结构,楼房对承重的要求高,建筑结构更复杂,成本很大,不是所有人都住得起。

可以抽去的楼梯

荆州牧刘表有两个儿子,长子刘琦,次子刘琮。刘表开始比较喜欢刘琦,原因是刘琦长得像自己。作为长子的刘琦,深得父亲的喜爱,在嫡长子继承制的体制下,接班是迟早的事。但出现了插曲,刘表的前妻死了,刘表的后妻就是蔡氏,蔡氏不仅有实力派的弟弟蔡瑁,而且蔡瑁还有个外甥叫张允,掌握着刘表的水军。刘表喜欢刘琦,蔡氏却喜欢刘琮,说起来

住行篇：
能住楼房不容易

这两个儿子都不是蔡氏所生，但刘琮后来娶了蔡氏的侄女，亲上加亲。蔡氏为了抬高刘琮，不断地在刘表面前诋毁刘琦，次数多了，刘表居然相信，对刘琦逐渐疏远。

刘琦也很苦恼，不知道该怎么办。刘琦听说新近跟随刘备的诸葛亮计谋过人，于是想请诸葛亮帮忙出个主意。诸葛亮和刘琦本有亲戚关系，只是关系比较远，诸葛亮之前也很少跟这位大公子交往。刘琦多次向诸葛亮请教自己该怎么办，但是诸葛亮对于涉足刘表的家事很谨慎，任凭刘琦如何恳求，就是不接话茬。

刘琦邀诸葛亮到一座高楼上喝茶聊天。《三国志·诸葛亮传》记载，刘琦"饮宴之间，令人去梯"。如此一来，楼上就只有诸葛亮和刘琦二人了，刘琦这才恳切地对诸葛亮说："现在只有咱们两个人，上面不达于天，下面不达于地，话从先生嘴里出，到的是我的耳朵，如此这样能不能说说呢？"诸葛亮无奈，也看到在刘表集团里唯有刘琦日后可以成为刘备的同盟，于是对刘琦进行了点拨，让他主动要求去江夏郡镇守，从而摆脱了危险。

最壮观的楼群

公孙瓒在界桥之战中被袁绍打败，之后将主力集结到易水一带，在此修筑了闻名于世的易水防线。易水位于幽州与冀州的交界处，由上游的卢水、雹水、顺水、徐水等河流交汇而成，这是条古老的河流，战国时期燕太子丹送荆轲刺秦王时于此作别，高渐离击筑而歌："风萧萧兮易水寒，壮士一去兮不复还！"使此河名扬天下。

公孙瓒此时被封为易侯，其封地易县位于易水之上。公孙瓒以易县为中心，沿着易水大修军事工事。公孙瓒在易水的北岸挖了十多重战壕，每隔一段又堆起五六丈高的土山，在土山上修起楼观，《汉末英雄记》记载："瓒诸将家家各作高楼，楼以千计。"这当然是夸张，北京北五环外的天通

三国的日常生活

苑小区号称是亚洲最大的城市居民社区，常驻人口近百万，也只有 600 多座楼房，三国时期的公孙瓒在易水河两边建 1000 座高楼，显然不可能。不过，即便只有 100 座高楼，也是当时最大的楼群了。

这其实就是由密网交织的交通壕所联结的碉堡群，这种碉堡被称为"京"。"京"是甲骨文里的象形字，即筑起的高丘，上面有耸起的尖端。这上千座碉堡筑起了坚固的易水防线，其核心地带是公孙瓒居住的高楼，也称"易京"，其下的土山高达 10 余丈，足有十几层楼高，在上面修有楼观，下面用铁门封死，公孙瓒居于楼上，楼里只有婢女和女官，有需要公孙瓒批阅的公文，都通过绳子吊上来，等公孙瓒批示完再用绳子吊下去。

公孙瓒在这些堡垒里囤积了 300 万斛粮食，他告诉手下：从前以为天下事可以挥手而定，现在看来不是那么回事，兵法上说"百楼不攻"，现在"楼橹千重"，等到这些粮食吃完，也就能把天下事弄明白了。公孙瓒引用的"百楼不攻"不知道出自哪部兵书，也许是公孙瓒个人的军事思想。公孙瓒发明的易水防线是对传统的城池型防御工事的颠覆，它更注重立体作战和协同作战，一改拒敌于城外的战法，把敌人放进来再打，凭借坚固的工事和充足的粮食，待敌军进入碉堡网后四处出击，将其击败。

这条立体防线的确给袁绍带来极大困扰，当袁绍吃惊地发现横亘在自己眼前的是一道数百里长的从未见过却牢不可破的超级防线而试图展开进攻时，遭到了严重打击，进攻的部队好不容易攻到堡垒下面，却被占据有利地形的敌军以弓箭、乱石等武器打得抬不起头来。袁绍想突破这道防线，连攻了数年之久，仍然一筹莫展，不得任何要领，易水防线成了袁绍的梦魇。公孙瓒此后也不再出击，只待在他的高楼里，在一大群婢女和女官陪伴下，过着他的逍遥日子。直到四五年后，袁绍充分解决了各种外围的敌人，力量发展到足够大，才集结优势兵力于易京之下，费尽心机，付出了惨重的伤亡代价，才将其攻破。

《汉末英雄记》记载，袁绍的参谋们想出一招，一边正面佯攻，一

住行篇：
能住楼房不容易

边"分部攻者掘地为道"，一直挖向公孙瓒住的超级堡垒易京的下面，这条隧道应该挖得很长，在没有任何先进仪器指引的情况下，施工难度可想而知。袁绍的工兵一面向前掘进，一面用木头支撑巷道，跟现在开挖平峒式小煤窑的工序差不多。经过测算，估计挖到易京的正下方时，他们停了下来，尽可能扩大掘进面，在公孙瓒的屁股底下掏出个大洞来，不断用木头加固，差不多以后，人员撤离，开始放火。支撑的木头被烧坏，支架坍塌，不可一世的易京终于倒了。在易京倒掉的同时，公孙瓒知道大势已去，于是杀死老婆孩子，然后自杀。

最豪华的大楼

曹操在扩建邺城时，在城内也规划了高楼建筑。210年冬天，位于邺县城内的铜雀台竣工。这是一座史无前例的巨大建筑，仅台基就高达10丈，台上又建了5层高的楼，最高一层距地面居然多达27丈。汉代1尺约合23.5厘米，折算下来有63米高，相当于现在20层的大楼。如今在一般城市里20余层的大楼早已不算什么了，但在1800年前，20层绝对是让人震撼和恐怖的高度。

楼顶上还有一只铜雀，有1.5丈高，展翅若飞，神态逼真，铜雀台因此得名。铜雀台不仅高，而且体量硕大，因为它既不是一座细高的大烟筒，也不是一座岗楼，而是人工堆起的一座小山，上面能建100多间殿宇，台上建筑物即使按5层高度来算，每层也得建20多间，怎么说也得有大半个足球场那么大吧？

铜雀台建在邺县的西南角，台基本身成为城墙的一部分。铜雀台竣工后，邺县的百姓们吃惊地发现，在他们头顶上高悬起一座巍巍然的庞大建筑，上面建有宫殿，影影绰绰有人在上面走动；一到晚上灯火闪闪，遇到台上举行饮宴活动或者歌舞演出，悠扬的乐声就会缥缈而至，眼中的一切恍若天宫。如果站在台上往下看，那视觉效果就更有冲击力，全城尽收眼

三国的日常生活

底自不必说,西边的太行山、脚下的漳河水,以及附近数十里内的村庄、道路也一览无余。这的确是一个天才的创意,是建筑史上的大手笔,公孙瓒的易京在铜雀台面前也都相形见拙了。

这座高台是铜雀园的组成部分之一,后来在它前后还各建了一座姊妹台,一座称为金虎台,后来为避讳后赵皇帝石虎的名字改称金凤台,另一座称冰井台,它们合称"铜雀三台"。铜雀园相当于曹操的后花园,它向东连着新修建完工的大批官署和府宅,是曹操及其重要文臣武将们在邺县城内办公和居住的地方。

21 集市热闹也阴森

集市是为方便人们进行商品交易而设立的，有固定的地点和约定俗成的时间。农村集市多以自然村落为场所，城镇集市则依托繁华街道而设立。集市的历史可追溯到原始社会后期的"物物交换"时期，只不过那时规模还小，多属"摆地摊"式的交易。

相对成熟的集市起源于殷周时期，《易经·系辞》记载："日中为市，致天下之民，聚天下之货，交易而退，各得其所。"意思是，中午时集市开始运行，把人和货物集中起来，交易完成后集市结束，大家各得其所。秦汉时期虽然实行重农轻商的政策，但人们对集市贸易的需求无法阻止，集市受到需求的带动也一步步发展繁荣起来。

不同类型的集市

汉朝和三国时期，集市有不同的类型。

槐市：因在槐树林里交易而得名。《三辅黄图》记载："元始四年，起明堂、辟雍长安城南，北为会市，但列槐数百行而无墙屋，诸生朔望会此市，各持其郡所出货物，及经书传记、笙磬器物，相与卖买，雍容揖让，或论议槐下。"

马市：专门的马匹交易市场。东汉时开始出现马市，《东观汉记》记载："王涣为洛阳令，马市正数从卖羹饭家乞贷，不得辄殴骂之。至忿，煞正。捕得，涣问知事实，便讽吏解遣。"《后汉书·孝灵帝纪》记载："冬十月，皇甫嵩与黄巾贼战于广宗，获张角弟梁。角先死，乃戮其尸。"李贤注："发棺断头，传送马市。"还有袁绍的儿子袁尚，他逃往辽东，之后

三国的日常生活

被杀,《三国志·牵招传》记载:"辽东送袁尚首,县在马市。"

书市:专门的书籍交易市场。《法言·吾子》记载:"好书而不要诸仲尼,书肆也。"这里的"书肆"就是书市。汉朝虽然没有科举考试,但倡导经学教育,读书也是许多人晋身的主要途径,所以买书的人也不少,出现了专门的书市。

酒市:专门的酒类交易市场。《古今注》记载:"(汉顺帝永和)六年十二月,雒阳酒市失火,烧肆杀人。"说明在东汉时就已经有了专门卖酒的市场。在汉朝和三国时期,酒是一种特殊商品,朝廷一般对酒实行专卖,这类酒市通常由官府所设。

铁市:专门的铁器交易市场,见于西汉。《汉书·百官公卿表》记载,九卿之一的大司农下面设有"斡官、铁市两长丞",说明铁市已经存在了。在汉朝和三国时期,铁器既是重要的生产物资,也是兵器的重要来源,所以管理十分严格。

胡市:东汉和三国时期,与匈奴、鲜卑、乌桓等少数部族交往密切,在边境地区设置一些双方互市的集市,称为"胡市"。《后汉书·乌桓鲜卑列传》记载:"(建武)始复置校尉于上谷宁城,开营府,并领鲜卑,赏赐质子,岁时互市焉。"同传还记载:"安帝永初中,鲜卑大人燕荔阳诣阙朝贺,邓太后赐燕荔阳王印绶,赤车参驾,令止乌桓校尉所居宁城下,通胡市,因筑南北两部质馆。"

军市:汉朝和三国时期,在军队驻地附近也常出现一些集市,卖的主要是士兵的生活用品。《东观汉记》记载:"祭遵从征河北,为军市令。舍中儿犯法,遵格杀之。"不过,军市一般只能设在营区周边,营区内不得设军市,《汉书·胡建传》记载:"监军御史为奸,穿北军垒垣以为贾区。"这里说的是汉武帝时北军营区内出现了集市,是监军御史所私设,为此监军御史被处死了。

狱市:汉朝和三国时期设在监狱附近的集市,当是为方便狱吏以及犯

住行篇：
能住楼房不容易

人家属而设立的，司马彪《续汉书》记载："世祖微时，系南鸣市，狱市吏以一筲饭与之。"这里说的是光武帝刘秀早年的一段经历，那时他身份还很低微，不知因什么事情在新野的南鸣市被拘押，管理狱市的官吏曾给了他一竹盒饭。

露天摊位

汉朝和三国时期城市里的集市通常是一个固定地点、自我封闭的场所，其具体样式可以参考《法言义疏》的记载："古者市皆别为区域，不与人家杂处，市有垣，有门，有楼，其中有巷。市垣谓之阛，市门谓之阓，

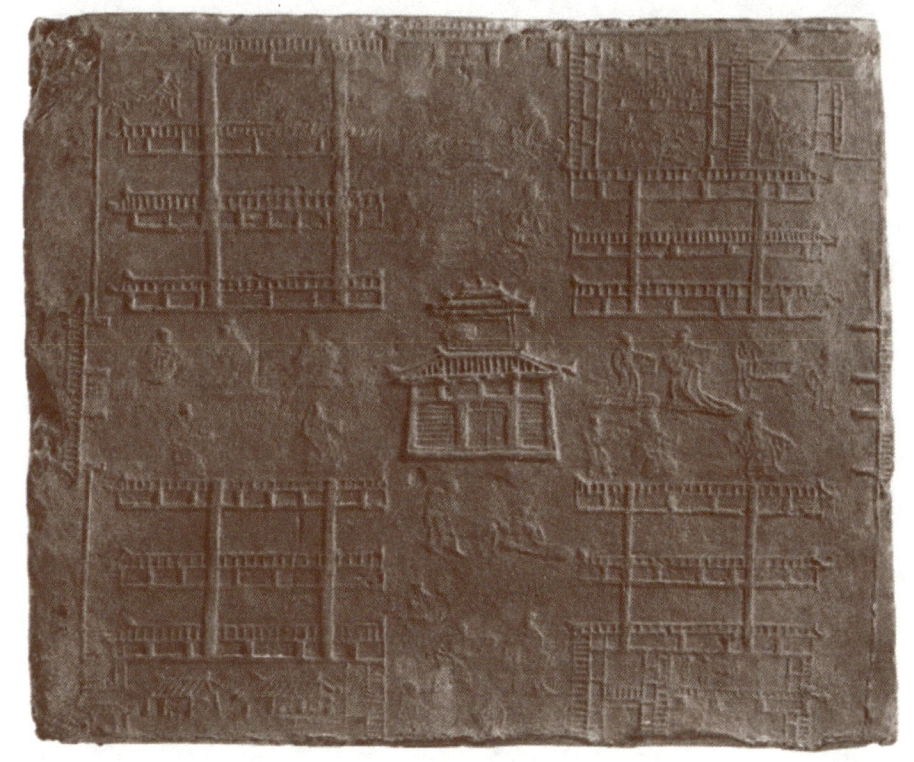

市肆画像砖
东汉
本图展现了东汉商业情况，为市场布局图。

三国的日常生活

市楼画像砖
东汉
市楼作为市肆中最高的建筑,便于观察市内交易情况。

市楼谓之旗亭,而市巷亦谓之阛。"一般来说,城市里的集市四周有院墙,还有市门、市楼,中间是排列整齐的列肆,也就是店铺,也称"市井"。四川新繁出土的"市井"图砖显示,汉代集市四周有围墙,东、西、南三方设门。

市楼是多层建筑,是集市管理人员办公的地方,之所以盖成楼房,目的是方便观察集市内的交易情况。市楼也称旗亭,薛综在《西京赋》注中写道:"旗亭五重,俯察百隧。"薛综注:"旗亭,市楼也,立旗于上,故取名焉。"《洛阳伽蓝记》记载:"里有土台,高三丈,上有二精舍。赵逸云,此台是中朝旗亭也。上有二层楼,悬鼓,击之以罢市。"根据这个记载,市楼上通常有鼓,集市何时结束以鼓声为准。

集市中的市舍不是集市管理人员的宿舍,而是通常被用作仓库、酒店、手工作坊等,从出土的汉砖画像看,市舍基本分布在集市内墙的四周,这里不是集市里的"黄金位置",所以通常作为仓库和作坊。集市里通常有井，方便管理人员和商户用水。《春秋繁露》记载："江都相仲舒告内史中尉……市无诣井，盖之，勿令泄，鼓用牲于社。"172年，窦太后的母亲死了，窦太后忧思感疾，也死了，《资治通鉴·汉纪四十九》记载："宦者积怨窦氏，遂以衣车载太后尸置城南市舍，数日。"宦官们怨恨窦太后，不及时发丧，用运衣服的车子把窦太后的尸身送到城南集市，放置在集市内的市舍里，放了几天才下葬。

市肆又称列肆，是集市里的经营场所。《曹全碑》中有"市肆列陈"的记载，《汉书·食货志》记载："县官当食租衣税而已，今弘羊令吏坐市列，贩物求利。"《三辅黄图》记载："元始四年，起明堂、辟雍长安城南，北为会市，但列槐数百行而无墙屋，诸生朔望会此市，各持其郡所出货物，及经书传记、笙磬器物，相与卖买。"根据后面这个记载，集市里"无墙屋"，说明当时流行"露天摊位"，经营结束时，货物通常在市舍存放。

集市的管理

汉朝和三国时期，全国的集市归大司农管理，大司农是九卿之一，不仅相当于"农业部部长"，还分管财税、商业，所以还相当于"财政部部长"和"商业部部长"，曹操的父亲曹嵩就曾长期担任此职。

大司农下设平准令，是具体管理集市的官员。平准令设于汉武帝时，品秩为六百石，与州刺史相当。《史记·平准书》记载："大司农属官有平准令丞者，以均天下郡国转贩，贵则卖之，贱则买之，贵贱相权输，归于京都，故命曰平准。"平准令下有平准丞，品秩为三百石，协助平准令管理集市。

具体到某一个集市，通常设有"市长"一职，其含义与现在的市长有很大不同，汉朝和三国时期的"市长"相当于一个市场里的主管，其下有市丞、市掾等属吏，东汉时石修曾当过洛阳市丞，出土的汉朝文物中也有

三国的日常生活

"宛邑市丞""长安市丞""定阳市丞""临淄市丞"等印章或封泥。东汉时集市内普遍设有市掾,《后汉书·费长房传》记载,费长房曾当过汝南市掾。在这些官吏之下,还有市啬夫等更低层级的吏员,他们的职责包括维护市场准入制度、征收市税、维护公平交易、管理集市内的治安等。

汉桓帝时宦官专权,白马县令李云上疏急谏,汉桓帝大怒,下令逮捕李云,众多官员为李云求情。《后汉书·李云传》记载:"太常杨秉、洛阳市长沐茂、郎中上官资并上疏请云。"杨秉是杨修的曾祖父,这里提到的"洛阳市长"就是设在洛阳的集市的负责人。汉桓帝十分生气,将杨秉等人免职,将沐茂和上官资降两级。

在三国时期的史料里,还有提到一个当过"市长"的人,他的名字叫赵元儒。218 年,在吉本等人刺杀曹操失败的前后,石苞来到邺县,开始没有什么事可做,就到邺县集市里以卖铁为生,《晋书·石苞传》记载:"市长沛国赵元儒名知人,见苞,异之,因与结交。"赵元儒赞叹石苞志向远大,才能突出,将来会位至三公。赵元儒品级不高,但管理集市,接触的人多,大概影响力不小,经过他的夸赞,石苞"由是知名"。

集市上的刑罚

三国时期的史籍里常有"弃市"一词。弃市,意思是在集市上对犯人执行死刑,以示被执行的人"为大众所弃",即《礼记·王制》所说"刑人于市,与众弃之"的意思。

弃市作为死刑的一种,自商周时期就有了。湖北云梦睡虎地秦墓出土的竹简显示,秦朝时死刑的种类有多种,包括车裂、腰斩、枭首等,弃市也是其中之一。汉承秦制,但刑法趋于简单,死刑常法简化为 3 种,包括斩刑、绞刑和弃市。弃市之刑一直延续到南北朝,隋朝开始逐渐不用,但对于一些罪大恶极者,也采取弃市之法。

董卓挟汉献帝西迁长安后,太史报告说,根据天象显示将有大臣被戮

住行篇：
能住楼房不容易

杀，董卓怕应验到自己身上，于是想找人"顶替"。《后汉书·董卓传》记载："卓乃使人诬卫尉张温与袁术交通，遂笞温于市，杀之，以塞天变。"看来长安集市上经常有惩罚犯人的行动，一代名将张温就这样被活活打死在集市上。但董卓也没能逃过最终的劫难，不久，董卓被王允、吕布除掉，《汉末英雄记》记载："暴卓尸于市。"可是王允很快也被董卓旧部李傕等人杀了，"傕尸王允于市，莫敢收者"。小小的集市，见证了这些风云人物的最后归宿，也见证了三国时期的这段走马灯似的历史。

22 户籍和治安管理

在汉朝和三国时期,城市逐渐发展起来,城市中的人口也大量增加,虽然从汉灵帝驾崩到曹魏政权建立前的这一段时间城市遭到不同程度的破坏,但随着局势逐渐稳定,城市管理又被提到重要议事日程上。在城市治安方面,汉朝和三国时期都实行了一些严格的管理制度,以保证社会稳定。

严格的户籍管理制度

中国古代统治者对户籍管理一向很重视,在春秋战国时期,秦国的户籍管理最为严格,商鞅变法时规定:"四境之内,丈夫女子,皆有名于上,生者著,死者削。"意思是,全国范围内无论男女,都要进行户籍登记,人一生下来就要登记在册,死的时候注销。商鞅提出欲强国必知"十三数",包括仓、口之数,壮男、壮女之数,老、弱之数,官、士之数,以言说取食者之数,利民之数,马、牛、刍藁之数。秦朝建立后,进一步规定对与人口相关的统计实行户主或本人主动申报的制度,称为"自占"。为保证审报的及时和准确,官府要进行核验,《后汉书·礼仪志》记载:"仲秋之月,县道皆案户比民。"这种"案户比民"的制度十分严格,无论老幼届时都必须集中到县城里的指定地点接受官吏查验。

汉朝建立后,户籍管理制度进一步加强,《汉书·高帝纪》记载,刘邦建国之初就下诏:"民前或相聚保山泽,不书名数,今天下已定,令各归其县,复故爵田宅,吏以文法教训辨告,勿笞辱。"这里强调了"以文法教训辨告",意思是为因战乱而脱离原户籍的人重新办理户籍登记。

住行篇：
能住楼房不容易

东汉建立后，也面临战乱造成的流民脱离户籍问题，汉光武帝刘秀大力推行案比制度，清理户籍和人口，具体方法是，每年八月左右将县内民众集中到县衙户曹，统一案验、登记，如韦昭在《释名》中所述："户曹，民所群聚也。"《后汉书·礼仪志》也记载："仲秋之月，县道皆案户比民，年始七十者，授之以王杖，铺之以糜粥。"意思是，每年农历八月各县都进行集中的人口登记核验，超过70岁的老人，由朝廷赐予王杖和肉粥。人口情况弄清楚了，有助于算赋、口赋、力役等征收，但田赋才是税赋大头，如果不弄清土地的情况，仍然无法保证正常税收，更无法做到税收公平。

三国孙吴户籍竹简
现藏于长沙简牍博物馆

三国的日常生活

三国时期的徐干不仅是文学家、"建安七子"之一，而且对治政方面也有建树，他在《中论·民数》中进一步阐述了人口统计的重要性，认为"民数周为国之本也"，意思是掌握准确的人口信息是管理国家的根本。徐干认为，凡涉及国家治理的方方面面无不与对人口情况的真实掌握有关，即"以分田里，以令贡赋，以造器用，以制禄食，以起田役，以作军旅。国以之建典，家以之立度，五礼用修，九刑用措者，其惟审民数乎"。徐干建议通过"六乡六遂"等制度把人口组织、管理起来，以避免"户口漏于国版，夫家脱于联伍"的情况。

三国时期的统治者对户籍管理都格外重视，魏、蜀、吴都曾设丞相，丞相府里有一个专门机构叫作户曹，就是户籍管理的执行部门。《后汉书·百官志》记载："户曹主民户、祠祀、农桑。"汉朝和三国时期还把居民按社会等级进行户籍管理，如为官吏所列的官籍，以及宗室籍、外戚籍、通候籍、弟子籍和市籍等。

曹操看完户籍帐册大喜

204年，曹操率兵将邺县攻克，基本消灭了袁绍集团的主力，将冀州纳入自己的势力范围。随后，曹操以司空的身份兼任冀州牧，他给自己找了一个得力的助手，名叫崔琰，让他担任别驾，相当于"副州长"。崔琰上任后，曹操让他把冀州刺史部的户籍、土地等方面的档案材料找出来，整整看了一个晚上，看完之后大为兴奋。

曹操之所以兴奋，是因为看完户籍帐册发现冀州人口很多，可称得上天下第一州。《三国志·崔琰传》记载，曹操第二天对崔琰说："昨案户籍，可得三十万众。"意思是，昨天晚上我察看了冀州的户籍，按照我的推算这里可以征调30万甲士。冀州刺史部确实是个大州，下辖9个郡国、约100个县，根据东汉最后一次人口普查的结果，不说魏郡、渤海郡这样的人口大郡，就连安平国、河间国、清河郡这样的中等郡国人口也都在60

万以上。

面对兴奋的曹操，崔琰却毫不客气地泼了盆冷水："今天下分崩，九州幅裂，二袁兄弟亲寻干戈，冀方蒸庶暴骨原野。未闻王师仁声先路，存问风俗，救其涂炭。而校计甲兵，唯此为先，斯岂鄙州士女所望于明公哉！"这番话的意思是：现在天下分崩，九州割裂，袁氏兄弟大动干戈，冀州百姓生灵涂炭。您领着大军而来，不见您先施行仁政，整顿风俗，救民于水火，反而计算甲兵多少，这岂是冀州百姓对您的期望？

旁边的人听到崔琰的这番话都吓坏了，大家在等着崔琰会受到什么处罚，但没想到的是，曹操立刻收敛起笑容，以一脸严肃的样子郑重向崔琰道歉。曹操这样做不是装样子，他的长处就是大多数情况下都能虚心接受批评，只要你批评得对，也不存在当面接受批评，背后给人穿小鞋的地方。此后，曹操更喜欢崔琰，不仅冀州刺史部的事务更加依赖他，后来还跟他结成了儿女亲家。

什伍连坐制度

在治安管理方面，汉朝和三国时期都普遍实行什伍连坐制度，这项制度起源于商鞅在秦国的变法，要点是一人犯罪邻里连同受罚。"什伍"是古代户籍与军队的编制，在户籍方面以5家为伍，10家为什；在军队方面以5人为伍，二伍为什。商鞅变法规定：什伍之中，一家有罪，其余各家均应告发，否则将连同惩罚。什伍连坐不仅针对一般平民百姓，而且在军队中也得到了实行。

汉朝时什伍连坐仍严格执行，张家山出土的汉简有《二年律令·户律》，其中规定："自五大夫以下，比地为伍，以辨券为信，居处相察，出入相司。有为盗贼及亡者，辄谒吏、典。"大意是，国家以五大夫爵为标准，将五大夫以下的编户齐民都纳入什伍编制之中，纳入什伍编制中的居民家庭以"辨券"作为凭信，什伍编制中的人有相互举报犯罪的责任。什

三国的日常生活

伍编制对基层居民有很强的法律约束，一旦连坐，受罚的既有亲属，也有邻里及相关官吏。《后汉书·梁冀传》记载，汉桓帝时大将军梁冀被诛杀，"诸梁及孙氏中外宗亲送诏狱，无少长，皆弃市"。

三国时期，在战争环境下如果涉及敌对势力或谋反，其连坐程度往往更加残酷。《后汉书·王允传》记载，王允被董卓旧部所杀，"长子侍中盖、次子景、定及宗族十余人皆见诛害。"类似这样的记载在三国时期还有很多。219年，邺县发生魏讽未遂的谋反事件，魏讽准备与长乐卫尉陈祎合谋攻邺，陈祎恐惧而告反。《资治通鉴》记载，留守邺县的太子曹丕将魏讽诛杀，"连坐死者数千人"。一场还没有举事的谋反事件就让几千人因连坐而被杀，可见其制度的残酷性。

严格的禁夜制度

汉朝和三国时期，对城门的管理十分严格。京城设有专门的城门校尉，统领京师各门屯卫，分为8个屯，属官有司马以及12名城门侯。城门校尉独立于京城防卫系统中，不受执金吾、北军五校的制约，起到互相牵制和平衡的作用。城门校尉的人选往往由皇帝本人确定，不乏地位尊贵者担任该职。

汉光武帝刘秀有一次外出打猎，车驾夜里返回洛阳。按照当时的制度，城门早早就关闭了，所以守卫上东门的官员郅恽拒绝打开城门。刘秀命随从透过门缝跟郅恽对话，郅恽说距离太远，看不清你们是谁。刘秀无奈，只得改往东中门进城。郅恽其实并不是看不清，而是故意不给刘秀开门。第二天，郅恽还上疏规劝刘秀，说陛下前往山林中打猎，夜以继日，这样沉溺于狩猎对社稷有什么好处？没想到，刘秀看到奏章后非常高兴，下令赏赐给郅恽100匹布，还对昨晚放自己进城的东中门官吏进行了降职处分。

不仅京城，其他城池也都有相应的城门启闭制度，《三辅黄图》记载：

住行篇：
能住楼房不容易

"汉城门皆有侯，门侯主候时，谨启闭也。"除此之外，城内还有禁夜制度，为防止有人夜间作案，一般会规定一个具体时刻，那之后便禁止有人通行。不仅禁止百姓夜里出行，一般情况下捕吏也不能在夜里随便出入私宅，如居延汉简出土《汉律·捕律》规定："禁吏毋夜入人庐舍捕人，犯者其室殴伤之以毋故入人室律从事。"

曹操巡夜打死大宦官的叔父

曹操进入仕途后的第一个公职是洛阳北部尉，相当于"洛阳县北部公安分局局长"，这与他的目标相差很大，但他没有气馁，而是努力在这个岗位上干出点儿成绩，以期引起外界的注意。一到任，曹操就把官署的四门修缮一新，还做了不少五色大棒，悬挂在各门口，申明禁令，规定凡违反禁夜等治安管理制度的，无论平民还是权贵一律五色棒"伺候"。

一天夜里，曹操带人巡夜，突然遇到了一群违反夜间禁行规定的不速之客。黑暗中，曹操喝问对方是什么人，为什么违禁夜行。对方并不紧张，傲慢地说别问那么多，让你们领头的过来答话！曹操听了大怒，让对方上前说话。这时，才有一个人向前一步，慢条斯理地说自己是蹇硕的叔父。蹇硕是当时红得发紫的大宦官，他的叔父当然一般人也不敢招惹，但曹操不在乎。曹操一声令下，手下的人一拥而上，将对方全部拿下。五色大棒就是给那些违禁的人准备的，曹操下令大棒"伺候"，这位蹇叔根本不经打，一顿棒子下去竟然一命呜呼了。《曹瞒传》记载："灵帝爱幸小黄门蹇硕叔父夜行，即杀之。"

这是曹操刚上任几个月就做出来的一项惊人之举。在常人看来，这件事也太过冒失了，毕竟对方不是一般人物，结下了如此深仇大恨，蹇硕饶得了你吗？但是，经过思考和判断，曹操一定认为这件事不至于酿成太大危机，所以值得一试。

曹操看到当时的形势对当权的宦官未必有利，对于已经亲政的汉灵帝

三国的日常生活

来说，平衡宦官、党人、外戚的关系本来已颇费脑筋，此时因为一个宦官叔父犯了罪遭受惩处而发起报复，必须考虑事件所造成的后果。曹操甚至想好了，最好因为此事自己落个撤职查办什么的结局，丢掉一个微不足道的四百石小官，收获的可能会更多。但这件事似乎不声不响地过去了，从蹇硕那边并没有传来要报复的消息，而曹操棒杀权贵的事情却瞬时在京师传开了，"京师敛迹，莫敢犯者"。曹操声名大震，以前没有听说过他的人，这一回也都知道了洛阳城里有个年轻的"曹局长"。

禁止群聚饮酒

为防止酒后闹事，汉朝和三国时期还普遍做出规定，禁止城市居民群聚饮酒。《史记·孝文本纪》中记载有汉朝的一项法律规定："三人以上无故群饮，罚金四两。"当时的主要货币是五铢钱，黄金是极为稀有之物，黄金与五铢钱的比值约为1∶10000，也就是1斤黄金约相当于10000枚五铢钱，4两黄金相当于4000枚五铢钱，按照1枚五铢钱约相当于现在3元的购买能力换算，相当于聚众喝一次酒罚款12000元，这个处罚相当重。

法律也有规定，凡遇国家出现大事、喜事，才会有条件地准许百姓聚会饮酒，但有严格的时间限制，如《汉书·景帝纪》中的"大酺五日，民得酤酒"，意思就是5天内可以聚会饮酒。而朝廷、官府举办的宴会不受该法律规定的影响。在三国时期，一些武将和大臣喜欢饮宴，在史书中，刘备、孙权以及曹操等人都有大摆宴席的记载，也不受法律规定的影响。只不过，对于普通百姓而言，群聚饮酒通常是不被允许的，再加上经常颁布的禁酒令，酿酒、买酒也是违法的。所以，在反映汉朝和三国历史的影视剧中，凡看到街头有一群人在那里大吃大喝的，可能都不符合真实情况。

市民养狗须登记

汉朝和三国时期还重视城市里的养狗问题,汉朝专门设有"狗监"一职,负责为皇室养狗,也负责社会上狗的管理。汉朝最著名的狗监名叫杨得意,《史记·司马相如传》记载:"蜀人杨得意为狗监,侍上。"杨得意深得汉武帝信任,名士司马相如就是在他的推荐下才显名于世的。

汉朝还设有狗籍,对城市居民所养的狗进行登记,遗失也要登记上报。在居延汉简中常可以看到"狗少一""狗少二"这样的记载,都是狗丢失后的登记,可见当时对狗的管理十分重视。

陶狗
东汉　现藏于四川博物院

23 三国的消防

洛阳、长安曾被烧成废墟

中国古代的房屋以木结构居多，容易引发火灾。《汉书》《后汉书》都有《五行志》，其中对重大火灾都有记载，根据它们的记录并参考其他资料，可以统计出两汉共发生了 77 次大火灾，其中西汉 32 次，东汉 45 次。《三国志》没有志书，对火灾没有做过集中记载，但在其他记载中可以看到其发生火灾的频率也相当高，尤其是几次"火烧全城"的记录更令人触目惊心。

189 年，董卓在关东联军的压力下将汉献帝和朝廷西迁长安，临行前下令焚烧洛阳，这场大火几乎让洛阳化为灰烬。《江表传》记载："旧京空虚，数百里中无烟火。"率先攻进洛阳的孙坚看到此情此景，也不禁"惆怅流涕"。董卓之所以这么做，除了残暴外还有政治上的考虑，他不想把一座完好的帝都留给对手使用，从而进一步保证长安朝廷的合法性。

194 年，益州刺史部的治所绵竹发生了一场"天火"，也几乎把全城烧尽。已经在这里当了 3 年州牧的刘焉暗地里想另立朝廷，做了很多天子用的车辆、仪仗，也在这场大火里烧得一干二净。《后汉书·刘焉传》记载："又遇天火烧其城府车重，延及民家，馆邑无余。"益州刺史部的治所原来在雒县，即今四川广汉，刘焉来后才改迁至绵竹，绵竹大火毁城，刘焉又将州治迁往成都，正是由于这场大火的打击，刘焉在当年就病死了。

195 年，董卓的部下李傕、郭汜为争夺朝廷的控制权而在长安互攻，李傕派侄子李暹率几千兵马围住皇宫，挟持汉献帝和百官出宫，之后将皇宫抢掠一空，为销毁证据，抢完后放了一场火，这场火的规模很大，不仅烧毁了未央宫，还烧毁了城里的官府和大量民居。《资治通鉴》记载："帝至催营，催又徒御府金帛置其营，遂放火烧宫殿、官府、民居悉尽。"这场大火给长安城带来毁灭性打击，加上凉州军的混战，长安很快也成了废墟。

270 年，孙吴的都城建业也发生了一场严重的"天火"，这场大火发生在农历三月，正是风干物燥、容易失火的季节。《三国志·孙皓传》记载："三月，天火烧万余家，死者七百人。"当时人口较少，一个大的县人口也不过 1 万户，这场发生在建业城里的大火就烧毁上万家的房屋，还烧死 700 多人，损失相当惨重。

皇宫是火灾高发区

在史书对三国时期火灾的记载中，可以看出皇宫是火灾的高发区。印象中皇宫应该是戒备森严的地方，但仍然频频被大火所攻击。古人把"火"与"灾"是分开理解的，《汉书·五行志》引《左氏经》："人火曰火，天火曰灾。"人为放火称为"火"，自然原因引发的所谓的"天火"称为"灾"，皇宫里的火灾，大部分属于前者。

165 年二月，洛阳南宫发生了一场大火，嘉德署、黄龙殿、千秋万岁殿全部着火，南宫的重要建筑几乎都受损。在千里之外的关中地区，汉惠帝刘盈的安陵寝殿也在四月发生了大火。次月，洛阳南宫再次起火，长秋殿、和欢殿、掖庭朔平署纷纷起火。这一年十一月，德阳前殿和黄门北寺也发生了火灾。这一年连续发生多场火灾，引发人们的恐慌，《后汉书·五行志·灾火》注引《袁山松书》记载："是时连月有火灾，诸宫寺或一日再三发。"大臣陈蕃、刘矩、刘茂等上疏，认为"古之火皆君弱臣强，极阴之变也"，为此必须改革政治，因为"唯善政可以已之"，但汉桓帝对改革并不积极。

185 年二月，洛阳南宫再次发生大火，烧了半个月才熄灭。《续汉志》

三国的日常生活

记载："时烧灵台殿、乐成殿，延及北阙度道，西烧嘉德、和欢殿。"这场大火还波及白虎门、威兴门、尚书台、符节令、兰台等办公场所也受损，当时民间纷纷传言："君不思道，厥妖火烧宫。"

233年六月，曹魏都城洛阳的宫室起火。第二年四月，洛阳崇华殿又发生火灾，波及南阁。又过了一年，崇华殿再次起火。《晋书·五行志》记载，魏明帝曹叡很郁闷，就此向高堂隆询问原因，高堂隆回答："夫灾变之发，皆所以明教诫也，惟率礼修德可以胜之。"高堂隆认为火灾是上天的警示，应当停止正在进行的大修宫室活动，改变"上不俭，下不节"的状况。曹叡不听，下令重修崇华殿，大概觉得这个名字不怎么好，将其改名为九龙殿。

252年十二月，孙吴开国时的首都武昌端门发生火灾，重修后，又一次失火。《晋书·五行志》记载："武昌端门灾，改作，端门又灾。"端门是城里皇宫的正南门，如同明清紫禁城的端午门，是宫殿之门。当时有人认为"殿者，听政之所"，端门无故接连失火，是对诸葛恪、孙峻等权臣把持孙吴朝政的警示。

火灾预防措施和报警系统

春秋战国时期，人们已经注意火灾的预防问题了。《管子》提出："修火宪，敬山泽林薮积草。"《荀子》提出："修火宪，养山林薮泽草木鱼鳖百索。"这里的"修火宪"，意思是制定有关预防火灾方面的法令。

秦朝统一天下后，预防火灾方面的法令得到制定，《睡虎地秦墓竹简》中有不少这方面的规定，比如，"有实官高其垣墙。它垣属焉者，独高其置刍廥及仓茅盖者。令人勿近舍；非其官人也，毋敢舍焉"，意思是在重点防火区要修建起高墙，一旦附近发生火灾可以起到隔离作用，同时禁止闲杂人员靠近和出入；"毋火，乃闭门户""闭门辄靡其旁火，慎守唯敬"，意思是禁止把火种带到库房里，入库时要及时关门并灭掉火源，以消除火灾隐患；"官啬夫及吏夜更行官""令令史循其廷府"，意思是对重要部位要轮流值班，严格巡视。

汉朝对预防火灾也很重视，建立了火灾报警系统。《袁山松书》记载，汉桓帝时连发火灾，有时一天夜里发生几次火警，"又夜有讹言，击鼓相惊"。在夜里，用击鼓的办法提示火警，招呼有关人员救火，这是一种报警制度。汉朝还有"禁民夜作"的规定，也就是夜里禁止作业，以避免点灯，从而减少火灾。

成都物产丰盛，但房屋与房屋之间的距离往往很窄，虽然有夜里禁火的规定，但百姓往往偷偷活动，以至于火灾几乎每天都会发生，蜀郡太守廉范于是废除原来的法令，改禁火为要求百姓储存水，方便了大家，也减轻了火灾损失，百姓们编成歌谣赞叹说："廉叔度，来何暮。不禁火，民安作。昔无襦，今五绔。"歌谣的大意是：廉太守啊，你来得太晚了；不禁火，百姓民平安；从前没有短上衣穿，现在有五条裤子穿。

汉朝和三国时期，人们普遍认为火灾的发生与德行有亏相关，无论帝王还是百姓，修德都可以预防和免除火灾。《太平广记》所引《拾遗记》讲述了一个与刘备手下谋士糜竺有关的故事：糜竺常做善事，曾在道旁见一无名枯骨，不忍暴露，将其掩埋，之后有一位青衣童子来到糜竺家，对他说"家当有火厄，万不遗一，赖君能恻悯枯骨，天道不辜君德，故来禳却此火"，意思是，你家本当发生一场火灾，一旦烧起，家中就剩不下什么了，但看到你怜悯道旁枯骨，上天不负你的这片爱心，所以让我来帮你化解这场火灾。结果，糜竺竟然因此逃过这场劫难。这个故事虽然不足信，但人们能传说这样的故事，说明在大家的观念中加强德行修养也是预防火灾的一个重要措施。

现场救火措施

汉朝时，人们救火的经验已很丰富了。《淮南子》记载："夫水势胜火，

三国的日常生活

章华之台烧，以升勺沃而救之，虽涸井而竭池，无奈之何也。举壶、槔、盆、盎而以灌之，其灭可立而待也。"这里强调的是，火灾发生后要及时用一切可以盛水的东西，用水把火浇灭。《汉书·五行志》引《左传》所列举的许多救火措施："先使火所未至，彻小屋，涂大屋；陈畚挶，具绠缶，备水器；蓄水潦，积土涂；缮守备，表火道。"意思是：在火没有到达的地方，拆除小屋，用泥土涂在大屋上，摆列盛土和运土的器具；准备汲水的绳索和瓦罐，准备盛水的器具；储满水塘，堆积泥土，修缮守卫工具，标明火的趋向。

在汉朝，消防工作由执金吾主管。执金吾原为"中尉"，汉武帝时改名为执金吾，到东汉时主要任务是"掌宫外戒司非常水火之事"。京城尤其是皇宫发生火灾后，执金吾要第一时间赶到，立即组织扑救。除此之外，尚书台内设的二千石曹也担负消防职责，"掌中都官水火"，中都官指的是京城里的各官署，二千石曹对这些官署的消防工作负总责，而这些官署的长官具体承担本官署的消防责任。汉朝各官署以及军营里平时都备有消防器材，居延汉简中有记载，负责边塞守御的军营里都备有汲器、汲水桶等，这些都属于消防用的器具。

"东井灭火"井栏陶器（复制品）
东汉　现藏于中国消防博物馆

住行篇：
能住楼房不容易

秦汉时代，发生火灾后要追究肇事者的责任，对于救火不力的官员也要追究责任。秦朝法律规定，居民区失火波及邻里甚至波及城门的，都要给予处罚，因违反法令而致失火的，除肇事者外，相关官员也要受罚，且"官吏有重罪"。

一场火灾引发的谋逆大案

俗话说"水火无情"，火灾发生后，人们的本能是马上跑出来救火。是不是救火时表现越积极事后越会受到表彰呢？于理于法，一般情况下是这样的，不过三国时期也出现过一次例外，积极救火的人反而受到处罚，而且被罚得极为惨重。

218年春天，太医令吉本与少府耿纪、司直韦晃等在许县谋反，放火烧了丞相长史王必的军营，参加这次谋反的还有关中人金祎以及吉本的儿子吉邈、吉穆等人。金祎职务不详，但也不是普通平民，他出身于关中金氏家族，这个家族在三国时期出过跟袁绍一家有亲戚关系的金日磾等名臣。金祎跟王必关系很好，王必以丞相长史的身份受曹操派遣，领兵负责许县守卫工作，是掌握许县局势的关键人物。

叛军的计划是，利用金祎与王必的私人关系，想办法借机控制王必，或者把王必杀了，之后挟持汉献帝，占领许县，然后引当时坐镇荆州的关羽为后援，伺机成事。为此，金祎先派人设法潜入王必的军营做内应，因为平时关系不错，王必并无防备。

夜里，吉邈等纠集了门人、家童共1000多人突然火烧王必营门，金祎的人在里面做内应。事发突然，王必仓促应战，结果被射伤了肩膀。王必不知道是谁挑起的叛乱，带伤逃了出来，因为平时与金祎关系最好，竟然投奔到金祎处，可笑的是金祎不知道来的是王必，还以为是吉邈等人回来了，黑暗中对王必喊道："王长史已死乎？卿曹事立矣！"王必大惊，赶紧改投他处。

三国的日常生活

  王必后来在负责颍川郡屯田工作的中郎将严匡的帮助下将叛乱平息,但王必伤势很重,10天后不治身亡。曹操听到王必的死讯"盛怒",王必地位虽然不是很高,却是曹操绝对的心腹,他很早就跟随曹操,类似于家臣的角色,当年曹操以兖州牧身份派人通使长安的重任就交由王必完成。《山阳公载记》记载,曹操把许县的文武百官都召到邺城,"令救火者左,不救火者右"。大家还以为凡参加救火的人不会有罪,于是大部分人都往左边挤。哪知曹操的思路刚好相反,他认为半夜里没有跑出来参加救火是正常反应,跑出来的人恐怕都是想参加叛乱的,于是把站在左边的人都杀了。

24 老百姓的窗户

有建筑就有窗户，中国古代将窗户称为"牖""囱""轩楹""牖""窗"等。《说文解字》说："在墙曰牖，在屋曰囱。"也就是，开口在围墙上的称为牖，开口在房屋上的称为囱。现在一般把房屋、车船上通气透光的洞口称为"牖"，而"囱"多指烟囱。人类在穴居时期，为采光和通风的需要一般在穴顶凿洞，就是"囱"，在穴侧凿孔的称为"牖"，它们其实都是最早的窗户。

牖：古代的窗户

等人们盖起房屋居住时，一般在屋墙上开窗洞，谓之"牖"，是古代对窗户最常用的叫法。对房屋来说，无论是华丽的殿堂还是简陋的茅草屋，窗户都十分重要，如果没有窗户，房屋里的空气就无法流通和交换，屋里也没有光亮。阳光、空气都是人们生存所必需的要素，所以只要有条件，房屋都会开窗户。

现在的窗户上通常都安装着各式各样的玻璃，有薄的，有厚的；有单层的，有双层的；有透明的，有磨砂的；有普通的，有防弹的。玻璃是非晶体无机非金属材料，一般是用石英砂、硼砂、硼酸、重晶石、碳酸钡、石灰石、长石、纯碱等多种无机矿物为主要原料，加入少量辅助原料制成的。一般认为，直到公元12世纪出现商品玻璃，玻璃才开始成为工业材料。那么，在此之前的三国时期，在没有琉璃的情况下，人们是如何糊窗户的呢？

其实，中国很早的时候也有类似玻璃的东西。玻璃属硅酸盐系统的物

三国的日常生活

质,本质上与陶器、瓷器是一类的,只是玻璃在烧制时需要的温度更高,因为烧制玻璃所需的石英砂熔点为 1750℃。殷商时期,人们烧制青釉器时温度可以达到 1100℃~1200℃,而且有了耐火的坩埚,到春秋战国时期,炉温还能更高一些,加上助熔剂的作用,已经可以将石英砂等熔化。青釉器在烧制时由于温度过高,就会形成一些特殊的釉滴,经测试和分析,其成分恰是钾钙硅酸盐,也就是说,这种釉滴已经属于玻璃形态的物质,可以看作中国最早的古玻璃。1954 年在河南郑州就出土了一个商代的青釉印纹尊,除在口部以及肩部涂有薄釉外,还有深绿色的厚而透明的"玻

青釉瓷尊
商代 现藏于河南博物院

浅绿玻璃肋纹钵
秦代-汉代 现藏于故宫博物院

璃釉"。

料器与琉璃

在考古发现中，出土了大量汉朝之前的"原始玻璃"器物，有的称为"料器"，有的称为"琉璃"。区别是，不透明而少光泽的是"料器"，半透明并有玻璃光泽的称为"琉璃"。琉璃制品一般是以珠、管、璧等形式存在的，也有一些是装饰建筑物用的。到了汉朝，料器、琉璃的制造技术

平板玻璃铜牌饰　10cm×5cm
墓中出土玻璃牌饰共11对，且均光洁透亮，铅含量高达33%，是非常典型的古代中国玻璃。
现藏于南越王博物馆

更加高超，如在广州发现的西汉初年南越王墓中就出土了11对琉璃牌饰，都是镏金铜框的蓝色板块玻璃，厚薄一致，色泽晶莹，透明如镜，中间虽有气泡但不多。这些琉璃牌虽然与商品用的平板玻璃有较大差距，但说明当时已经具备了生产类似制品的技术能力，如果用这种技术生产一些板状琉璃用在窗户上，那也是不足为奇的。哪怕当时的工艺达不到生产大块板状琉璃的能力，用小块的板状琉璃也可以拼装在窗户上。

但无论料器还是琉璃在三国时期还都是稀罕物，无法达到商品化、普及化，即便有这样的材料，也只是皇室或王公权贵能使用，对大多数人来说用什么"糊窗户"仍然是一个问题。

三国的日常生活

纸糊窗户不符合实际

在现代人的印象中，在没有琉璃的古代，窗户一般是由纸糊的，很多影视剧也都有这样的情节：为了看清屋里的情况，外面的人用手指蘸着口水，朝"窗户纸"上轻轻一捅，纸上就无声无息地出现一个洞。然而，这样的情况有些不合理：用纸糊窗户，固然可以部分解决透光和保护隐私的问题，但纸不仅不结实，而且最怕水，不用倾盆大雨，就是滴些雨星，估计窗户就得面目全非。所以，用普通的纸糊窗户，其实并不科学。

那么，会不会是特殊的纸呢？纸经过特别加工，比如，做成"油纸"，既坚固又不怕水，的确适合糊窗户，由白居易撰写、孔传续撰的《白孔六帖》中就有记载："糊窗用桃花纸涂以冰油，取明也。"王安石在《纸暖合》中也写道："楚谷越藤真自称，每糊因得减书囊。"王安石说的是楚地谷皮纸和吴越藤纸制作精良，也能用来糊窗户。不过，上面提到的这些特殊纸张，尤其是"油纸"，其加工技术是唐宋以后才成熟的，也是在此之后纸的制造成本才开始大幅下降的，在此之前，无论是从技术角度还是从经济角度看，纸都还无法大范围应用到窗户上。

有人认为，古代一些富裕人家用一种叫作"明瓦"的东西替代窗户上的玻璃。"明瓦"又称"蠡壳"，是将一些较大的贝类外壳，经过打磨使其变薄，产生透亮效果，安在窗户上，既保证采光，又能遮挡风雨。然而，这种"明瓦"也只是明朝以后才出现的，"明瓦"的得名大概也来源于此，明朝之前还没有这样的工艺。

纺织品是"糊窗户"的主要用材

说来说去，三国时期大多数房屋究竟是用什么来"糊窗户"呢？答案是锦、缎、纱、绢、布等纺织品。那时的窗户，不可能只是一个大洞，上面也要蒙上一些东西，轻薄柔软的各类纺织品较好地承担了这个任务。魏

住行篇：
能住楼房不容易

明帝曹叡修了一座景福殿，何晏、韦诞等人都写了一篇《景福殿赋》加以称颂，二人所写的赋也都知名于后世，而夏侯渊的儿子夏侯惠也写了一篇相同题目的赋，收录在《艺文类聚》里，其中有一句"若乃仰观绮窗，周览菱荷"，这里的"绮窗"通常注本解释为"华丽的窗户"，但具体是怎么华丽的，并没有详细说明。"绮"是一种高档丝织品，所谓"绮窗"，就是用"绮"糊起来的窗户。

纺织品虽然比纸更结实，但也存在怕水和不安全的问题，而且遇到刮大风又该怎么办呢？会不会一阵大风刮过，窗户也变得面目全非呢？对此，古人想出来两个办法予以解决。

一个办法，是窗棂的发明。窗棂是窗户上纵横的窗格，它不同于窗框，窗框是窗户四周的边框，而窗棂分布于窗户上，或做成整齐的格子，或设计成各式图案。考究一些的窗棂，从远处看好似镶在框中、挂在墙上的一幅画。窗棂的作用不只是美观，它还缩小了窗户的"单位面积"，无论是纺织品还是后来的纸张，糊在窗棂上比直接糊在一个大方框上无疑更加坚固，遇到刮大风的时候，可以有效分散风对纺织品或纸张的冲击力，起到一定的保护作用。

另一个办法，是在窗户外再加装可拆卸的木板。木板可以是整块的，也可以是若干块拼装的，平时不用，天气不好的时候，或者夜里为安全需要，可以把木板加在窗户外面，这样既不怕雨和大风，也更安全。

25 人们的出行

文献、考古中的轿子

轿子是一种依靠人力扛载而行、供人乘坐的交通工具，其结构多种多样，但基本结构相同，一般是在两根杠子上安装可移动的床、坐椅、坐兜或睡椅等组成，上面有篷或无篷。《汉书·严助传》记载，会稽太守严助"舆轿而隃领"，东汉服虔注："轿音桥，谓隘道舆车也。"由此说明，汉朝时就有轿子了，在三国时期自然也有轿子。

其实，轿子的历史更为久远。《尚书·益稷》记载："予乘四载，随山刊木。"这句话是大禹讲的，"四载"不是4年，而是在4种不同地理环境下如何解决出行的问题，按照《说文解字》的解释，其具体指："水行乘舟，陆行乘车，山行乘樏，泽行乘輴。"其中"樏"就是原始的轿子。

文献关于轿子的记载，也被考古发现所验证。1978年在河南固始侯古堆春秋战国时期的古墓陪葬坑中出土了3乘早期的轿子，其形制有屋顶式

肩舆
春秋　肩舆为轿子的古名
现藏于信阳博物馆

住行篇：
能住楼房不容易

和伞顶式两种，其中一件经过复原后可以看清其全貌：由底座、边框、立柱、栏杆、顶盖轿杆和抬杠几部分组成，底座为长方形，顶盖如房顶形式，轿身应该围有帷幔，轿前有小门，轿杆捆绑于底部边框之上。

秦汉时期，提到轿子时史书通常与"辇"或"舆"相关联，而很少直接说"轿"。"辇"原指靠人力拉的车子，如果把这种车子的轮子去掉，就成为抬着或扛着走的交通工具，也就是轿子。

《汉书·陈余传》记载："*上使泄公持节问之箯舆前。*"唐人颜师古注："*箯舆者，编竹木以为舆形，如今之食舆矣。*"根据这个解释，"箯舆"就是用竹子和木头制作成的轿子。

东汉时班固写《西都赋》，其中写道："*乘茵步辇，惟所息宴。*"这里的"步辇"，指的就是去掉轮子的小车，因为没轮子，所以只能由人抬着前行。"舆"原本也指的是车子，但有时也指车上的可以载人载物的部分，如果是靠人力抬着、扛着行进的，也是轿子。

在记述三国历史的文献中，"辇"和"舆"频繁出现，比如：

冀、寿共乘辇车，游观第内。（《资治通鉴·汉纪四十五》）
文帝辇过，问："此为谁？"（《三国志·裴潜传》）
太祖乘辇出劳之，还屯陈郡。（《三国志·张辽传》）
进御有宠，出入与同舆辇。（《三国志·后妃传·明悼毛皇后》）
又王近出，乘小辇，执达手。（《魏略》）
青龙中，帝东征，乘辇入逵祠。（《三国志·贾逵传》）
步辇西园，还坐玉堂。（曹丕《校猎赋》）
董承为安集将军，并侍送乘舆。（《后汉书·孝献帝纪》）
夜烧所幸学舍，逼胁乘舆。（《后汉书·孝献帝纪》）
车驾临送，上乃下舆执手而别。（《三国志·曹休传》）
被以文绣，载以华舆。（《三国志·明帝纪》）

三国的日常生活

身份特殊的乘轿人

上面的这些"辇""舆",没有说明是拉着走还是抬着走的,估计两种形式都有,而曹丕在《校猎赋》中提到的"步辇",则明确是抬着行进的轿子。这些记载至少说明,轿子在三国时期已经在使用着。

不过,从上述文献记载看,乘坐轿子的人身份非常特殊,以"辇"为例:梁冀、孙寿,东汉的外戚和权臣;曹操,魏王;曹丕,魏文帝;曹叡、毛皇后,皇帝与皇后。上述这些人的身份已经不能用"非富即贵"来形容了,而是"非帝既王",梁冀不是帝王,但这里写他与妻子孙寿乘辇车出行,实际是指他们行为的越礼。

实际上,秦汉和三国时期"辇""舆"已经带有很强的"帝王色彩",仍以"辇"为例:辇辂,指皇帝的车驾;辇毂,指皇帝坐的车子;辇舆,也是皇帝乘坐的车子;辇道,指帝王车驾所经的道路;辇路,也是天子御驾所经过的道路;辇乘,指帝王与后妃专用的车乘;辇御,指皇帝的车舆。

所以,三国时期尽管已经有了轿子,但普通官员和百姓出行通常不坐轿子,而是骑马或乘坐车辆。

骑吏荣戟画像砖
东汉 现藏于四川博物馆

史籍中的名马

三国时期，骑马不仅是将士在战场上冲杀时重要的辅助手段，也广泛运用于普通人的出行，所以人们对养马、驯马特别重视，也出现了一些名马。在记述三国历史的史籍中，曾出现的名马有：

赤兔

《三国志·吕布传》记载："布有良马曰赤兔。"《曹瞒传》记载："人中有吕布，马中有赤兔。"赤兔马是吕布骑乘的名马，只是史书没有提及它的来历，也没有说吕布死后它的下落，从马的年龄推测，关羽死时这匹马即便还在，也已经30多岁了，相当于人近百岁的年龄，已经不可能再骑乘了。

绝影

《魏书》记载："公所乘马名绝影。"绝影马是曹操的坐骑，在南阳之战中"为流矢所中，伤颊及足"，应该死在了那里。

惊帆

晋人崔豹在《古今注·杂记》中记载："曹真有驶驴马，名为'惊帆'，言其驰骤烈风举帆之疾也。"这是一匹河套马，耐力惊人，速度飞快，奔跑时如行云流水，如白帆顺流，故而得名，曹真曾用此马跟司马懿打过赌。

玉追

张飞的坐骑，撰于宋朝的《太平寰宇记》记载："张飞有马号玉追。"并且说有人比照吕布与赤兔马也编了一句歌谣："人中有张飞，马中有玉追。"

三国的日常生活

紫骍

曹植曾向魏文帝曹丕上过一份奏表,其中提道:"臣于先武皇帝世,得大宛紫骍马一匹,形法应图,善持头尾,教令习拜。"这是一匹大宛马,汉朝时称其为"汗血马"或"天马"。

知名的车子

三国时期,人们对车子有很多讲究,除车辆的实用性、安全性之外还赋予了很多礼法上的功能,乘坐什么档次的车子并不取决于主人的经济实力,而取决于等级地位。《后汉书·舆服志》记载的车辆有约20种,有乘舆、金根、安车、立车、耕车、戎车、猎车、辎车、青盖车、绿车、皂盖车、夫人安车、大驾、法驾、小驾、轻车、大使车、小使车、载车、导从车等。通常哪些人乘坐什么样的车,都是有规定的,比如《后汉书·舆服志》记载:"皇太子、皇子皆安车,朱班轮,青盖,金华蚤。"皇太子、皇子出行应该乘坐什么样的车子、车轮和车盖什么颜色,在这里都有细致规定。记述三国历史的史籍中还记载着一些更特殊的车子,令人印象深刻:

车马出行图壁画
东汉　现藏于中国国家博物馆

住行篇：
能住楼房不容易

追锋车

司马懿乘坐过的车子。魏明帝临终前召远征辽东、正在回师途中的司马懿速回洛阳见一面，《晋书·宣帝纪》说司马懿"乃乘追锋车昼夜兼行，自白屋四百余里，一宿而至"，一夜行进400多里，即便是汉朝的里，也合现在的100多千米，这种车子的行进速度在当时相当惊人了。

射虎车

为孙权所发明。孙权酷爱打虎，为此让人制作了一种特殊的车子，《三国志·张昭传》对这种车子的描述是"方目，间不置盖，一人为御，自于中射之"，意思是车上设方孔，没有车盖，一个人驾驭，坐在车中射虎。这当然很危险，有离群的野兽常往车上扑，孙权就用手与它们搏击，孙权"以为乐"。

木牛流马

为诸葛亮所发明。其实是木牛和流马两种车子，前者是一种大型的人力车，后者是一个人推动的独轮车，主要用于军粮的运输。

宋人高承所著的《事物纪原》卷八《小车》中说："蜀相诸葛亮之出征，始造木牛流马以运饷。盖巴蜀道阻，便于登陟故耳。木牛，即今小车之有前辕者；流马，即今独推者是，而民间谓之江州车子。"

《清明上河图》（局部）木牛（左）、流马（右）

26 三国的邮寄

邮驿制度早已有之

中国的邮驿制度源远流长，夏商时期已经具备了雏形。商代甲骨文中"逞""羁""传""辛"等字均与邮驿有关。其中："逞"表示通达之意，"羁"指路途之上供食宿的旅舍，"传"指驿传、传车或传舍，"辛"即"信"。这些字在甲骨文中出现并使用频繁，说明当时邮驿已有一定规模，不仅有用于邮驿的交通工具，驿路上还设馆舍。

西周时期，由于部族冲突不断，造成频繁的战事，必然对信息传递有着较高要求，邮驿体系又有一定程度的发展。这时，道路进一步扩建，大道两侧都种有树木，除保护道路外，还用于标记里程和线路。车的种类在这时增多，舟船也用于邮驿，在记述西周历史的文献中，"邮""遽""传""马日"等频繁出现，说明当时人们通信很频繁。《周礼·地官》记载："凡国野之道，十里有庐，庐有饮食。三十里有宿，宿有路室，路室有委。五十里有市，市有候馆，候馆有积。"从中可以看出，当时每隔10里、30里和50里就分别设庐、路室和候馆，为邮驿之人提供饮食和住宿。

春秋战国时期，交通业有了进一步发展，在群雄争霸的背景下，各国均大力发展和完备邮驿设施，与邮驿有关的律法体系也基本形成，只是因各国处于分裂状态，所以邮驿制度各不相同。这时，徒步传递信与物品的有"徒"和"邮人"，用车辆传递的有"遽"和"驲"，也有单骑快马传递书信的，用于紧急情报的送达。战争中，各国为军事需要而大修驿道，为辨识驿道上来往的信使，出现了一种专门的凭证，名叫"封传"。除国家开办的邮驿外，一些大贵族等私人也有邮驿，齐国的孟尝君就设有自己的代舍、幸舍和传舍，用于私人通信。

秦汉时期，邮驿体系又有了新的发展，邮驿机构的名称较为繁杂，与此相关的机构有5种：邮、传、驿、置、亭。按照汉武帝改革后的邮驿体系，邮是对邮驿的泛称，而传、驿、置一般设至县一级，每30里一设，主要用车、马传递；亭一般设在乡里，西汉时每个乡有四五个亭，东汉时有三四个亭，这些亭并不全部负责邮驿之事，因为它们往往设在交通便利之处，所以还承担治安维护、缉盗等职能。在汉朝的文献中，邮驿、邮传、释传、邮亭、传置、骚置、亭置等都属于邮驿的范畴。

东汉末年邮驿制度遭破坏

东汉末年，天下虽然渐乱，但邮驿系统尚在勉强支撑。189年，汉灵帝驾崩时局势处在风雨飘摇之中，董卓率凉州军来到洛阳，战事一触即发。《资治通鉴》记载，袁绍一开始希望董卓火速进兵，所以"促董卓等使驰驿上奏，欲进兵平乐观"，袁绍的意思是，让董卓通过驿站向朝廷紧急上书，说自己想进兵至平乐观，以此向朝廷施压。董卓此时在渑池，距离洛阳约有70千米，在此路途中应设有若干驿站，董卓此时仍能利用这些驿站传递自己的奏疏。

董卓后来顺利到达洛阳，进而控制了时局，接下来袁绍、袁术、曹操等人逃离洛阳，分赴各地，组织关东联军欲讨董卓，关东联军在人马最多的酸枣举行会盟仪式。为发动舆论战，桥瑁在酸枣伪作"三公移书"，也就是当时在任的三公讨伐董卓的公开信。《后汉书·袁绍传》记载："桥瑁乃诈作三公移书，传驿州郡，说董卓罪恶，天子危逼，企望义兵，以释国难。"从这个记载可以看出来，这封公开信最后是通过"传驿"传达到各州郡的，说明此时东汉朝廷虽已名存实亡，但原有的邮驿体系仍能发挥作用。

汉朝实行上计制，各郡每年派上计吏赴京师汇报本郡的"年度工作"，上计吏要到京师去，利用的正是完善的邮驿体系。后来时局越来越乱，汉

三国的日常生活

献帝和朝廷也不得不迁往长安,各地纷纷为割据势力所控制,原有的邮驿系统遭到了严重破坏。刘翊是颍川郡颍阴县人,被举为孝廉,在家乡救危扶困,很有声望,被举为郡里的上计掾。《后汉书·刘翊传》记载,这时颍川郡与长安已经"道路隔绝,使驿稀有达者",刘翊想去长安,已经无法使用原来的邮驿系统,但刘翊很敬业,他"夜行昼伏,乃到长安"。

三大集团迅速建起各自的邮驿系统

再往后,天下逐渐由魏、蜀、吴三大集团分治,各集团在所控制地区内大力发展各自的邮驿系统。220 年年初,曹操在洛阳病重,此时太子曹丕在邺城留守,另一个儿子曹彰驻兵于长安,曹操大概有什么重要的事要向曹彰交代,所以通过邮驿系统向长安发出通知,让曹彰速来洛阳。《三国志·任城威王彰传》记载:"太祖至洛阳,得疾,驿召彰,未至,太祖崩。"类似这样的使用各自驿站系统传递信息的记载,在魏、蜀、吴三大集团中都有。

三大集团如有相互传递信息和物品的需要,也是先通过自己的邮驿系统传到边境,再由对方的邮驿系统传达。刘备称汉中王,按理不应再兼任由朝廷正式任命的左将军,也不应再领受朝廷所封宜城侯的食邑,所以刘备需要将左将军和宜城亭侯的印绶送还。《三国志·先主传》记载,此时汉献帝虽已退位,但刘备并不认可,仍向汉献帝上了一道奏章,陈述了自己称汉中王的原因和过程,最后说:"谨拜章因驿上还所假左将军、宜城亭侯印绶。"刘备先用自己的邮驿系统将印绶和奏章送到蜀汉与曹魏的边境,再由曹魏方面的邮驿系统送达洛阳。

"快递小哥"拼死保护刘备

222 年,吴、蜀两军在夷陵一带交兵,吴军在陆逊指挥下发起反攻,蜀军被连破 40 多座营寨,蜀将张南、冯习及助战的胡王沙摩柯等战死,

住行篇：
能住楼房不容易

杜路、刘宁等被迫投降。慌乱中，刘备逃出兵营，退入附近的马鞍山，赶紧部署兵力自卫。现在，全国叫马鞍山的地方有20多处，此马鞍山不在安徽省境内，而在湖北省宜昌市西南。山外，除陆逊督本部猛攻外，韩当、朱然、诸葛瑾等也同时督率所部进击，蜀军士气瓦解。

在马鞍山，刘备知道敌人一旦完成合围自己就无路可逃了，于是连夜突围。逃至上夔道，突然发现前面有一支吴军拦截，带队的将领是不久前被刘备率领的蜀军围困于夷道的25岁年轻小将孙桓。刘备当年去过京口，在那时见过孙桓，那时孙桓还只有十几岁。刘备是孙权的亲妹夫，孙桓是孙权的亲侄子，孙桓当初见刘备的时候大概还喊过"表姑父"，但现在孙桓挡住路，不让长辈过去，刘备愤愤地说："吾昔初至京城，桓尚小儿，而今迫孤乃至此也！"

刘备只得放弃大路，从山里面翻越险隘向西撤。山路崎岖，骑马很危险，而如果步行，体力势必消耗巨大，一旦走不动了，那就将成为孙吴的俘虏。危急时刻一群人站了出来，他们不是刘备手下的正规军，而是驿人。《三国志·陆逊传》记载："备因夜遁，驿人自担，烧铙铠断后，仅得入白帝城。"也就是说，最后关头力保刘备的不是白毦兵，而是这群驿人，刘备是被驿人们抬着闯出的重围，为了逃命，驿人们焚烧了身边像铙、铠甲这样的东西，才阻住了敌人的追击。

夷陵与成都之间，沿路设置有许多蜀汉的驿站，一路都有，以方便军队情报的传递。刘备大败后，身边的部队被打散，所能主要依靠的居然是这群负责邮驿的"快递小哥"。铙是一种乐器，驿人们烧的可能是它的木柄。有一部地理志记载，驿人烧铙铠之处名叫石门，在秭归县以西。还有另一部史籍记载，巴东县有石门山，是刘备"烧铙断道"之处。

驿人们抬着刘备撤退，好在"跑路"正是他们的专业，所以跑得还比较快，一口气跑了几百里。一路上，刘备看到的全是惨象，蜀军的舟船军械、水军步军的物资损失殆尽，尸体漂流在江面上，有的地方"塞江而

三国的日常生活

"驿使图"画像砖（临摹品）

下",刘备打了一辈子仗,什么都经历过,但此情此景仍然让他惊骇悲愤,刘备不由得大呼:"吾乃为逊所折辱,岂非天邪!"所幸的是,在驿人们拼死保护下,刘备最终还是跑到了白帝城。

特殊身份或特殊需要才能传寄私信

国家的邮驿系统虽然完备,但其是为政情、军情以及重要物品传递所用,是直接为朝廷服务的,不可能向普通人开放"快递业务",所以在三国时期普通人想向外地寄信、寄东西,只能派人或托人"点对点"送达,还不能利用国家开办的邮驿系统。不过,如果有特殊身份,或者有特殊需要,也能通过邮驿系统传递信件或物品。

吴质是曹丕身边重要的智囊,在曹丕与曹植争夺太子之位的明争暗斗中为曹丕出谋划策,是曹丕最重要的助手,大概正是因为这个原因,曹操将吴质调往外地,担任朝歌县令。《曹丕集》中收录有3封写给吴质的信,其中《与朝歌令吴质书》写于吴质将要赴任时,当时曹丕在外地,不能与吴质见面,所以写了一封信来送行。4年后,曹丕仍未能见到吴质,这时发生了瘟疫,有几位共同的好友染病去世,曹丕写了《又与吴质书》,表达了对朋友的哀思之情,也表达了对吴质的思念。后来曹丕如愿以偿,成

住行篇：
能住楼房不容易

为太子，而吴质仍在外地，曹丕又写了一封《与吴质书》，信中提到吴质仍未封侯，暗示自己对此事很上心，将来不会让老朋友失望。

曹丕与吴质之间的后两次通信发生在邺城与朝歌之间，相距数百千米，曹丕派专人送达的可能性也有，但从信中所说的事情来看，都是思念与问候之类，并非急务，派专人送信，不仅费人费力，而且容易引起不必要的猜疑，所以这些信更有可能是通过国家的邮驿系统传递的。

喜欢书法的人都知道有件名帖，叫《远涉帖》，它是诸葛亮亲笔所写，王羲之看后爱不释手，又亲笔临摹。纸的寿命较难超过千年，诸葛亮是距今约1800年的人物，但有了王羲之的摹写，《远涉帖》的神采又得以延续千年，苏轼、宋徽宗都见过它，墨写的原迹一直流传到清代。这件名贴是诸葛亮唯一传世手迹，奠定了诸葛亮作为书法家的地位，但也正是这件书法作品，揭示了一个与诸葛亮有关的秘密。

《远涉帖》是一件章草作品，文字只有3行，共27个字，内容如下："师徒远涉，道路甚艰；自及褒斜，幸皆无恙。使回，驰此，不复云云。亮顿首。"大意是：大军远征，道路非常艰险，一直到达褒斜道，幸运的是各方面都好，已让使者回去，具体情况由他报告，这里就不再一一细说了，诸葛亮敬上。这是一封信札的局部，虽然只有20多个字，但所留下的线索还是较为明确的。信末有"顿首"二字，说明这不是写给后主的上表；信中提到褒斜道，说明这只能写于北伐期间；信中还有"幸皆无恙"的话，似乎说的不是国事，而是家事。

与这封信札内容相近的还有2封信，都收录在《三国志》作者陈寿所编的《诸葛亮集》中，一封内容如下："乔本当还成都，今诸将子弟皆得传运思惟，宜同荣辱。今使乔督五六百兵，与诸子弟传于谷中。"大意是：诸葛乔本应回到成都去，可是各位将领的子弟都在军中押运粮草，考虑到他应当与大家同甘共苦，现在我派他率领五六百士兵和将士们的子弟一起在山谷中押运粮草。另一封信内容如下："瞻今已八岁，聪慧可爱，嫌其早

三国的日常生活

成，恐不为重器耳。"大意是：诸葛瞻现在已经8岁了，聪明可爱，但我怀疑他智力发育得太早，担心他将来难成大器。

上面2封信再加上《远涉贴》的那一封，这3封私信应该是通过蜀、吴两国邮驿系统传递的，这是不是诸葛亮将"国家快递"私用来搞特殊化呢？

其实，诸葛亮开始北伐后与哥哥诸葛瑾的书信来往就突然密集了起来，除了上面这3封信，《诸葛亮集》中至少还收录另外7封写给诸葛瑾的信件，谈的都是公事。例如，《与兄瑾论白帝兵书》写道："兄嫌白帝兵非精练。到所督，则先帝帐下白耗，西方上兵也。嫌其少也，当复部分江州兵以广益之。"说的是，诸葛亮北伐后将一部分驻守在白帝城的军队抽调到了汉中前线，作为盟友的孙吴方面担心蜀汉东面防线薄弱会给曹魏以机会，诸葛亮则写信说明情况，打消盟友的顾虑。

《远涉帖》

诸葛亮写给诸葛瑾的其他几封信，还有《与兄瑾言赵云烧赤崖阁道书》《与兄瑾言大水赤崖桥阁悉坏书》《与兄瑾言治绥阳谷书》《与兄瑾论陈震书》《与兄瑾言孙松书》《与兄瑾言殷礼书》等，都与蜀吴之间的外交有关。诸葛瑾是孙权十分器重的大臣，孙权称帝后诸葛瑾担任了大将军一职，在军中的地位仅次于上大将军陆逊，孙权让诸葛瑾长期驻守在南郡等地，以协助坐镇荆州的陆逊。南郡是孙吴距蜀汉最近的地方，吴蜀间人员往来必须经过此地，所以诸葛瑾是孙吴与蜀汉方面的主要联络人。

正因为如此，诸葛亮才多次给哥哥写信，保存下来的这些信估计只是众多书信中的一部分，诸葛亮给诸葛瑾写过的信应该还有很多，主要谈

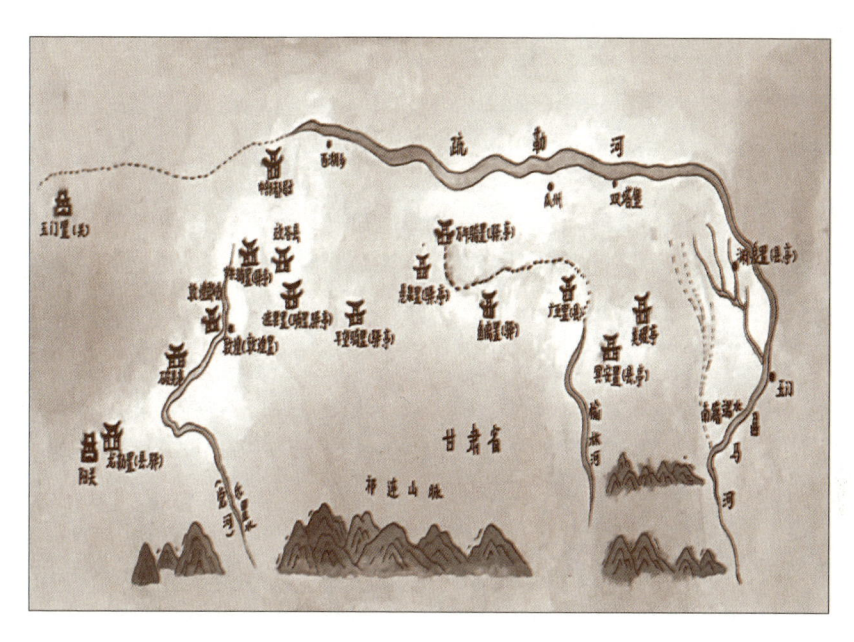

汉代敦煌郡邮驿系统示意图

公事，通报情况以便孙吴方面更好地给予配合。公事之余，利用"国家快递"给哥哥写几封私信顺便捎去，也属人之常情，同时也是为了更好地维护盟友间的关系，不能因此就说诸葛亮假公济私。

职官篇：工作五天休一天

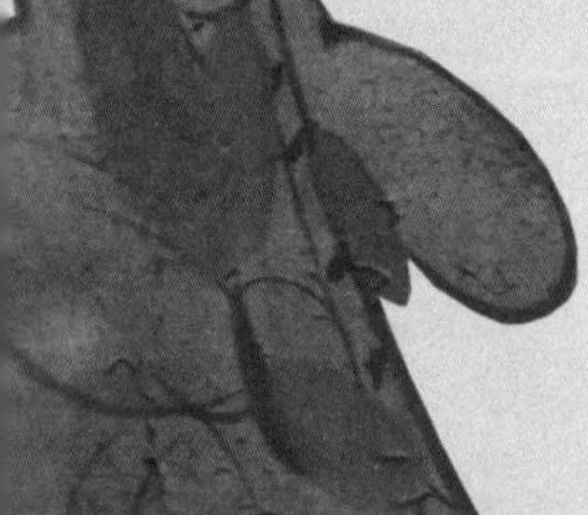

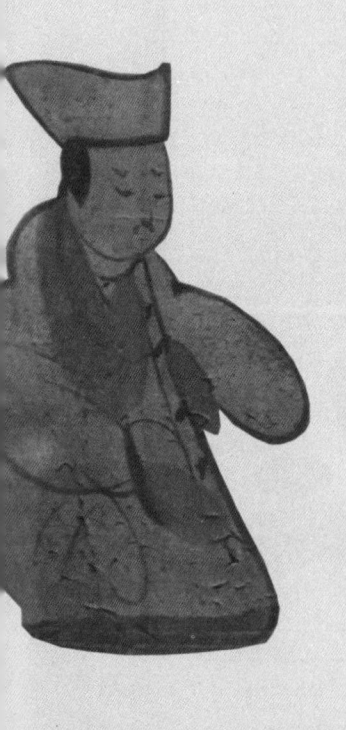

27 朝廷里的文官

三国时期的官职体系较为复杂,主要是朝廷更迭、制度不断变化所造成。先有东汉朝廷,继而曹操的魏国建立,之后魏、蜀、吴相继建朝,最后晋朝一统。朝廷每次变化,官制总要进行一些调整,要将各项官职按朝代、体系一一阐明将十分庞杂。下面依据《汉官仪》《通典》《东汉会要》《三国会要》《后汉书三国志补表三十种》等典籍,并结合《后汉书》《三国志》《晋书》等史籍,进行一些归纳。

腰系印绶手持笏的文吏画像石
汉代

三公

所谓三公,指的是三位朝廷重臣,他们的作用相当于丞相、宰相。《春秋公羊传》指出:"天子三公者何?天子之相也。天子之相则何以三?自

三国的日常生活

陕而东者，周公主之；自陕而西者，召公主之；一相处乎内。"这里说的是东周时期三公设置的原因及构成：陕东的周公，陕西的召公，王庭的国相。之后，三公的构成不断发生变化：秦朝以丞相、太尉、御史大夫为三公，西汉以丞相、大司马、御史大夫为三公，东汉则以太尉、司徒、司空为三公。说到三国时期的三公，通常指的就是太尉、司徒和司空。

太尉：始设于秦朝，秦始皇称帝后改设三公九卿，最高官职即丞相、御史大夫和太尉，分别辅政及治军领兵，但秦朝并没有人担任过太尉，这个职务形同虚设，原因在于秦朝实行中央集权制，军、政大权都集中于皇帝一身。西汉时，中央和地方各级官吏的名称基本沿用了秦朝制度，但也进行了微调，在皇帝之下设立了3套平行的官僚体系，分别是丞相率领的外朝官、大将军率领的内朝官以及处理皇帝与皇族私人事务的宫廷官，其中外朝官由丞相和太尉分掌，下面再设九卿、列卿等。东汉时期，太尉掌管军事，名义上是最高武职，除了评定全国武官的功绩高下以为升降依据外，还是皇帝的"最高军事顾问"。不过，为了制衡，汉朝军队由各位将军、校尉统领，太尉不直接领兵。

司徒：司徒在文献资料中最早见于《尚书·尧典》，当时舜在部落联盟议事会中设九官，其中一个就是司徒，负责教化人民。到西周时，司徒称"司土"，负责管理籍田、山林田泽等国有土地及在这些土地上进行的农、林、牧、副等生产。西周末年到春秋时期，与土地相关的职责专归司空，司徒专管民事。东汉的三公中也有司徒的存在，主管教化，等于"重操旧业"。三国时期的魏、蜀、吴中只有曹魏设立了司徒一职，但已经不负责实际工作，成为荣誉性质职务。

司空：甲骨文中作"司工"或"嗣工"，主要职责是管理土木建筑工程。春秋时期周王室与鲁、郑、陈等国设有司空，负责测量土地的远近、辨别土地的好坏，以便授予民众耕种，并确定赋税的征收数额。西汉初年并无司空一职，后来汉成帝时将御史大夫更名为大司空，东汉初年改为

"司空"，执掌土木建设和水利工程。三国时期，魏、蜀、吴三国均设司空，是水利建设、工程营建以及郊祀的最高负责人。

三国时期的"四世三公"

汉朝和三国时期，三公位居朝臣之上，地位仅次于皇帝，能位列三公是人臣最高奢望，而一个家族中能出现2位或者多位三公，那更为荣耀。三国时期的史籍中多次提到"四世三公"，意思是前后4辈人里都有人担任过三公，这种荣耀自然贵不而言，足以写进史书。

三国时期，袁绍、袁术所在的汝南郡袁氏家族就是一个"四世三公"之家。从袁绍、袁术算起：高祖父袁安是汉章帝时的司徒，曾祖父袁敞是汉安帝时的司空，祖父袁汤是汉桓帝时的太尉，父亲袁逢是汉献帝时的司空，叔父袁隗是汉献帝时的司徒，上面这4辈人里都出现过担任三公的人。

曹操将汉献帝迁往许县后，为安抚袁绍，拟任命袁绍为太尉，自己担任大将军。大将军是武职，统率全国兵马，在汉末时期一般认为其"位在三公之上"，袁绍不服，向朝廷上疏，语多不愤，曹操深感不安，将大将军一职让给了袁绍。如果按这个来算，袁氏其实可称得"五世三公"之家。

除袁氏处，杨修所在的弘农杨氏家族也是"四世三公"之家，《后汉书·杨修传》记载："自震至彪，四世太尉，德业相继，与袁氏俱为东京名族。"从杨彪来论：曾祖父杨震是汉安帝时的太尉，祖父杨秉是汉桓帝时的太尉，父亲杨赐是汉灵帝时的太尉，自己担任汉献帝时的太尉。四世太尉，弘农杨氏称得上"太尉之家"了。

曹操的父亲花1亿钱买三公

汉灵帝刘宏和他的前任汉桓帝刘志名声都不太好，一般认为东汉王朝

三国的日常生活

之所以灭亡他们二人要负主要责任，诸葛亮曾说过，他经常跟刘备在一起谈论时事，每及此"未尝不叹息痛恨于桓、灵也"。

汉灵帝当皇帝前只是一个小小的亭侯，日子过得紧紧巴巴，心里种下了厌贫的种子，因一个偶然机缘当了皇帝，他不忙着治理国家，反而想着法地搞起了创收，卖官就是他"快速致富"的渠道。汉灵帝在皇家园林西园设立了专门机构卖官鬻爵，卖一个品秩二千石的官员2000万钱，卖一个品秩四百石的官员400万钱，大体上品秩一石合1万钱，明码标价、童叟无欺，同时"以德次应选者半之，或三分之一"，也就是在群众中口碑比较好的可以享受5折优惠，但最低不能少于3折。从购买力角度看，当时的1钱与现在3元相当，也就是说，买个九卿要花6000万元！

一时拿不出这么多钱也没关系，可以先付一部分，剩下的分次付，相当于分期付款；如果连"首付"都拿不出来，也没关系，可以先上任再交钱，但价钱翻一番，相当于按揭贷款，这些"天才创意"都出自汉灵帝的头脑，想想看，他真是个相当穿越的人。不过，买到手的人也别太高兴，更甭指望一上任马上捞回本钱，因为大多数人很快就会被免职，腾出位子再卖。

曹操的父亲曹嵩当时担任大司农，管理财政和农业，一时心血来潮，也赶了趟时髦。187年十一月，曹嵩花1亿钱（约相当于3亿元）买了个太尉当。《后汉书·曹腾传》记载："嵩灵帝时货赂中官及输西园钱一亿万，故位至太尉。"但这个高价买来的太尉并没有当太久，第二年四月曹嵩就被免职，满打满算只干了半年。为了过一把"三公瘾"，曹嵩平均每天要花160多万元。

当时有位名士叫崔烈，因为名声不错，汉灵帝给他一个"特价"，花500万钱就卖给他一个司徒。汉灵帝亲自参加了崔烈的就职仪式，仪式上他突然有些后悔，对跟前的人说"悔不少靳，可至千万"。崔烈虽然升了官，但《后汉书·崔实传》说"论者嫌其铜臭"，这就是"铜臭"一词的由来。

丞相：集三公权力于一身

宰相是中国古代对辅佐君主并掌握国家最高权力官员的一种俗称，但在很多朝代都是具体的官名。商朝时伊尹为相，周朝时周公为太宰，他们都是辅佐君王并掌握国家最高权力的官员，太宰与相合称为宰相。宰相辅助皇帝管理一切军国大事，即"掌丞天子，助理万机"，平时负责管理军政大事或其他要务，逢有机要事情，皇帝召集公卿、二千石、博士共同在御前商议以避免专断，一般政务则由宰相决定即可施行。皇帝有事，也常向宰相咨询。

在中国历史上，宰相可以是一个人，也可以是一群人。汉朝的三公相当于"一群人"的宰相，但汉朝也设过丞相，相当于"一个人"的宰相。汉朝的丞相设于西汉初年，后来为避免丞相职权过重，将其一分为三。西汉的丞相下设十三曹，相当于13个"司局"，标准编制为382人，分别是：

西曹，负责丞相府内的吏员任用；

东曹，负责天下二千石官员的升降，包括军中的武将在内；

户曹，负责祭祀、农桑；

奏曹，负责管理政府的一切章奏，相当于唐代的枢密院、明代的通政司；

词曹，负责民事法律诉讼；

法曹，负责交通以及邮驿等；

尉曹，负责运输；

贼曹，负责侦办盗贼；

决曹，负责刑事审判；

兵曹，负责兵役；

三国的日常生活

金曹,负责管理货币、盐铁;

仓曹,负责管理国家粮库;

黄阁主簿,相当于丞相府总务处。

从这些内设部门可以看出,丞相府实际上就是一个标准的小内阁,人事、行政、经济、交通、司法、外交、军事无所不管。正因为它的权力太大,所以汉武帝重视尚书台,把权力从丞相手中逐步收到自己身边的一群秘书手里,削弱丞相的权力。东汉本不设丞相,曹操于208年废三公,恢复丞相制度,自任丞相,以代替三公。其后,蜀汉、孙吴均设丞相,蜀汉的丞相是诸葛亮,诸葛亮死后蜀汉不再设丞相;孙吴方面担任过丞相的有孙邵、顾雍、陆逊、步骘、濮阳兴等。

三国时期丞相府的属官包括:丞相长史,丞相府负责综合事务的官员,类似于"秘书长";丞相主簿,典领丞相府文书等事,类似于"办公室主任";诸曹掾,丞相府内设若干曹,类似于"司局",各曹掾类似于各"司局长";诸曹掾属,丞相府各曹的副长官,类似于"副司局长"。

曹操担任丞相时,除上述设置外还在丞相府"挂靠"了一些相对独立的部门,主要与军事有关。说他们属于"挂靠",是因为传统的丞相府里没有他们的编制。在曹操的丞相府中这部分官员人数众多,称呼也有好几种:

军师,荀攸、钟繇、华歆、凉茂、毛玠、成公英等人先后担任过;

军师祭酒,郭嘉、董昭、王朗、王粲、杜袭、刘放、孙资等人先后担任过;

军谋掾,徐邈、田豫、牵招、高堂隆、贾洪、薛夏、隗禧、韩宣、令狐邵等人先后担任过;

参丞相军事,何夔、贾诩、华歆、王朗、裴潜、刘放、孙资、邢颙、陈群、张范、张承、仲长统、陈群、卫臻等人先后担任过。

上面这些,组成一个强大的参谋班子,服务于曹操的军事行动。

九卿:9位"部长"

秦王朝在确立皇帝尊号的同时,还总结了战国以来各国的官僚制度,建立起了一套适应封建统一国家需要的中央政府机构,这就是三公九卿制。当时的三公指即丞相、太尉、御史大夫,九卿指奉常、廷尉、治粟内史、典客、郎中令、少府、卫尉、太仆和宗正。

汉朝仍然实行三公九卿制,但就其具体内容而言,西汉和东汉并不一样。西汉因袭秦制,三公仍分别指丞相、太尉、御史大夫,九卿则分别指:奉常,掌管宗庙礼仪;卫尉,掌管皇宫保卫;郎中令,掌管宫廷警卫;太仆,掌管宫廷车马;典客,掌管少数民族事务和外交;廷尉,掌管司法;治粟内史,掌财政税收;宗正,掌管皇室事务;少府,掌管山河湖海税收和手工业。到了东汉,三公指太尉、司徒、司空,九卿指:太常,掌管典礼;光禄勋、卫尉,分别掌管宫省禁卫;太仆,掌管皇室车马;廷尉,掌管司法;大鸿胪,掌管接待诸侯与少数民族;宗正,掌管皇族事务;大司农,掌管国家财政收支;少府,掌管皇帝器用服饰。三国时期,魏、蜀、吴各国在三公设置上有所不同,但九卿的设置大体相同,沿用的是东汉制度。

除了这9位"部长",朝廷还有一些"部长级"的官员,如:执金吾,位同九卿,负责宫外戒备及京师治安;将作大匠,略低于九卿,负责修建宗庙、宫室、道路、园林;侍中,内朝官之一,略低于九卿,一般由博学高德之士担任,类似于皇帝的高级顾问;御史中丞,御史台长官,负责纠察百官,纠弹百官朝仪,下有侍御若干名;博士祭酒,类似于太学的首席教授,即太学校长,下有博士若干名,相当于太学的教授。

三国的日常生活

尚书令：朝廷的"秘书长"

秦朝及西汉初年，尚书是九卿之一少府下面的属官，是在皇帝身边任事的小臣，与尚冠、尚衣、尚食、尚浴、尚席合称"六尚"，因其在殿中主管收发文书并保管图籍，故称尚书。汉武帝刘彻强化君权，尚书主管文书、省阅奏章、传达皇帝的命令，地位逐渐重要。到东汉和三国时期，尚书台已实际上脱离了九卿，成为处理朝廷日常政务的主要机构，相当于朝廷的"秘书局"。

尚书台的长官是尚书令，掌管朝廷日常运行，原为少府属官，后直接向皇帝负责，品秩虽不高但总揽一切，类似于朝廷的"秘书长"。尚书台的副长官是尚书仆射，类似于朝廷的"副秘书长"。尚书台内设若干曹，相当于各"处室"，各曹负责人为尚书。各尚书下面还设有若干名尚书郎。

大长秋：宦官的首领

在东汉和三国时期，朝廷官制体系中还有一类官员不能忽视，那就是宦官。"宦"本是星座的名称，宦星近邻帝座，故以星座命名这些为帝王贴身服务的男人。宦官即所谓的太监，但三国时期没有"太监"这个说法。历史上，太监有很多名字，如中官、内官、内臣、内侍、中监、内监、巷伯、中涓、中贵、涓人、寺人、妇寺、小人、小臣、中人、中臣、宦竖、阉人、宠臣、幸臣、常侍、阍人、中使等，"太监"一词在唐朝以后才出现。

汉朝和三国时期，宦官的最高职务是大长秋，他是皇后所在长秋宫的宦官总负责人，也是后宫宦官的最高职务，曹操的祖父曹腾就担任过这个职务，品秩与九卿略相当。长秋宫的"长"读作 cháng，因此大长秋的"长"也读作 cháng。

大长秋一般只有一人，其下还有中常侍，最早有4人，后增加到10人，东汉末年增加到12人。三国时期名气较大的宦官，如张让、赵忠、

职官篇：
工作五天休一天

夏恽、郭胜、孙璋、毕岚、段珪、张恭、韩悝、宋典等都是中常侍，属后宫里的高级太监。中常侍以下是小黄门，属后宫里的中级太监；再以下是中黄门，是后宫里的低级太监。

28 地方官员和办事处

州刺史："巡回监察组组长"

东汉在全国设立有 13 个州，但这个"州"一开始并不是行政单位，而是"监察单位"，朝廷派"监察组"下到各州进行监察，监察的主要对象是州下面的郡国负责人，"监察组组长"叫作刺史。刺史一职始于西汉初年汉文帝时期。汉文帝命丞相另派人员出巡各地，就是刺史制度的前身。汉武帝时，正式将全国分成 13 个被监察的"部"，也就是州，全称是"某某州刺史部"，如豫州刺史部、荆州刺史部，各州设刺史一人。

刺史的职责，称为"刺史六条"：一是"强宗豪右，田宅逾制，以强凌弱，以众暴寡"，也就是限制地方大族兼并土地，反对其横行乡里；二是"二千石不奉诏书，遵承典制，倍公向私，旁诏守利，侵渔百姓，聚敛为奸"，也就是打击地方高级官员以权谋私的不法行为；三是"二千石不恤疑狱，风厉杀人，怒则任刑，喜则淫赏，烦扰苛暴，剥戮黎元，为百姓所疾，山崩石裂，妖祥讹言"，也就是打击地方高级官员执法不公平；四是"二千石选署不平，苟阿所爱，敝贤宠顽"，也就是打击地方高级官员在察举士人时偏向亲己；五是"二千石子弟恃怙荣势，请托所监"，也就是打击地方高级官员子弟不法行为；六是"二千石违公下比，阿附豪强，通行货赂，割损政令"，也就是打击地方高级官员和地方大族相互勾结。

上述职责里没有行政权，更没有军权，所以刺史并不是行政长官，这从他的品秩上也可以看出来。刺史的品秩是六百石，而他下面监察的郡太守是二千石，郡太守的下属县令、县长是四百至六百石。刺史位低却权重，东汉时期的刺史奏闻之事不必经三公委派的掾吏，直接奏达天子，这一点令郡太守、县令和县长颇为忌惮。

州牧：类似于明清时期的总督

东汉末年各地民变不断，此起彼伏，在平乱过程中，原有行政机制的弊端不断显现出来。民变多是流动作战，而郡太守、县令等地方官员手中权力有限，没有人去协调和组织，所以造成变民经常在各州郡间纵横驰骋无法阻挡的局面。郡以上虽然设有刺史，但刺史品秩较低，其职权仅限于监察、纠举的范围，既无兵权也无行政权。

在与黄巾军对抗的过程中，地方官吏往往像一盘散沙，缺乏组织和统一指挥。直属于中央的讨伐兵团一定程度上弥补了这一不足，但讨伐兵团不是常规建制和常驻武装，一旦撤走，地方重新陷入混乱，州刺史、郡太守、县令和县长被变民杀死的情况比比皆是，令人触目惊心。在太学供职的益州人董扶看到这个问题，给太常卿刘焉出了个主意，让刘焉上书天子，改刺史为州牧，增强州这一级机构的组织能力和控制能力。刺史是监察官，理论上说除了监察权以外不能干预地方政务，改为州牧后，成为郡太守的直接上司，负责管理本州的行政事务，成为名副其实的地方大员。

刘焉采用董扶的建议上书天子，汉灵帝认为很有必要，经过讨论，决定马上付诸实施。鉴于州牧一职举足轻重，所以必须选用重臣担当，第一步先挑几个民变比较突出的州进行试点，试点成功，再在更大范围内推广。经过一番酝酿，决定首批试点的州为豫州、益州、幽州3个州，拟任人选包括太常卿刘焉、宗正卿刘虞和太仆卿黄琬，3个人都是现任的九卿，品秩二千石。诏书很快下达，任命刘焉为益州牧，刘虞为幽州牧，黄琬为豫州牧。3个人现有品秩不变，即刻到任。

之后，刺史改州牧的"试点"逐渐推开，州牧越来越多，品级明确为二千石，职权也越来越重，这些人常居一方，逐渐成为中央无法控制的割据势力。以后的刘表、陶谦、袁绍、公孙瓒、董卓、曹操、刘备、吕布等

三国的日常生活

人都以州牧的身份控制了地方军政大权。东汉的第一级行政单位正式变成州后,全国只有13个州,州牧的职权和影响力类似于明清时期的总督。

不过,在三国时期刺史与州牧几乎是并存的,有的州称为刺史,有的州称为州牧,区分往往不在于该州是否进行了改革,而在于任职者的资历,如陶谦生前担任的是徐州牧,刘备继任时只是徐州刺史,因为那时的刘备资历还太浅,后来刘备归顺曹操,曹操为拉拢他,以朝廷的名义正式任命他为州牧。

州牧的属官有别驾、治中、从事祭酒、簿曹从事、功曹从事、兵曹从事、典学从事、主簿等。别驾是州里的最高属官,因其地位较高,出巡时不与刺史同车,别乘一车,故得名,相当于"副州长";治中主管州政府文书案卷,掌管府中事务,相当于州政府"秘书长";从事祭酒是首席从事,从事相当于州政府下设各局的"局长";簿曹从事主管钱粮簿书,相当于"财政局长";功曹从事主管人事及选拔考核,相当于"人事局长";议曹从事参与军政谋议,相当于"参事室主任";兵曹主管军事,相当于"武装部部长";典学从事主管学政,相当于"教育局长";主簿掌管迎来送往,相当于"办公室主任"。

郡太守:介于"市长"与"省长"之间

秦始皇统一天下后,在全国设36个郡,郡下设县。汉朝建立后沿用了郡县制度,郡的数量越来越多。同时,汉朝还有分封制度,将一些皇室成员分封为亲王,其中封地为一个郡的,所在郡改称国,这个"国"与郡同级。在边境地区,为安置少数民族,还设立一些"属国",也与郡同级。这样,州下面的郡这一级行政单位就有"郡""国""属国"三种不同形式。

汉末大分裂前夕,全国郡、国和属国的数量加在一起约110个,其中郡的长官叫郡太守,国的长官叫国相,属国的长官是都尉。一个州通常有若干个郡,有的郡很大,如豫章郡,其范围大体相当于现在江西全省;也有的郡比较小，只辖几个县，人口也才几十万。总体而言，三国时期的郡太守、国相以及属国都尉，介于现在的"市长"与"省长"之间。

进入三国时期，魏、蜀、吴3个政权根据自身需要对行政区划不断进行调整。如蜀汉，荆州丢失后，其实际控制的地盘仅有益州1个州。为了显示蜀汉是一个国家而不是州，蜀汉后来陆续设立了永安都督区、江州都督区、汉中都督区和庲降都督区，这个"都督区"是东汉之前没有的，其下辖有郡国，级别相当于州，与益州刺史部的行政地位相当，这样一来蜀汉政权下面就有了5个"省级"行政区。益州刺史部原来下辖12个郡国，分到这5个州一级的行政区就显得太少了，于是蜀汉采取"化整为零"的方式，陆续分出一些郡国，使郡国总数达到27个，县的数量也由118个增加到169个，尽管如此，有不少郡下面只有三四个县，如阴平郡、江阳郡只有3个县，巴郡、朱提郡只有4个县。

三国时期，郡一级政府里除郡太守外，其他属官还有郡丞、功曹、五官掾、督邮、主簿等。郡丞是郡太守的副手，相当于"副郡长"，诸葛亮的父亲曾担任过该官职；功曹主管人事和官吏考核；五官掾的主要职责是进谏纳忠、荐贤退恶，地位略逊于功曹；督邮的职责是督察郡中各县，还负责征收租税、监督各县征民服兵役；主簿在郡太守左右执掌文书及迎送宾客等。

县令和县长：以户口数区分

东汉和三国时期的县，其长官称县令或县长，其中户数在1万户以上的设县令，1万户以下的设县长，县令的品秩为六百石，首都所在的洛阳县特殊，为一千石，县长的品秩为三百至五百石。与县同级的行政单位还有侯国和邑，侯国是县侯的封地，邑是皇后、皇太后、公主的封地，侯国、邑的行政权不归爵位拥有者，他们只享受封地内的租税。侯国的长官称"相"，邑的长官称"令"。

三国的日常生活

县政府的属官有县丞、县尉、主簿、功曹、廷掾等。县丞是县令、县长的副手,相当于"副县长";县尉主管治安,相当于副县级"公安局局长",每县通常设1名县尉,大县设2名,洛阳县最特殊,东、西、南、北各设1名,曹操步入仕途后的第一个官职洛阳北部尉,就是"洛阳县北部地区公安分局局长";主簿掌管文书,相当于"办公室主任";功曹掌管人事,相当于"人事局局长";廷掾掌管乡中事务,相当于"民政局局长"。

县以下机构的设置

汉朝和三国时期的郡县制有一个显著特征,就是将政权延伸至县以下,县下设乡,乡下还设有里、什、伍等组织。《晋书·职官志》记载,东汉时期县下设乡的规则是:"县五百以上皆置乡,三千以上置二乡,五千以上置三乡,万以上置四乡。"乡的负责人称"有秩"或"啬夫",管理一乡;里的负责人称"里魁",管理百户左右;下面还有"什主""伍主",分别管理10户、5户,他们的职责是"以相检察,民有善事恶事,以告监官"。

汉朝和三国时期,县以下还有一个重要属吏,即亭长。战国时始在邻接他国处设亭,置亭长,担负防御之责。秦汉时乡村每10里设一亭,亭有亭长,掌管治安警卫,兼管停留旅客、治理民事,多以服兵役已满期的人充任。不仅乡村,城市里也设有亭,称"都亭",汉朝和三国时期爵位里的"都亭侯"即来源于此,其中设于城门的称"门亭",均设亭长,职责与乡间亭长相同。以洛阳为例,《续汉书·百官志》记载,全城设24个街亭和12个门亭。

设立已久的"驻京办事处"

驻京办事处并不是现代社会的产物,早在2000多年前的西汉时期就有了。西汉实行郡县制,此外还有各诸侯封国,最早的地方驻京办事机构称为"邸",有郡邸、国邸,县一级行政机构在京师一般没有"邸",各

职官篇:
工作五天休一天

"邸"的长官通常由各郡的郡丞、各侯国的长史兼任,但他们不常驻京师,常来京师进驻"邸"的是各郡国的上计掾。

上计是一种制度,根据该制度,地方行政长官须定期向上级呈报文书,报告地方治理状况。"掾"指的是某一方面或某一部门人的负责人,"上计掾"就是上计工作的负责人。除了上计掾,史籍中还常提到"上计吏",分为两种情况:一种是上计掾的别称,另一种情况是上计掾的属吏或随从。

上计制度的雏形早在先秦就有,但真正重视起来形成严格制度的始于两汉。秦统一天下后实行郡县制,国家幅员辽阔,在交通不便的情况下中央如何有效地管理地方是一道难题。秦始皇为此也想了一些办法,比如,征调大量人力物力修建四通八达的驰道,但陈胜、吴广振臂一呼,天下云集响应,秦朝所建立的郡县管理制度随即失灵。汉朝建立后,意识到这是一个重要的问题,所以有针对性地采取了一些措施加强中央对地方的管理和控制,上计制度就是其中最重要的一项。

按照这项制度,乡一级的主管官吏根据有关要求将本乡的事项核实上报到县里,县里审核、汇总后上报到郡国,郡国根据各县上报的内容编制本郡国的"集簿",之后派专人直接呈报到朝廷,接受朝廷的考核。一开始,郡里由郡太守的主要助手——郡丞代表郡太守亲自带人前往朝廷,后来固定为专门的上计人员,负责人称上计吏或上计掾,他们是由郡太守选聘的,对郡太守来说是一个重要角色,朝廷了解一个郡的情况,包括郡太守的履职情况,很大程度上取决于上计官员的汇报结果,所以担任这个职务的,除业务能力强、熟悉情况、能言善辩外,还必须是郡太守信得过的人。

上计原则上一年一次,"集簿"中的内容也以一年为期,不过不是从一月到十二月,而是"计断九月",即起于上一年十月初截止于本年九月底。一方面汉承秦制,以每年十月为岁首,另一方面各地把"计簿"上报到朝廷也需要不少时间,尤其是路途较为遥远的郡国,要给他们留出一定

三国的日常生活

的在途时间，保证他们能在年底之前把工作总结报到朝廷来。到了每年的正月初一，天子要亲自主持百官朝贺大典，届时各郡国的上计官员也要参加。除了这次正旦日的活动，在此前后举行的祀典以及会陵等重要仪式也都要求上计官员参加，有时还要让他们依次上前在神位前简要汇报各郡国的情况，以此显示中央集权。

上计是苦差，因为除了带上"工作总结"，还要带上各郡国向朝廷朝贡之物，通常是各地的土特产，有时朝廷还会让地方推荐一些有德有才的人，他们也随上计人员前往，所以来上计的通常都是一队人马。两汉各时期郡国数约110个，年底前这些人陆陆续续从各地风尘仆仆赶来，像河内郡这样离京师不远的郡国还好说，比较偏远的郡国来一趟路上就要花费十几天甚至几十天时间，行程相当辛苦。到京师后，吃和住朝廷都做出了精心安排，各郡国在京城都有自己的一处办公官邸，它们集中的地方称为"百郡邸"。《洛阳记》记载，东汉洛阳的百郡邸在东城步广里一带，负责上计的人员来京后就住在这里。除上计外，朝廷下达给各郡国的诏书等文件一般都发往这里，由这里再送回各郡国，使这里相当于一个传达室；百郡邸还负责接待各郡国来京办事的其他人员，其功能和性质类似于"驻京办事处"。

上计官员汇报工作的方式是书面汇报为主、口头汇报为辅。作为书面汇报材料，"集簿"显得很重要，内容包括本郡国土地面积和行政机构、农业经济发展情况、财政收支情况、户数口数、赈济贫困情况、文化教育事业以及盗贼情况，主要是一些统计数字，有些方面要求还很细致，比如人口情况，除总数外还要分别专门注明男女人口数以及70、80、90岁以上的人口数，农业生产情况中还包括种了多少树、新开垦了多少耕地等，有的地方种了晚稻，统计时明确其产量应计入次年，以免重复计算。

想象中这份重要的"集簿"应当篇幅浩繁、文辞华美，但其实不然。1993年，江苏省东海县尹湾村出土了一批重要的汉代木牍，其中就有一份

职官篇：
工作五天休一天

当年东海郡的"集簿"，全文竟然只有600余字。这其实可以理解，如果对各郡国的"工作总结"不加限制，任由大家发挥，那么朝廷大量的精力将浪费在阅读这些文件上，所以汉代专门颁布了《上计律》，对如何撰写"集簿"有严格要求，简明扼要是其中最重要的原则之一。

对于无法用数字在总结里阐明的，可以用"牒别言"方式补充，也就是给"集簿"增加附件，朝廷负责审核的官员认为有必要可以去看附件，或者把上计官员叫来当面询问。丞相和三公之一的司徒是负责审查上计的总负责人，有时皇帝本人也会参加这种面对面的审查，这样一来"驻京办

木牍《集簿》

三国的日常生活

主任"们就有了直接与最高层接触的机会,这样的机会意味着风险,因为汇报工作令人不满意而让自己和本郡长官获罪的情况时有发生。汉代对上计要求颇严,除了要求汇报文书井然有序外,还特别强调数字的准确,不允许弄虚作假,对在审核中发现的错误,按程度和性质不同分为"书误"和"实误",以分清哪些属于笔误、哪些是故意欺瞒。即使是笔误也分为"大误""小误",比如,计算人户、马牛和财货时误差超过 660 钱的即为"大误",以下的为"小误"。区分了错误的性质和大小,下面就是惩罚,其中对故意欺瞒的一般处罚都很重,除免职外,还有可能治罪,甚至可能砍头。但是,直接与最高层对话通常也意味着一种机遇,由此被上面赏识和发现的情况也有很多。

司马懿出生于 179 年,作为汉末三国的风云人物和晋王朝的开创者,相对于其他三国人物他出生的时间有些晚,这一年曹操已经 20 多岁了、吕布 20 岁出头、刘备将近 20 岁,有很多精彩的篇章司马懿都没赶上,曹操迎天子到许县时司马懿 17 岁,官渡之战时 21 岁,这期间他一直待在家乡。《晋书·宣帝纪》说司马懿少有奇志、聪明过人,有雄心大略,同时博闻强识,对儒学有很深的造诣,面对乱世常心怀感叹,以天下为忧。《晋书·宣帝纪》记载:"汉建安六年,郡举上计掾。"这时司马懿 22 岁,官渡之战已经结束,他的家乡成了"曹统区",司马懿被郡里推荐担任上计掾,这是他的第一份工作。

司马懿初出茅庐就担任了郡政府"驻京办主任"这样一个重要职务,具体背景不详,但司马氏家族在当地的名望无疑起了很大的作用,加上不少名士对司马懿已有推崇、赞扬,让他名声在外。当然还有一个重要原因,河内郡是官渡之战后才纳入"曹统区"也就是许县朝廷管理的,可能郡里已中断此项工作多年,也找不来更有经验的人手。这次入京经历对司马懿十分重要,《晋书·宣帝纪》记载:"魏武帝为司空,闻而辟之。"正是因为来到京城,司马懿才为更多的人所知晓。曹操不仅知道了司马懿的

职官篇:
工作五天休一天

名字，而且专门下令征召他到身边工作，虽然中间经历了一些波折，但司马懿最后还是来到了曹操的身边，开始了自己的政治生涯。

除了司马懿，三国时期另一位最有名的"驻京办主任"是邓艾。由于出身低微，邓艾尽管很有才干却一直不得志，40岁左右才有了一次重要的人生机遇。《三国志·邓艾传》记载："后为典农纲纪、上计吏。"因为这次经历，邓艾有了去洛阳汇报工作的机会，见到当时已在朝廷手握大权的司马懿，经过一番谈话，邓艾被司马懿所赏识，从而改变了自己的命运。

三国时期曾经担任过上计掾、上计吏的知名人物除司马懿、邓艾外还有许多，如雄霸荆州多年的刘表、割据称雄于北方的公孙瓒、参加关东联军讨董卓的孔伷、知名学者郑玄、名士许靖以及名臣蒋济、卫臻、孙资、刘邵、郭图、司马望等，可以说上计是三国时期最锻炼人也最容易出人才的岗位之一。

29 军队里的武官

在三国的史籍中经常会遇到武将的官职名称,如大将军、骠骑将军、车骑将军、卫将军、征西将军、镇西将军、安西将军、平西将军等,还有各种名号的将军以及校尉、都尉、中郎将、司马、别部司马等,如果不弄清它们的含义,读起来就会云里雾里。有一个简单的办法,未必完全精确却很实用,那就是"古今类比法"。

大将军:"全国武装部队总司令"

汉朝的军制分为平时和战时两种。平时,军队主要集中在南军、北军,南军负责四方征战,是野战部队;北军驻扎在洛阳附近,负责京师的防卫。北军之外,天子还有一部分近卫部队,如卫尉、虎贲、羽林等,性质与北军差不多。除了这些中央军,汉朝没有严格意义上的地方部队,州郡不典兵。州不用说,本身就不是正规意义上的行政单位,州刺史品秩只有六百石,只相当于县令,负责纠举官员差失。郡和县虽设有都尉、县尉等职,但他们的职责是维护社会治安,充其量算警察部队,与正规军不能同日而语。

正规军的职责是打仗,此外一律不管,在部队里要升迁,得靠战功,所以真正的军人都不怕打仗。地方治安部队管缉盗,管百姓纠纷,管盘查陌生人,管得很宽、权力也大,但升职靠上司,不会惦记打仗的事,加上生在本乡本土,牵挂也多,谁会真拼命?所以在黄巾军起义时,郡里和县里的治安部队形同虚设,一触即溃。

184年黄巾起义爆发,朝廷赶紧应对。《后汉书·何进传》记载,汉灵帝迅速下诏，"以进为大将军，率左右羽林五营士屯都亭，修理器械，以镇京师"。之前大将军一职久空，此次重启大将军，是将军队由平时向战时转变的信号。大将军总领天下兵马，相当于"全国武装部队总司令"，之所以任命何进，是因为这个职务通常都是由外戚担任的。

汉朝之前，最高军事武官称为上将军，如秦国的白起、燕国的乐毅、秦末的宋义和项羽，他们都是以上将军的身份统领一国军队。陈胜、吴广起义时赵王武臣曾任命陈余为大将军，这是"大将军"设置之始，之后刘邦在汉中拜韩信为大将军，位在诸将以上，总理军事。韩信被处死后大将军一职便不常设，仅战时临时受封，战毕即除，这个制度为后来所沿袭。汉景帝平七国之叛，任命外戚窦婴为大将军，汉武帝时以外戚卫青为大将军，并规定大将军作为将军的最高称谓，位在三公之上，九卿以下皆拜，这些制度也为汉末三国时期所沿袭。

骠骑将军："全国武装部队副总司令"

三国时期，基本上由平时转入战时，所以以大将军为首的"中央司令部"变成了常设，只是在魏、蜀、吴分别建国前，只有东汉朝廷有资格任命大将军。何进以后，第二个担任大将军的是袁绍，这个职务本来是曹操留给自己的，但袁绍不高兴，曹操只好拱手相让。

大将军之下有骠骑将军，这个军职是汉武帝专为爱将霍去病所设，汉武帝下令骠骑将军的俸禄与大将军相等，位同三公，地位稍次于大将军。三国时期，东汉朝廷以及魏、蜀、吴三国都设有骠骑将军，属于军中的"二把手"，相当于"全国武装部队副总司令"。三国时期担任过骠骑将军的有孙吴的朱据、曹魏的司马懿以及蜀汉的马超、吴班、李严等。

在骠骑将军之下还有车骑将军，车骑将军以下还有卫将军，他们的身份也类似于"全国武装部队副总司令"。从大将军到卫将军都不常设，也不全设。如果不设大将军，那么骠骑将军就相当于"代理总司令"；如果

三国的日常生活

不设大将军也不设骠骑将军,车骑将军就是"代理总司令",以此类推。三国时期,唯一特殊的是孙吴。《三国志·陆逊传》记载:"黄龙元年,拜上大将军、右都护。"这里说的是陆逊,孙权当皇帝后在大将军的前面加了一个"上",成为"上大将军",其实就相当于大将军,而下面的大将军则相当于骠骑将军,而骠骑将军相当于车骑将军,以此类推。

四方将军:四大"战区司令"

在三国时期的战时军制里,最上面的是由大将军、骠骑将军、车骑将军和卫将军组成的"中央司令部",而下面通常分为四大"战区",按东、西、南、北不同方位划分,分别由一名四方将军统领,分别是前将军、后将军、左将军、右将军,四方将军也就相当于四大"战区司令"。刘备称帝前介绍自己,总忘不了说自己是左将军,其职务就相当于"东部战区司令"。《三国志·先主传》记载:"从曹公还许,表先主为左将军。"这说明,刘备的左将军是朝廷正式任命的,由曹操所推荐,所以刘备格外看重。

在各大"战区",四方将军之下还有所谓四征将军,即征东将军、征南将军、征西将军、征北将军。再往下,还有四镇将军、四平将军、四安将军。从四方将军到四安将军,如果这些将军同时都设的话,那四方将军相当于"战区司令",后面几位分别相当于第一、第二、第三、第四"战区副司令"。当然,大多数情况下他们不会同时设置,那么,没有四方将军的情况下四征将军就相当于"代理战区司令",以此类推。

从四方将军到四安将军,都是高级军职,虽不如大将军、骠骑将军那么显要,但地位也很崇高。以四征将军为例,《百官志》记载,曹魏时其"秩二千石,黄初中,位次三公",也就是说,从品级上讲与九卿相当,但在朝中的班位仅次于三公,又略高于九卿。曹操年轻时最大的理想就是临死前能当上征西将军,他在《让县自明本志令》中自述:"欲望封侯作征西将军,然后题墓道言'汉故征西将军曹侯之墓',此其志也。"那时候曹操最大的人生理想,就是死的时候墓碑上写着"汉故征西将军曹操之墓",这番自述并不是娇情,实在是征西将军这样的军职也并不容易得到。

杂号将军:"军长"

现代军队编组的方法,由上到下通常是军、师、旅、团、营、连、排、班。东汉和三国军制里没有这些名目,但有类似的叫法,从上到下依次是军、营、部、曲、屯、队、什、伍。最下面的伍,就是5人组成的战斗小组,是最基层的战斗单位,主官为伍长。二伍为一什,主官为什长;二什为一队,主官为队率;二队为一屯,主官为屯长;五屯为一曲,主官为军侯;二曲为一部,主官为司马。再往上,五部为一营,是5000人,主官为都尉或校尉,相当于旅或师长;二营为一军,人数为10000左右。

三国时期,一个军的编制大约是1万人,通常由一名杂号将军指挥,相当于现在的"军长"。现在的军,通常都有一个番号,如第一军、第二军、第三军等,当时人们不喜欢这样做,但也得有一个区别的名称,于是就有讨逆军、讨虏军、横野军等,他们的"军长"就是讨逆将军、讨虏将军、横野将军。比这些杂号将军地位稍低一点的是偏将军、裨将军,相当

"偏将军印章"金印
东汉 现藏于重庆中国三峡博物馆

三国的日常生活

于"副军长"。

明白这些关系,就更容易理解历史。如"水淹七军"的故事,在《三国志·于禁传》是这样记载的:"秋,大霖雨,汉水溢,平地水数丈,禁等七军皆没。"这里的"七军"指的就是7个军,交战的地点在樊城、襄阳,属南部战区所辖,征南将军曹仁是南部战区的"代理司令",他被关羽所围,于禁当时的军职是左将军,相当于"东部战区司令",曹操调他来,是统率7个军来救援曹仁的。

别部司马:"独立团团长"

在杂号将军之下还有一些其他军官,如中郎将、校尉、都尉、司马等。中郎将和校尉地位差不多,不同之处在于,中郎将过去是禁军的指挥官,后来天下乱了,各地实力派也任命自己的手下为中郎将,但通常在人们的心目中中郎将比校尉分量稍微重一些。都尉地位更低一点,各郡国地方武装指挥官也称都尉。

司马的手下通常是1000人左右,相当于团长。这里的司马,与朝廷中的大司马不是一回事,大司马地位比三公还高,属于不常设的"上公",而这里的司马是军中的低层级军官。史书里还经常提到别部司马,刘备第一个军职就是这个,《三国志·先主传》记载刘备的经历:"为贼所破,往奔中郎将公孙瓒,瓒表为别部司马。"这个"别部司马",可以理解为"独立团团长"。

30 官员的工资和奖金

品秩：既是级别也是工资标准

三国官员的级别，是以品秩作为区分标准的。所谓品秩，是官制中与官职并行的身份等级制度，按官职高低授予不同政治待遇以表明官员等级尊卑。具体而言，品秩包括"品"与"秩"以及相对应的收入待遇3方面："品"是级别，类似于后世的多少品官；"秩"是秩序，也就是上朝时站的位置，类似于班位。"品"和"秩"确定后，这名官员的收入待遇也就确定了。

汉朝和三国时期的官员，谈论其品秩时常用"×××石"来表示。如《献帝春秋》所载，关东联军讨董卓期间，长沙郡太守孙坚私自带兵离开驻地来到南阳，向南阳郡太守张咨发去公文，要求调拨军粮，张咨问下属如何回应，下属说："坚邻郡二千石，不应调发。"张咨于是不给。南阳郡与长沙郡都属荆州刺史部，所以称"邻郡"，而"二千石"就是孙坚的品秩，类似于现在说的"省部级"。上面这句话的意思是，孙坚跟您一样都是"省部级"干部，大家平起平坐，他凭什么命令您？

这里的"石"是容量单位，《汉书·律历志》记载："三十斤为钧，四钧为石。"当然，这里的"斤"不等同于现在的斤，而比现在的斤约少一半。二千石，可以理解为2000石粮食，指的是官员的收入，同时用这个收入来区分级别。汉朝和三国时期，上自三公下到县里的小吏，一般都用"×××石"来表明一名官员的级别和收入标准。

三国时期的曹魏进行了官制改革，推出九品中正制，在此之前官员品秩沿用的是汉朝制度。《后汉书·百官志》记载，东汉官员品秩共分为

三国的日常生活

十五级：中二千石，二千石，比二千石，千石，六百石，比六百石，四百石，比四百石，三百石，比三百石，二百石，比二百石，一百石，斗食，佐史。所谓"比"，字面是"比照"的意思，表示"次于"，如比四百石就次于四百石。所有官员都对应到以上品秩序列中，举例而言，大将军、三公是万石，朝廷中"部长级"的九卿是中二千石，郡太守是二千石，光禄大夫是比二千石，丞相长史是千石，大县的县丞、县尉是四百石。

俸禄：按半钱半实物发放

按照最初设计，"×××石"也代表着每年可以领取的粮食数量，汉朝的1石等于1斛，当时都是按斛计量后发放的。不过，每个月领取的具体数字并不是除以十二的结果，中间会有些调整，"×××石"表示的只是约数，又有"比"这些概念在其中，所以最终能领到多少斛粮食还要看具体规定。品秩较高的官员领取粮食会"打折"，但品秩较低的官员，由于本来标准就低，所以可以不打折甚至比原标准还高，如比六百石，本来应该比600斛还少，但每个月可以领取50斛，一年正好600斛，而六百石每个月可以多领20斛。

西汉刚建国时国家财政供养的官吏人数不多，汉武帝以后才开始大为增加，根据汉哀帝时的统计，佐史以上至丞相共13万人，到东汉时期大约为15万人，其中包括朝廷官员及各地的官员、军中的武将，看起来人数似乎也不算多，但当时国家财政收入十分有限，要供养这些人并不是一件容易的事。对官员来说，都希望全部发成实物，因为粮食才是更硬的"通货"，但国家调集不来那么多粮食，汉高祖时由漕运转来京都的粮食每年有几十万斛，到汉宣帝时增加到400万斛仍不足以供应。所以，从西汉延平年间起，将官员的俸禄按"半钱半实物"进行发放，一半仍然发粮食，而另一半折成钱。《后汉书·百官志》记载，实行"半钱半实物"发放后，各品秩官员的"月收入"大致如下：

中二千石，9000 钱，72 斛粮食；

二千石，6500 钱，36 斛粮食；

比二千石，5000 钱，34 斛粮食；

千石，4000 钱，30 斛粮食；

六百石，3500 钱，21 斛粮食；

四百石，2500 钱，15 斛粮食；

三百石，2000 钱，12 斛粮食；

二百石，1000 钱，9 斛粮食；

一百石，800 钱，4.8 斛粮食。

以曹操为例，其入仕后第一个职务洛阳北部尉是县尉，因洛阳是大县，品秩相对高一些，为四百石，每个月可以领到 2500 钱，也就是 2500 枚铜钱，另外有 15 斛粮食。2 年后，曹操升为县令，品秩升到六百石，每个月可以多领 1000 钱，食粮也可以多领 6 斛。

食邑：有爵位官员的额外收入

三国时期的官员除每个月的固定收入外，还有其他收入，食邑是最重要的一项。食邑是有爵位的人才享有的收入，这里的爵位主要指侯爵，汉朝在侯爵之上还有王爵，但刘邦白马盟誓之后，"非刘氏而王者，天下共击之"成为一个共识，所以人臣获得的爵位主要集中在侯爵及以下。

有了爵位，就可以享受食邑。食邑主要是封地内的田租，又称采邑，可以世袭。这里的"邑"，指在某个领域范围内的土地，这个土地并不仅仅指可以耕作的田地，同时也包括这片土地以上的河流、山川、城池，甚至是里面生活的民众；"采"字，则代表可以收获自己所封的"邑"内的各种成果。

三国的日常生活

战国时期,能享受食邑的人范围还相当宽,除了封君、封侯、将相外,立有一定功绩、达到一定职位或因某种特殊关系的都能享有食邑,商鞅变法时推出军功爵制,分20等,汉朝沿用了这种20等爵制。《汉书·百官公卿表》记载:"一级曰公士,二上造,三簪袅,四不更,五大夫,六官大夫,七公大夫,八公乘,九五大夫,十左庶长,十一右庶长,十二左更,十三中更,十四右更,十五少上造,十六大上造,十七驷车庶长,十八大庶长,十九关内侯,二十彻侯。"

汉朝和三国时期能享受到食邑的,除王爵外主要集中在关内侯、彻侯两级。为避汉武帝刘彻名讳,"彻侯"后改为列侯。列侯有封国,按封国的大小分为县侯、乡侯、亭侯3级,关内侯无封国,但也可以享受一定户数的食邑。不过,即便有封国的列侯,也并非享受封国内的全部田租,而是有一定户数限定。如《三国志·夏侯惇传》记载,207年"录惇前后功,增封邑千八百户,并前二千五百户",夏侯惇之前已被封为高安乡侯,属列侯中的乡侯,但并不是享受全乡的田租,而是之前享受1700户的田租,此次因为战功再增加800户,达到2500户。

有食邑者,大致能从每户收取多少田租呢?这要根据各个时期国家田租的标准来定。土地是国家的,是租给农民耕种的,这部分田租原来是要上缴国家的,现在改由食邑拥有者收取,对农民而言,其实没有太大差别。其具体标准可以参考司马迁的估计,司马迁在《史记·货殖列传》中指出:"封者食租税,岁率户二百。千户之君则二十万。"意思是,享受的食邑,每户折成钱大约是200钱,拥有1000户食邑的,每年大约收入为20万钱。夏侯惇当时是郡太守,可以按照品秩二千石的标准每个月领取6500钱和36斛粮食,而从食邑方面每年的收入是50万钱,远远大于"工资收入"。

三国时期,一部分官员可以通过受爵的方式获得食邑,食邑虽然标准很高,但想获得并不容易,因为爵位不是轻易能得到的。对于普通官员来说，除了"固定工资"就没有别的收入了吗？也不是，还有另一笔重要收入，那就是赏赐，相当于"奖金"。

赏赐：三国官员的"奖金收入"

爵位制度来自军功制，没有军功，通常是没有资格得到爵位的。203年，也就是官渡之战后的第3年，曹操根据荀彧前后所立的功劳上书汉献帝封荀彧为万岁亭侯，虽然只是一个亭侯，但荀彧也不敢接受，一再辞让，原因是自己没有野战之功。一般来说，封侯不以职务和地位高低为取舍，职务高的人即使位至三公，没有特别的功绩也难以封侯；职务很低，如果有特殊贡献的，也可以封侯。荀彧都是如此，其他官员就更不用说了，所以食邑更多地是由那些常年征战的武将来享用的。

而赏赐不同，受惠面很大。官员的赏赐分为固定赏赐和临时赏赐两种。固定赏赐是在一些年节、时令到来时的固定性赏赐，如《汉官仪》记载："立春之日，遣使者赐文官司徒、司空帛三十匹，九卿十五匹，武官太尉、大将军各六十匹，执金吾、诸校尉各三十匹，武官倍于文官。"类似的赏赐还有不少，受赐者几乎覆盖朝廷里任职的所有官员。

腊赐：三国官员的"年终奖"

在各种赏赐中，腊赐是最重要的。所谓腊赐，就是皇帝在每年腊日给文武百官的赏赐，"腊日"是农历十二月初八，人们习惯称"腊八"，这一天古人有祭祀祖先和神灵、祈求丰收吉祥的传统，皇帝一般会大赏群下，算得上是"年终奖"。

腊赐的具体数目，得根据当时的国力和财政收入来定，《汉官仪》里的一条记载可作为参考："腊赐大将军、三公钱各二十万，牛肉二百斤，粳米二百斛；特进、侯十五万，卿十万，校尉五万，尚书三万，侍中、将、大夫各二万，千石、六百石各七千，虎贲、羽林郎二人共三千。"按照以上

三国的日常生活

标准，三公和大将军的"年终奖"是20万钱，当时大将军、三公一年的"货币工资"才17.5万钱，这笔奖金甚至超过"固定工资"，除此之外还有牛肉、粳米等实物福利。总体而言，腊赐不仅标准高，而且领受的范围也很大，有品秩的官员几乎都能享受到。

东汉朝廷迁往许县后，条件有限，再加上曹操对待汉献帝身边朝廷官员的态度跟对待随同自己征战的谋士、将校也不一样，所以"年终奖"也不按年度固定发了。《后汉书·孝献帝纪》记载，建安九年朝廷颁布诏令："赐三公已下金帛各有差。自是三年一赐，以为常制。"把每年一次的"年终奖"改成了每3年发一次。

临时赏赐：一不小心成为"亿万富翁"

除了一些固定赏赐，三国时期的官员们还能得到一些临时性赏赐，这种赏赐也分两种情况：一是所有官员或大部分官员都有的，为庆祝什么活动或大捷，皇帝一高兴会赏赐大家钱物；二是因为一些缘由，赏赐给特定对象。赏赐的东西也很丰富，有的是钱，有的是金银，有的是食物或锦缎等。

214年夏天，刘备将成都攻破。刘备很高兴，立即大赏群下，这次临时赏赐出手极为阔绰。《三国志·张飞传》记载："益州既平，赐诸葛亮、法正、飞及关羽金各五百斤，银千斤，钱五千万，锦千匹。"刘备的这次赏赐，按功劳大小分成不同等级，享受最高一档的有4个人，分别是诸葛亮、法正、张飞和关羽，赏赐的标准是：黄金500斤，白银1000斤，钱5000万，锦缎1000匹。这是一大笔财富，用巨款来形容都嫌不够，它大抵相当于多少钱呢？

两汉法定货币是所谓的"钱"，也就是那种铜铸的"孔方兄"，多少钱就是多少枚铜钱，曹操的父亲曹嵩曾花1亿钱买了个太尉当，就是用了1亿枚铜钱。在汉代，黄金是比较珍贵的，也可作为货币流通，秦汉初年1

斤黄金值 15000 钱左右，王莽时期 1 斤黄金约值 1 万钱，以后金价虽有起伏，但大体保持在 10000 钱至 15000 钱之间的水平。500 斤黄金，相当于 500 万至 700 万钱。至于银的价格，目前国际市场上约是黄金的五十分之一的水平，但中国古代普遍缺银，汉代金银比价约为 5 倍，即 5 斤银相当于 1 斤黄金，1000 斤白银，相当于 200 斤黄金，折合 200 万至 300 万钱。

通过以上折算，刘备赏赐给诸葛亮等 4 个人的东西，不算锦缎大约折合 6000 万钱，从购买力的角度，这些钱又合现在大约多少钱呢？据《后汉书·食货志》记载，汉桓帝时 1 石米的价格是 50 钱，6000 万钱可以买 120 万石米，按 1 石 15 千克计算，相当于 1800 万千克米，按现在 1 千克普通的大米 7 元计算，这些米折合 1.26 亿元。诸葛亮等人转眼成为"亿万富翁"，其他人受到的赏赐虽没有这么多，想来也不会很低，《三国志》记载："其余颁赐各有差。"不过，也正是因为这次"乱发奖金"，蜀汉很快陷入一场金融危机，在诸葛亮、刘巴等人的努力下，蜀汉才从危机中艰难地走出来。

基层官吏大多是"月光族"

汉朝和三国时期的官员有固定工资，还有奖金，有爵位的能享受到丰厚的食邑，那个时代的官员们是不是生活得很"滋润"呢？其实未必，主要是上下悬殊太大，无论是固定收入还是赏赐，级别不同，差异很大，而食邑只是很少一部分人才能享受到，赏赐又主要集中于朝廷官员和上层官员，对于广大基层官吏来说，收入非常微薄，甚至很拮据，连养家糊口都困难。

汝南郡袁氏被称为"四世三公"之家，开创这个奇迹的袁安一开始只是东汉一名最基层的"公务员"，担任的职务是县里的功曹，品秩百石左右。有一年冬天，发生了雪灾，好多人饿得没有饭吃，手里有点儿权力的官吏都想办法收取贿赂来活命。县令出来巡察，来到袁安家，看见门口没

三国的日常生活

有脚印，县令想八成这个老实人给饿死了吧？于是让人去收尸，结果发现袁安还有一口气，就把他救活了。宁可饿死也不收取贿赂，"袁安困雪"的故事不胫而走，袁安成为廉洁自律的典型，被举为孝廉，官职也越升越高，到汉章帝时做到了司空，成为家族的第一位三公。

有人怀疑"袁安困雪"的故事有水分：不管怎么说袁安也是一名"县人事局局长"，不是普通百姓，即便遇到灾荒，即便政府的薪俸一时发不下来，平时也有积蓄啊，怎么能险些饿死呢？其实，像袁安这样的基层官吏在汉朝是非常清贫的，几乎个个都是"月光族"。汉朝和三国时期，县令、县长以下的佐官多为"百石""斗食"，没有食邑和赏赐，"百石"的月俸只有800钱，4.8斛粮食，粮食折算下来只有72千克，如果家里人口多一些，显然不够吃，得拿钱买粮。正常情况下800钱还能顶些用场，但遇到灾荒，粮价大涨，就得饿肚子了。

31 官员的官服和假期

"即位诏书"改服色

220年，曹丕通过禅让方式建立曹魏政权，结束了东汉政权的统治。受禅后曹丕颁布了一份诏书，内容是："上古之始有君也，必崇恩化以美风俗，然百姓顺教而刑辟厝焉。今朕承帝王之绪，其以延康元年为黄初元年，议改正朔，易服色，殊徽号，同律度量，承土行，大赦天下；自殊死以下，诸不当得赦者，皆赦除之。"

这可称为一份"即位诏书"，明确了几件重要的事情：一是宣布更改年号，本年原来是汉献帝延康元年，现改为黄初元年，"黄初"成为新朝的首个年号；二是改正朔，也就是颁行新历法，这是易代之后的通常做法，同时将本朝的"五德"改为土德，即"承土行"；三是更改服饰的颜色和旗帜，服饰主要指的是官服，同时统一律法、度量衡等；四是大赦天下，除那些不在赦免范围内的罪犯，其他人一律赦免。

根据这份诏书，新朝诞生之日官员们就要发新官服了，新官服与旧官服之间在式样方面有没有什么变化不好说，但有一个地方必然会改变，那就是颜色。汉朝的官服是什么颜色？现在又是什么颜色？这份诏书里没有说，但提供了一个重要线索，那就是"土德"的确立，由此可以推断出新官服改成了什么颜色。

根据"五德终始说"定"土德"

"土德"确立的依据是"五德终始说"，这套学说是战国时阴阳家邹衍创造的，"五德"对应的是"五行"，根据相克相生原理它们按一定顺序进

三国的日常生活

行轮替,用以解释为何会发生历史的变迁和王朝的更替,这又被称为"符应"。"五德"轮替以前采取的是"五行相克"顺序,即土德、木德、金德、火德、水德。王莽篡汉,为昭示自身的合法性,根据刘向父子的学说改为"五行相生"顺序,即土德、金德、水德、木德、火德。

按照上面这个顺序,夏代属金德,商代属水德,周代属木德。秦取代了周,应该属"火德",但这个理论认为秦代时间太短,不算,所以王莽篡汉后为证明自己合法把汉朝确定为"火德"。刘秀开国,推翻了新莽,既然王莽以汉为"火德",刘秀乘势利用了这一点来做"光复旧业"的事业,于是明确东汉为"火德"。

"五德"对应的是"五行","五行"还对应着"五色","火德"对应的颜色是赤色,所以东汉官服应以红色为主。看1994年版电视剧《三国演义》,里面官员的服饰都是红色的,这符合历史。还有一种"五时色"的说法,认为汉代官员服饰根据季节不同而变换为不同颜色,如春天穿青色、夏天穿朱色、秋天穿白色、冬天穿黑色等,这个说法只在《后汉书·舆服志》中提过,还缺乏更有力的证据。

曹丕建立曹魏政权,要"承土行",将"五德"确定为"土德",其对应的颜色是黄色,所以曹魏官服的颜色应以黄色为主。有人或许会说,黄色不是皇帝的专用色吗?黄色的衣服普通官员难道也可以穿?其实是可以的,黄色为皇帝专用是唐朝以后的事。

以黄色为主色调

曹魏以黄色为主色调,还有一件事可供佐证。东汉末年黄巾大起义,起义军人人头戴黄巾,就是认为黄色可以取代汉朝的赤色,但那次起义没有成功,真正取代汉代赤色的不是黄巾军的黄色,而是曹魏的黄色。

曹魏建国不久刘备就建立了蜀汉政权,蜀汉的官服是不是也是黄色的呢?这倒不是,因为刘备对外称自己所建立的政权只是东汉政权的延续,国号仍是汉，也就是仍尊汉统，那么官服也会沿用汉朝的颜色，仍然是红色的。

孙吴是三国中最后一个建立的政权，孙权定国号为吴，说明不再尊汉统，情况便与曹魏类似，官服应该改成了黄色。

休假制度已固定

再说休假制度，官员的休假制度至少在秦朝就有了。刘邦担任秦朝治下的一个亭长，相当于乡里的"派出所所长"，《史记·高祖本纪》记载"高祖为亭长时，常告归之田"，三国时期的学者孟康解释："古者名吏休假日告。"至今有"告假"这个词，用的就是这个意思。汉朝建立后，官员休假更加固定下来，基本形成了休假制度。

汉朝的官员在工作日吃住都在官署里，无论是中央朝廷还是各州郡，官员们都有自己的固定办公地点。曹操担任洛阳北部尉，只是一个很小的基层单位，但也有自己的官署。《曹瞒传》记载："太祖初入尉廨，缮治四门。造五色棒，县门左右各十余枚。"意思是，曹操刚来到洛阳北部尉的官署，就让人重新整修官署四面的大门，又做了十多个"五色棒"，悬挂在大门左右。从上面这个记载可以看出，曹操所供职的这个"洛阳县北部地区公安分局"不仅有官署，而且规模不小，有"四门"。

那个时候，曹操在工作日里是不能回家的，虽然他的家就在洛阳城里，条件更好，但他平时吃住也都只能在官署里。曹操在这个"分局大院"里工作了2年，还挺有感情，曹操去世前曾回到洛阳，《曹瞒传》记载"王更修治北部尉廨"，意思是下令将自己工作的这个洛阳北部尉官衙进行了修缮，看来曹操当时又回到过"分局大院"故地旧游，而那时官署还在，只是已经破旧了。

"五日一休沐"

当然，官员们不可能一年四季不回家，工作几天可以回去休一次假

三国的日常生活

呢?《事物纪原》记载:"汉律吏得五日一休沐。"《汉书·石奋传》也记载:"每五日洗沐归谒亲。"这里都提到,官员每工作5天可以进行一次"休沐"或"洗沐",也就是休假。"休沐"的字面意思是休整、洗浴,大概在官署里没有洗澡的条件,所以想洗澡只能回家,休整、洗澡成为休假的理由,同时还有"谒亲",也就是看望父母、与妻儿团聚。

东汉末年,汉桓帝在位时宦官当道,名臣李膺拜司隶校尉,京城地区的治安管理是其职责之一,宦官张让的弟弟张朔担任野王县令,贪残无道,被李膺盯上,张朔吓得藏在哥哥家中,李膺前来搜捕,下狱后诛杀,张让告到汉桓帝面前,汉桓帝叫来李膺,当着张让的面加以诘问,被李膺理直气壮地顶了回去。汉桓帝无言,回过头对张让说:"此汝弟之罪,司隶何愆!"经此,宦官气焰大减,《资治通鉴》说宦官们"休沐不敢出宫省",也就是到放假那一天也不敢回家。汉桓帝很奇怪,问他们是什么原因,宦官们叩头泣告:"畏李校尉。"

到汉灵帝在位时,宦官仍当道,宦官王甫、曹节等奸佞弄权,太尉段颎阿附宦官,朝廷内外皆是宦官党羽。尚书令阳球看到这种情况,常拍着大腿发誓:如果我当了司隶校尉,就把这些家伙统统收拾了!结果,阳球果然被任命为司隶校尉,于是开始行动。《资治通鉴》记载"时甫休沐里舍",也就是王甫刚好放假回到宫外的家里,而段颎也因为出现日食的原因"自劾",即自我禁闭反省,正好是个机会,阳球诣阙请诏,竟然将王甫、段颎及其党羽全部送到了洛阳狱。

三国时期的名臣华歆,年轻时在本郡为吏,平时也有休假。《三国志·华歆传》记载:"歆为吏,休沐出府,则归家阖门。"这里强调的是华歆为人本分,工作时吃住在官府,轮到休假时就回到家里,把门关起来,不议论他人,不参与是非之事。

职官篇：
工作五天休一天

长假、急假有要求

除了每 5 天休假 1 天外，汉朝和三国时期还有休长假的制度。《后汉书·礼仪志》记载："冬至前后，君子安身静体，百官绝事，不听政，择吉辰而后省事。"意思是，冬至前后，官员们要放一次长假，假期内不办理公务，假期长短不固定，须选吉日才开始重新办公。

三国时期，官员遇到急事能请假吗？可以请，这个假称"急假"，具体请法，可以参考晋朝的制度。据《九朝律考》的转述，晋朝律令规定："急假者，一月五急，一年之中，以六十日为限。"也就是说，请"急假"每个月不能超过 5 次，每年以 60 天为上限。超过 60 天怎么办？那就不适合任职了，只能辞职。

能休的最长假期

三国时期，官员能休到的最长假期是丧假。汉朝和三国时期都以孝治国，特别注重父母的丧事，父母去世后，官员要服 3 年的丧假。《后汉书·袁绍传》记载，袁绍年轻时担任濮阳县长，"遭母忧去官，三年礼竟，追感幼孤，又行父服。"袁绍的母亲去世了，袁绍从县长岗位上离职，服了 3 年的丧假，假期结束，本应回去报到，重新工作，但袁绍追念已故的父亲，又服了 3 年丧假，前后共 6 年。

袁绍服的丧假是"母忧"，这个"忧"，是"丁忧"之意。《尔雅·释诂》解释："丁，当也。"也就是遭逢、遇到的意思；蒋抱玄注："宅忧，居丧也。"所以，"丁忧"就是遭逢居丧的意思。在此期间，儿女们会忧伤，并遵循一定的民俗和规定"守制"，时间一般是 3 年，其间吃住并睡在父母坟前，不喝酒、不洗澡、不剃头、不更衣，并停止一切娱乐活动。

丁忧为什么长达 3 年时间呢？这时因为，古人要报父母的恩，认为孩子出生后前 3 年里都离不开父母，时时刻刻都需要父母的照料，所以对父

三国的日常生活

母晚年要尽心尽力，父母不在了，做子女的也要时时想念他们，至少在坟前守孝3年。这个制度在汉朝就形成了，丁忧的人不准为官，如无特殊原因，国家也不可以强招丁忧的人为官，这叫作"夺情"。

袁绍的父亲名叫袁逢，当时并没有死，袁绍服父亲的丧假，是因为他从小过继给了袁成，袁成死得早，但袁绍认为袁成是自己宗法上的父亲，也应该服丧假。袁绍的做法在当时被视为极大的孝行，因为服丧假毕竟是一件很艰苦的事。不过，袁绍在自己的大好年华里一口气服了6年丧假，并不是出于孝行，当时宦官当政，连续两次发起"党锢之祸"，大批党人遭禁锢，也就是被免去官职并永远不再被朝廷录用。"四世三公"的袁氏是党人领袖，门生故吏遍布天下，与一些知名党人还有姻亲关系，很难避开宦官的政治追杀。这时候袁绍的母亲去世，正好给了袁绍一个避险的机会，他主动将丧期延长了3年以等待时机。

32 官员的选拔和退休制度

三国时期还没有科举考试制度，官员选拔主要有3个途径：一是举孝廉，二是举茂才，三是荫补。除此之外，有机会进入太学学习的人，毕业后也可以步入仕途。到了三国后期，九品中正制推出后，选官制度变得更为严密。

孝廉：因为孝行而被推举为官

汉朝选官实行察举制，也就是推荐制，推荐的标准之一就是孝廉，也就是察举孝子和廉洁之人为官。孝和廉是两个科目，"孝"指孝子，"廉"指有清廉操守的人。根据儒家的治国思想，人的立身之本是孝行，任官从政之本是廉洁，所以举孝廉被确定为选拔人才的最重要的科目，从地方官吏到朝廷的公卿，很多人都是孝廉出身，这项选官制度对汉朝和三国政治影响很大。

能被举为孝廉，不用上考场，马上就有做官的资格，看起来很轻松，其实很难做到，因为孝廉的名额十分有限。东汉时期，规定以郡和国为单位，20万人口以上的每年只能推荐一人为孝廉，20万人口以下的，每2年推荐一人。东汉约110个郡国，按照这个标准，每年全国能成为孝廉的也只有几十人，这些人一般先被授为郎官，在天子身边或朝廷其他部门实习一段时间，然后分配工作，可以到地方政府任职，也可以在朝廷各官署里任职。

通过举孝廉，在社会上造成了"在家为孝子，出仕做廉吏"的风尚，起到了"化元元，移风俗"的社会教育作用。但东汉中期以后选官制度松弛，察举不实，孝廉队伍里混进不少滥竽充数的人，汉桓帝时流行歌谣讽刺说"**举孝廉，父别居**"，意思是刚刚被推举为孝廉，就跟父亲分家过日子，成为社会上的笑话。

不过，三国时期举孝廉仍是一项重要的政治制度，史籍记载的孝廉出身的三国人物不胜枚举，重要的人物如下：曹操（《三国志·武帝纪》），刘虞（《后汉书·刘虞传》），陶谦（《三国志·陶谦传》），公孙瓒（《三国志·公孙瓒传》），许靖（《三国志·许靖传》），荀彧（《后汉书·荀彧传》），黄盖（《三国志·黄盖传》），贾诩（《三国志·贾诩传》），王朗（《三国志·王朗传》），孙权（《三国志·吴主传》），张昭（《三国志·张昭传》）。

茂才：更高一级的人才推举

茂才原名秀才，本指才能秀异之士，与《礼记》所称的"秀士"相近，是一种泛称，到汉朝时变成推荐人才的科目之一，东汉以后，为避光武帝刘秀的名讳改称"茂才"。

茂才选官制度是汉武帝创立的，公元前106年汉武帝下诏："**令州郡察吏民有茂才异等，可为将相及使绝国者。**"从中可以看出，举"茂才"与"异等"连在一起，显然"茂才"与"异等"的含义是差不多的。值得注意的是，茂才之选，常由皇帝派员巡行地方时直接进行察举，这也进一步表明了察举茂才的特殊性。与孝廉相比，茂才的使用显然较孝廉更为重要。因为茂才是高一级的察举，所以每年察举茂才的人数更为有限。

三国时期被举为茂才的重要人物有：曹丕（《三国志·文帝纪》），孙权（《三国志·吴主传》），沮授（《三国志·献帝纪》），张纮（《三国志·张纮传》），赵昱（谢承《后汉书》），袁涣（《三国志·袁涣传》），陈群（《三国志·陈群传》），王朗（《三国志·王朗传》），陶谦（《三国志·陶谦传》）。以上这些人中，陶谦、王朗、孙权同时还被举为孝廉，说明举茂才时，现任官吏、孝廉等也在推荐范围内。

荫补：高级官员子弟可"接班"

三国时期，高级官员退休后还有一项待遇，那就是荫补。所谓荫补，字面意思是对于因故被取消的荫封予以补封，通常指官员退休后可以选其子弟入仕，相当于"接班"，当然不是接任其原职务，而是由此获得进入仕途的资格，在没有科举考试制度的情况下，这也是入仕的重要途径。

荫补也称任子、保任，作为一项制度，是在汉朝形成的。宋人章如愚在《山堂先生群书考索》中考证："任子保任之法，任子之说起于刘向以父任为辇郎，袁盎以兄任为郎中，释者曰'言为父兄所保任，故得为郎也'。"汉朝著名经学家刘向的父亲刘德在西汉初年被封为阳城侯，刘向后来"以门荫入仕，起家辇郎"。汉朝著名外交家苏武也"因父苏建为卫尉而荫为郎"。

三国时期，官员退休后仍然享有荫补的待遇，受荫补而入仕途的可以是官员的儿子，也可以是兄弟或侄子。《魏略》记载："始渊兄晃为恭任子，在洛。"这里说的是，辽东郡太守公孙恭有两个侄子，即公孙渊和公孙晃，其中公孙晃因为公孙恭受荫封而入仕，在京城洛阳供职。

不过，退休时能享受到荫封待遇的主要是高级官员，汉朝时一般"二千石九卿得任子弟为郎"，也就是官至二千石以上的才有这样的待遇，二千石在朝中约相当于九卿，在地方上约相当于州牧和郡太守，在军中约相当于将军，也就是说，只有"省部级""省军级"以上的官员退休时才能享受到荫补的待遇。

太学：通过上学进入仕途

太学是中国古代的国立最高学府，夏、商、周时期均有设置，称谓有所不同，五帝时期称"成均"，夏朝称"东序"，商朝称"右学"，周朝称

三国的日常生活

"上庠"。西汉初年,汉武帝采纳董仲舒"天人三策"中"愿陛下兴太学,置明师,以养天下之士"的建议,在京师长安设立太学。

作为朝廷最高学府,同时也是各级公职人员的培养基地,太学是所有读书人向往的地方。西汉初年初建太学时规模仅50人,后来逐渐扩大到3000人,王莽时更是扩大到上万人。太学归九卿之一的太常卿管辖,太学的老师称为博士,校长称为博士祭酒。"祭酒"一词,就是在社交活动中担当首席的那个人。

太学招生实行推荐、考试加保送的办法。地方上以郡为单位可以推荐本地优秀学子入学,有固定的名额。此外,在当时组织的一种明经考试中,凡取得优异成绩的也可以入太学学习。保送的对象是公卿官员之子,一般品秩在六百石以上的官员可以送一名子弟到太学学习。

太学生毕业后通常由朝廷分配工作,根据成绩随才而用。各郡来的贫寒子弟学业期满后很多都要返回乡里从事教学工作,或者在地方政府里被征辟为吏,慢慢走上仕途。公卿子弟一般直接被征为郎官,即宫中或朝廷各机构里的实习生,根据实习情况再由朝廷正式分配到政府部门工作。

曹操曾是一名太学生,司马彪《续后汉书》记载:"初,魏武帝为诸生,未知名也,玄甚异之。""诸生"就是太学生,这里的"玄"指的是名士桥玄,他是曹操的忘年交。除曹操外,见于史籍的三国时期曾上过太学的人还有:刘陶、郭泰(《资治通鉴》),张纮(《吴书》),陈寔(《后汉书·陈寔传》)。

九品中正制:选官进一步被大家族垄断

察举制主要靠推荐,这种选官制度存在很大弊端,容易造成各种形式主义和大量庸才的出现。三国争霸期间,曹操打破这样的人才标准,实行"唯才是举",更重才干而不拘泥于人品如何,取得了成功,曹魏在人才方面明显优于蜀汉和孙吴。但在之后,魏文帝和魏明帝出于对世家大族的拉拢，又逐渐向两汉旧有的选人制度回归，重新推行察举制，在这种背景下，陈群等人创建了九品中正制。

按照这种选人办法，尚书台的吏部曹是负责选官的机构，但是各州、郡、县，以及朝廷各官署有成千上万的官吏要选用、升降和考核，吏部曹不可能忙得过来，就把选人用人的职责进行划分，尤其是将物色、推荐人才方面的权力下放给一定的机构或人员。根据九品中正制的设计，专门负责考察干部人选的叫"中正"，即选择一些"贤有识鉴"的朝廷官员兼任其原籍所在的州、郡、县的中正官，其职责是发现本州、本郡、本县范围内的各类人才，通过德才、门第等定出"品"和"状"，供吏部曹选官参考。"品"是考察人才的品德、门第等，评定出上上、上中、上下、中上、中中、中下、下上、下中、下下9个等级，等于给后备干部考察打分。"状"是中正给被考察人最后做出的评语。

九品中正制在选官时不仅有考察，考察也有标准，考察的结果既有量化指标也有定性的结论，这种干部考察机制应该说是很先进的了。但是，按照家世、道德、才能三者并重的标准判断人才，很容易走向重门第而轻德才的局面，最后造成"上品无寒门，下品无士族"的社会不公。《三国志·夏侯玄传》记载，曹爽辅政期间，夏侯玄认为九品中正制有很大弊端，主要在于选拔环节涉及多个部门，造成"分叙参错，各失其要"的混乱，中正官、地方行政长官在选人用人上有很大的话语权，但职责不明，使吏部曹在选官上经常处于被动。夏侯玄提出，要明晰尚书台、地方行政长官、中正官三者之间的关系，使其分工更为明确，尤其是在中正官和地方行政长官之间形成制衡，谁都不能说了算。

简单地说，过去中正官和地方行政长官联合考察人才，他们通过商量给吏部曹报来一个"品"和"状"的考察结论，对于这个考察结果吏部曹没有不接受的理由。在他们商量的过程中就有可能作弊，而现在通过明晰职责，中正官和地方行政长官各拿出一个考察结果，同时报到吏部曹，由

三国的日常生活

吏部曹综合这两份结果再进行考察。

夏侯玄说的这场选官制度改革,要点是改过去的"面对面"为现在的"背靠背",通过改革,尚书台吏部曹就把选人用人上的主导权从中正官和地方行政长官手里抓了回来。不过,这只是技术性的改革,就选官的本质来说仍然没有变,九品中正制仍然加速了门阀制度的形成。

遥拜:特殊时期的官员任命方式

任命职务通常有严格的组织程序,朝廷官员、地方要员和军中的高级将领都要由皇帝亲自以诏令的形式任命。但进入三国时期,各地陷入混战,朝廷成为傀儡和摆设,加上各地道路隔绝,由朝廷直接任命所有的官职已不现实。为保证治理不失秩,各地的割据者发明了"遥拜"这种做法,以解决本集团内部官员、将领的升迁和任命问题。

具体形式是:找块空地,找个条案,摆上贡品,点上香,冲着皇帝所在的方位跪下念奏疏,奏疏中先把挟持皇帝的贼人如董卓、凉州军阀或曹操等骂一通,然后表示自己的忠心,再说要任命某某担任某某职务,最后祝天子万寿无疆。完了,再磕几个头,一套程序就结束了。

上述这套程序称为"遥拜",也称"表奏",最早是从袁绍以车骑将军的名义"表奏"曹操代理奋武将军一职开始的,之后大家纷纷"表奏"起来,凡是有点儿实力的都干过这样的事。方便归方便,但容易造成混乱,因为从此之后经常出现一个郡、一个州同时有几个郡太守或刺史、州牧的现象。

三国时期,群雄不仅通过"遥拜""表奏"对属下大肆封官,还"你表我、我表你",互送人情。209 年,即赤壁之战结束后的第二年,刘备与孙权仍处在联盟抗曹的"蜜月期"。《三国志·吴主传》记载:"刘备表权行车骑将军,领徐州牧。备领荆州牧,屯公安。"这就是一个典型的互相表奏的例子,刘备表奏孙权,孙权表奏刘备。车骑将军相当于全国武装部队的"副总司令",当然得朝廷任命,可朝廷当时掌握在曹操手里,让他任命是不可能的,只能"备案"了。

既然只是备案,刘备的这个表奏还有价值吗?有价值。因为这得看是谁来表奏的,虽然理论上说任何人都可以表奏别人当官,既然程序上是非法的,区分也就没有意义,但是,尽管是一场游戏,由谁来操办又有着不同的分量。就拿这个车骑将军来说,孙权尽管很想要,但如果是他手下的人出来表奏的话,他宁愿不要,因为那将被人耻笑。如果是江夏郡太守刘琦表奏的,虽然路数是对的,但"成色"差了很多,而朝廷正式任命过的左将军刘备出面那就不同了。所以,车骑将军这个职务孙权很想要,而当时只有刘备能给。刘备不仅按照诸葛亮的建议把孙权表奏为车骑将军,而且索性把空头人情做得更大,同时表奏孙权兼任徐州牧。徐州是曹操的地盘,刘备除了送顺水人情,还有挑事的嫌疑。

对于刘备的好意,孙权欣然接受。孙权之前仅是朝廷正式任过的一个杂号将军,相当于军长,所以很不方便,手下一帮将领只能给个偏将军、裨将军、校尉什么的,现在自己"升了",大家也都可以跟着往前"升",孙权从此便以车骑将军自称。

三国时期官员退休年龄是 70 岁

早在 3000 多年前,中国就已经有了官员退休制度,不过只限于朝廷官员。《礼记》记载,周朝时"大夫七十而致事",这里的"致事"就是官员退休的意思,一般称为"致仕",字面意思是交还官职,"退休"一词是唐朝以后才出现的。

周朝的官员年满 70 岁退休,清朝之前一直大致沿袭着这个年限,三国时期也一样。官员退休年龄降至 60 岁,是清朝开始的。公元前 67 年,丞相韦贤上书请求致仕,《西汉会要》记载,汉宣帝觉得韦贤年事已高,不能太劳累,给予批准,赏赐 100 斤黄金和一处住宅。韦贤是史籍记载中

三国的日常生活

丞相退休的第一人。

三国时期，官员达到退休年龄时一般都会退休。《三国志·顾雍传》记载，孙吴丞相顾雍有个族人名叫顾悌，其父"向历四县令，年老致仕"，因为年龄的关系而致仕，是官员退休的主要原因。三国时期的著名学者郑玄注《礼记·文王世子》时说："三老、五更各一人也，皆年老更事致仕者也。"年老致仕是当时的惯例，曹丕写过一首《令诗》："丧乱悠悠过纪，白骨纵横万里。哀哀下民靡恃，吾将佐时整理，复子明辟致仕。"诗中"吾将佐时整理，复子明辟致仕"的大意是，我要重整山河，重新征聘已经退位的汉献帝，让他一直干到退休。曹丕在这里表达的意思是，自己称帝后不会废掉汉献帝的爵位。

曹魏司徒陈矫有个儿子叫陈骞，曾在曹魏任征蜀将军，参加过淮南平叛，后仕晋，是晋朝的开国元勋。陈骞晚年时急流勇退，《晋书·陈骞传》记载其上表，表示自己"既位极人臣，年逾致仕，思欲退身"，但晋武帝没有批准，让他仍任大司马。陈骞以后屡次请求退休，晋武帝司马炎均下诏表示国家需要其在位以察朝政，不肯让其辞官。陈骞不服气，"辄归第，诏又遣侍中敦谕还府"，回到了家，不想再上班了，皇帝又派高级官员到家里，把人请到单位去上班。从上面这个记载中可以看出3点：一是当时是有退休制度的，"年逾致仕"，即超过了正常的退休年限，也就是超过了70岁；二是退休官员并非一到退休年龄就得退休，而是根据工作需要可以继续留任；三是虽然超过了退休年限，虽然本人也想退休，但皇帝不批准仍然不能退休。

因身体原因可提前"病退"

三国时期人的平均寿命很低，大约在30岁，凡是能活到70岁以上的都不容易，史书有时还会专门记上一笔，如贾诩、孙权、司马懿，他们都活到70岁以上。曹操手下的大臣高柔活了89岁，司马懿的弟弟司马孚活

职官篇:
工作五天休一天

了92岁,孙权手下将领吕岱活了95岁,蜀汉大臣来敏活了96岁。史书把他们去世时的年龄专门记一下,说明长寿很不容易。

这样看的话,70岁的退休年限标准有些高,大部分人只能死在工作岗位上。曹操活了66岁,诸葛亮活了54岁,曹丕只活了40岁,曹叡更低,只有36岁。对于很多官员来说,年龄逐渐增大,身体有病,但还达不到退休年限,怎么办?有办法,可以申请"病退"。

《后汉书·郑均传》记载,议郎郑均参与机要,工作很辛苦,虽然没有到70岁,仍身体状况不佳,最后"以病致仕"。汉献帝时学者应劭撰《汉仪》,其中提到"故胶东相董仲舒老病致仕",说的是西汉时期的董仲舒在58岁时以身体原因提出退休申请,并获得批准。三国名臣华歆有个儿子名叫华表,入晋后官至九卿,后来也在未满退休年龄时"称疾致仕"。

"乞骸骨":本人主动提出退休申请

没到退休年龄,本人主动申请提前退休,这个申请一般称为"乞骸骨",字面意思是请求使自己的骸骨归葬故乡,也就是回老家安度晚年。这个说法来自《晏子春秋·外篇》:"臣愚,不能复治东阿,愿乞骸骨,避贤者之路。"意思是,臣我很愚蠢,不能再去治理东阿了,希望能让我告老还乡,给有才能的人让路。在史籍中"乞骸骨"也称为"乞骸""乞身"等。

三国时期,官员"乞骸骨"较为多见:

(陈龟)遂乞骸骨归田里,复征为尚书。(《资治通鉴》)

(刘祐)辄以疾辞,乞骸骨归田里。(《后汉书·党锢列传》)

(陈化)乃上疏乞骸骨,遂爰居章安,卒于家。(《吴书》)

(郑冲)遂不视事,表乞骸骨。(《晋书·郑冲传》)

(陈骞)求入朝,因乞骸骨。(《晋书·陈骞传》)

三国的日常生活

（韦诞）乞骸骨而告归。（韦诞《叙志赋》）

"乞骸骨"常与"归田园""告归"相联系，所以古代官员退休又常称"告老还乡"。不过，在三国时期，官员"还乡"不一定是回到自己的原籍，毕竟三国是个分裂时期，很多人的家乡已经成了"敌国"，想叶落归根也做不到。三国时期的官员，有的退休后仍在供职的地方居住，有爵位的可以去自己的封地，因为封地相当于自己的"新家乡"。

238 年，司马懿奉魏明帝曹叡之命领兵讨伐辽东的公孙渊，行军途中路过老家河内郡温县，河内郡太守、本郡典农校尉等率地方各级官员集体前来拜见，带来了天子所赐的谷帛牛酒。司马懿已经很多年没回过老家了，于是在附近一个叫虢公台的地方设宴招待乡邻和故旧，"宴饮累日"。宴会上，司马懿临场吟出一首诗："天地开辟，日月重光。遭遇际会，毕力遐方。将扫群秽，还过故乡。肃清万里，总齐八荒。告成归老，待罪舞阳。"这首诗被后世冠名为《宴饮诗》，诗中大意是：我大魏自宏业开创以来，太阳和月亮仿佛重新焕发出灿烂的光芒，天子命我率正义之师讨伐远方的敌人，在率领大军扫除恶人的途中我回到了故乡。我要铲除万里疆域中的敌人，统一四面八方。大功告成之后，我将待罪于舞阳。

现在河南省中南部有舞阳县，属漯河市，魏明帝继位后封司马懿为舞阳侯，司马懿的意思是，待我平定辽东后，就退休回到封地去养老。"待罪"表达的是对皇帝的敬畏，不是真的去那里领罪或服刑，这里的意思与"乞骸骨"差不多。司马懿想向魏明帝表达一个意思，那就是此次如果再建平辽的功勋，也不要天子再加官晋爵了，而是马上申请退休，去封地舞阳，守着一个舞阳侯就心满意足了，这么说是让魏明帝放心。

官员退休后工资只拿三分之一

汉朝和三国时期的官员退休后仍可以领到薪俸，只是标准较在职时有所降低，通常只有在职时的一半甚至更少些，多数人只能拿到原收入的三分之一。

不过，也有受到额外照顾，退休后仍拿"全薪"的。三国名臣王祥出生于黄巾大起义爆发的 184 年，一直活到晋朝建立，在曹魏担任过多项官职，入晋后任太保，进封为睢陵公。王祥因年龄原因多次"乞骸骨"，晋武帝最后批准了。《晋书·王祥传》记载："诏听以睢陵公就第，位同保傅，在三司之右，禄赐如前。"意思是，王详退休之后仍可居住在自己睢陵公的府第里，享受原来太保一职的待遇，上朝时站在三司之前，工资、年终奖跟在职时一样。除了"退休工资"，一些高级官员退休时还能享受一笔可观的赏赐。王祥退休时不仅待遇不变，而且获得一大笔赏赐，"赐安车驷马，第一区，钱百万，绢五百匹，床帐簟褥"。一些名臣、有功之臣，退休时往往都能得到这样的赏赐，但这只是皇帝的恩赏，并不是制度，普通官员往往没有。

杂项篇：离婚再嫁不稀奇

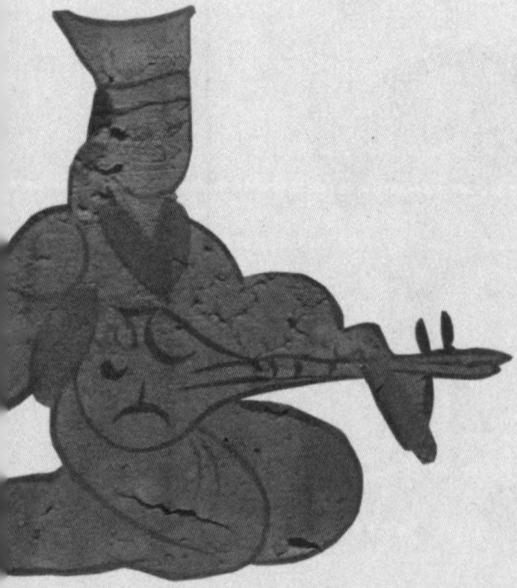

33 三国的节日

隆重的正旦节

中国古代称新年第一天为正旦,或元旦、元日、元长、元朔、元春,具体日期在西汉以前各不相同,夏朝以正月初一为正旦,周朝以十一月初一为正旦,秦朝也以十月初一为正旦。西汉初年,司马迁创"太初历",以正月初一日为正旦,从此历代相沿。

汉朝和三国时期,每到正旦的前一夜人们就会祭祀门神,以求辟除灾厄。通常的做法是在门上贴老虎画像,在门两侧摆上画有神荼和郁垒形象的桃木牌,再在门梁上悬挂一条苇索,供门神抓鬼使用,时人称这种仪式为"悬苇",认为可以御凶邪。

到了正旦这一天,朝廷要举行大型朝会活动,称为"正旦大会",文武百官都要在朝会上向天子贺礼。东汉时,正旦大会一般在洛阳德阳殿举行,公卿百官和外国使节依次上殿,为皇帝拜贺,然后地方郡国的上计吏上殿拜贺,并呈上过去一年地方上的收支文书。可见正旦大会并不完全是典礼,还要处理一些政事。朝拜结束后,皇帝一般会赐下酒宴,宴会十分盛大,通常有奏乐和百戏等表演,非常热闹。

汉朝和三国时期,不仅皇宫有隆重的庆贺活动,各级地方官府也有类似活动。蜀汉大臣法正的祖父名叫法真,"学无常师,名有高才",法真的父亲在南郡,法真少年时代曾步行至南郡看望父亲,刚好遇到正旦节。《三辅决录注》记载:"父留之待正旦,使观朝吏会,会者数百人。"一个郡里的正旦聚会参加者就有几百人,可见人们对这个节日的重视程度。

刘璋统治益州时期手下有个人叫刘邈,当过牛鞞县长。等到刘备占领

三国的日常生活

益州后,聘刘邈为从事。刘邈一直想见刘备,《华阳国志》记载:"正旦命行酒,得进见。"行酒指依次斟酒,"命行酒"是命其监酒之意,也就是在席间主持酒政,相当于现在酒桌上的"酒司令"。刘邈利用这个机会接触到刘备,当面责备说:"振威以将军宗室肺腑,委以讨贼,元功未效,先寇而灭;邈以将军之取鄙州,甚为不宜也。"意思是,你刘备从刘璋手里夺了益州,属于不义。刘备没客气,怼道:"知其不宜,何以不助之?"意思是,你既知道那是不义,为什么不出来反抗?刘邈回答:"匪不敢也,力不足耳。"有人建议把刘邈杀了,诸葛亮求请,刘邈才保住一命。

正旦这一天民间普遍有宴饮活动,一般以家庭或家族为单位,从正旦头一天晚上就开始,要守岁到第二天,这些相当于现在的年夜饭、守岁等习俗。正旦这一天,家人们聚会,会向长辈或年长者祝寿,类似于现在的拜年。马超投奔汉中的张鲁,他有一个妻弟也跟到了汉中,之前马超的父亲马腾以及全家100多口人被曹操杀害,马超内心十分凄苦。有一年正旦节,妻弟跟马超一起过节,《典略》记载:"正旦,种上寿于超。"马超想到家人,看到眼前只有妻弟在身旁,不禁"捶胸吐血",对妻弟说:"阖门百口,一旦同命,今二人相贺邪?"意思是,全家100多口人同时丧命,现在只剩下咱们二人,还有什么可庆贺的啊?

汉朝和三国时期,人们在正旦节所饮的酒与平时也有所不同。这一天,人们通常饮一种"椒柏酒",是掺有椒和柏而酿成的酒。"椒"是一种香草,汉人喜其性温、气香、多籽的特点;柏是常青树,古人将之视为长寿的象征。用"椒柏酒"祭祖或献给家长,有祝寿拜贺之意。汉朝崔寔在《四民月令》中记载:"各上椒酒于其家长。"喝这种"椒柏酒",还有解毒、辟瘴气和强身祛病等功效。

至于放鞭炮,在汉朝和三国时期还没有,不过那时有爆竹。关于爆竹的来历,在一本作者不可考的《通俗编排优》书中记载:"古时爆竹。皆以真竹着火爆之,故唐人诗亦称爆竿。后人卷纸为之。称曰'爆竹'。"也就是说，最早的爆竹是指燃竹而爆，因为竹子焚烧后发出"噼噼啪啪"的响声而得名。火药发明于隋唐时期，一开始人们将硝石、硫黄和木炭等填充在竹筒里燃烧，产生了"爆仗"。宋朝以后，民间普遍用纸筒和麻茎裹火药编成串，做成"编炮"，这就是鞭炮的由来。

除了正旦节，三国时期还有一些重要节日。三国时期，没有清明节，类似的节日是寒食节；没有腊八节，类似的节日是腊日；没有情人节，但有七夕节。除此之外，上巳节、端午节以及立春、夏至、伏日等节气在三国时期也都是节日。

立春：二十四节气之首

立春是二十四节气之首，自古以来都受到人们的重视。立春这一天象征一年农耕的开始，在汉朝之前，也一度作为新一年的开始，后来太阳历代替颛顼历，正旦成为年节开始的标志，不过立春仍然是汉朝和三国时期较为隆重的节日，官方和民间都有一些节日庆典活动，其中以朝廷举办的迎春仪式最为隆重。仪式中，最重要的内容是祭祀芒神，芒神是主管农事的春神，周朝时就有这样的仪式了：立春前3天，天子开始斋戒，到立春日，天子率三公九卿诸侯大夫到都城以东8里的郊外迎春，祭拜居于东方的芒神，祈求丰年。

在农业社会中，春耕春种是一件大事，也是整个农事的基础，所以迎春时百官都穿着统一的服饰，以这种隆重的形式表达对自然的敬畏和对农事的重视。《后汉书·礼仪志》记载："立春之日，夜漏未尽五刻，京师百官皆衣青衣，郡国县道官下至斗食令史皆服青帻，立青幡，施土牛耕人于门外，以示兆民，至立夏。"

三国的日常生活

上巳节：三月上旬巳日

上巳节源于上古，在春秋时期开始流行，汉朝和三国时期已经非常兴盛了，具体时间是三月上旬的巳日，魏晋以后固定为农历三月三日。关于上巳节的起源，有一种说法是源于兰汤辟邪的巫术活动，上古时代，人们就习惯用兰汤来驱除邪气，认为兰草香气袭人，是一种"灵物"。古人在举行重大祭神仪式前先进行斋戒，同时进行"兰汤沐浴"。《周礼·春官》记载，女巫"掌岁时祓除衅浴"，三国学者郑玄注："岁时祓除，如今三月上巳如水上之类。衅浴，谓以香薰草药沐浴。"

汉朝和三国时期，上巳节的习俗以祓禊春浴为主，杂以巫术禳灾。《后汉书·礼仪志》记载："是月上巳，官民皆洁于东流水上，曰洗濯祓除，去宿垢疢为大洁。"这里说的是以流水洁净身体、让灾厄与疾病随水同去的一种风俗。汉朝和三国时期，上巳节已成为全民共享的盛日，人们承袭传统习俗，一般会临水洗浴，辟恶求福，同时更注重借节日之机成群结队出游宴饮，愉悦身心。《后汉书·袁绍传》记载，汉末天下大乱后人们在上巳节这一天仍然按传统习俗搞一些活动，袁绍就曾在193年"三月上巳，大会宾徒于薄落津"。

不过，袁绍的这个节过得却惊心动魄。薄落津是漳水上的一个渡口，袁绍这一天兴致很高，跟许多宾客饮宴，中途却突然接到情报说魏郡有人造反，叛军多达数万人，已经把袁绍的大本营邺县占领了，郡太守被杀。在座的很多人的家都在邺县，听说后"皆忧怖失色"，有人甚至当场哭了起来，袁绍却从容不迫，他当时正在玩投壶游戏，听到消息，仍言谈自若，继续玩游戏。不过这件事很快就平息了，叛军里有个叫陶升的人投降了袁绍，把袁绍以及众人的家属送到斥丘，并帮助袁绍重新收复了邺县，袁绍提拔陶升当了建义中郎将。

杂项篇：
离婚再嫁不稀奇

寒食节：冬至后第 105 天

　　寒食节是中国古代重要的传统节日之一，成形于东汉，三国时期较为流行。这个节日，初为纪念介子推而设。春秋时期，晋国公子重耳为躲避祸乱流亡他国，时间长达 19 年，大臣介子推始终追随左右、不离不弃。后来，重耳励精图治，成为一代名君，即晋文公。功成后，介子推不求功名利禄，与母亲归隐绵山，晋文公为了迫其出山相见，下令放火烧山，介子推仍坚决不出山，最终被烧死。晋文公感念其忠节，将其厚葬于绵山，修祠立庙。后来，人们在介子推死难的这一天禁火，不做饭，以寄托哀思，这就是寒食节的由来。东汉人桓谭在《新论》中记载：*"太原郡民以隆冬不火食五日，虽有疾病缓急，犹不敢犯。"*说的就是这段故事。

　　寒食节一开始也没有固定时期，一般为冬至后的第 105 天，所以寒食节还有"一百五"的别称。由于寒食与清明节日期相近，后来便合为一个节日。清明节在全国范围盛行并设扫墓假期是在唐宋以后的事，在三国时期，类似于清明节的就是寒食节。寒食节前后，长达 5 天时间不能生火做饭，这一点并不科学。曹操最早意识到这个问题，《曹操集》中载有一份《明罚令》，大意是：听说在山西一些地方人们过寒食节，但是几天不能做饭对老人和儿童的身体健康不好，长期如此会有大损失，因此废除这个节日，*"令到，人不得寒食"*，如果有违反者，家人、官吏都将接受刑罚。曹操所定的处罚具体标准是：*"家长半岁刑，主吏百日刑，令长夺一月俸。"*还是挺重的。

端午节：五月五日

　　端午节在汉朝已经有了，一般是五月的第一个午日，后来固定为五月初五。晋人周处在《风土记》提道：*"仲夏端午，烹鹜角黍。端，始也，谓五月初五日也。"*关于其起源，有岁时禁忌、图腾崇拜和纪念英雄人物 3 种说法，最流行的说法是纪念屈原。三国人应劭在《风俗通义》中说："五

三国的日常生活

月五日，以五彩丝系臂者，辟兵及鬼，令人不病温。又曰：亦因屈原。"

战国时，秦军攻破楚国都城，屈原眼见国破家亡，于是抱石投汨罗江而死。到了汉朝，儒家文化成为官方意识形态，对节日风俗也产生深远影响。儒家强调真、善、美合一，而尤其强调善，纪念屈原反映的是汉朝时人们将维护民族利益、国家利益看作社会伦理道德的最高体现，符合儒家追求的人格美，屈原以及端午节被赋予了忠君爱国、忧国忧民等文化意义，屈原身上的爱国精神被视为真、善、美的化身。

夏至：见面后互相不道贺

夏至是古时所谓"四时八节"之一，作为节日，民间自古以来有在这一天庆祝丰收、祭祀祖先的习俗，以祈求消灾和丰收。在农耕社会，人们会在安居乐业之余择日拜神祭祖，由拜神祭祖的丰盛祭贡品发展出节日宴饮活动，渐渐形成一些约定俗成的庆祝方式，夏至正是这样形成的节日。

夏至作为节日，最鲜明的特点是充满了很多禁忌，三国时蔡邕在《独断》中说："夏至阴气起，君道衰，故不贺。"也就是说，夏至这一天，人们见面后互相不道贺。《后汉书·礼仪志》中记载："仲夏之月，万物方盛。日夏至，阴气萌作，恐物不楙，其礼，以朱索连荤菜，弥牟蛊钟。以桃印长六寸，方三寸，五色书文如法，以施门户。"夏至的这种禁忌色彩与人们对五月的生理与心理感受有关，农历仲夏五月意味着一年中最难熬的暑热期来临，这种变化给人生理上带来了一些特殊体验，之后阴气渐生，意味着鬼邪力量在不断增长，这又进一步增加了夏至日的凶忌色彩。人们通过避忌活动，除显示敬顺天时、协调阴阳之意，也借助于某种仪式顺利度过凶险时期。

伏日：入初伏的那一天

伏日又称伏天，是三伏的总称。不过，伏日也是古代的一个重要节日，专指三伏中祭祀的一天。古人认为伏天阴气迫于阳气而藏伏，所以称伏日，作为节日，一般是指入初伏的那一天。汉朝和三国时期，人们对伏日十分重视，常与盛大的腊日并论，称为"岁时伏腊"，可见伏日的影响。

伏日作为节日，起源于春秋战国时期的秦国，《史记·秦本纪》记载："*德公二年，初伏，以狗御蛊。*"秦德公二年是公元前676年，在伏日这一天，人们为防暑和祛疾，已经有吃狗肉的习俗。狗肉属高热量食物，为什么在大热天吃呢？根据古人五行相生相克的说法，伏天属火，而庚属金，金怕火烧熔，所以到了伏天"*金必伏藏*"，以庚对火，有点儿类似于"以热制热"，这在生活中也有印证，比如，热天喝热开水更解渴，洗热水澡以后觉得更凉快。

汉朝和三国时期，官员们在伏日这一天可以休假，朝廷还会发放节日礼物。《汉书·东方朔传》记载："*伏日，诏赐从官肉。*"民间在这一天也有丰富的活动，司马迁的外孙杨恽在《报孙会宗书》所说"*烹羊炰羔，斗酒自劳*"，就适用于伏日。汉朝和三国时期，凡节日多有祭祀内容，伏日也不例外，人们在伏日也忘不了祭祖，祷祝祖神，希望借其神力使家人安康。

七夕节：七月七日

七夕节也称"乞巧节"，在汉朝时成为节日，主要内容是"乞巧"。所谓"乞巧"，是指农历七月七日夜，穿着新衣的少女们在庭院向织女星乞求智巧。东晋葛洪在《西京杂记》中记载："*汉彩女常以七月七日穿七孔针于开襟阁，俱以习之。*"根据这个记载，可以确认汉朝时七夕节就已经有了。

南北朝梁宗懔所撰的《荆楚岁时记》对七夕节有进一步记述："*是夕，人家妇女结彩缕，穿七孔针，或以金、银、鍮石为针，陈几筵、酒、脯、瓜果于庭中以乞巧。*"南北朝文学家庾信的《七夕赋》中所描绘的场景，

三国的日常生活

最接近三国时期人们过七夕节时的情况："兔月先上，羊灯次安，睹牛星之曜景，视织女之阑干，于是秦娥丽妾，赵艳佳人，窈窕名燕，逶迤姓秦，嫌朝妆之半故，怜晚饰之全新，此时并舍房栊，共往庭中，缕条紧而贯矩，针鼻细而穿空。"这篇赋写的是七夕之夜牛女二星升起之时，秦娥赵姬盛装出庭，穿针乞巧，所描写的场景当是宫中嫔妃七夕的节俗。"兔月"指月，传说月中有玉兔故称；"羊灯"，指羊形的灯具。

东汉时，由无名氏创作的《古诗十九首》中有一首《迢迢牵牛星》，从中可以看出，牵牛、织女已是一对相互倾慕的恋人，曹植的《九咏》中也提到过："乘回风兮浮汉渚，目牵牛兮眺织女。交有际兮会有期，嗟吾子兮来不时。"

貙膢节：立秋这一天

"貙"是一种兽，有的认为是传说中的云豹。"膢"，是一种祭祀。貙膢节就是在立秋的时候祭兽，也称"貙刘"。《说文解字》记载："膢，楚俗，以二月祭饮食也。"貙膢节起源于先秦时期，是官方围猎与军事操练的祭礼节日。

汉朝时，一般有所谓"四祭"，董仲舒在《春秋繁露·四祭》中解释："四祭者，因四时之所生孰，而祭其先祖父母也。故春日祠，夏日礿，秋日尝，冬日蒸。此言不失其时，以奉祭先祖也。过时不祭，则失为人子之道也。"立秋这一天，一般是秋祭，也就是貙膢节。《后汉书·礼仪志》记载："使谒者以一特牲先祭先虞于坛，有事，天子入围射牲，以祭宗庙，名曰貙刘。"在地方上，将貙膢节与社日等活动相并，有聚饮祭祀的习俗，提倡宴饮娱乐。

腊日：冬至过后第 3 个戌日

先秦时期，我国一些地方出现与"腊"相关的祭祀习俗，节期在农历十二月，具体日期并不固定。西汉戴圣在《礼记·郊特牲》中指出："岁十二月，合聚万物而索飨之也。"三国时期的应劭在《风俗通义》中说："夏日嘉平，殷日清祀，周日大蜡，汉改日腊。"上面所指的"腊"是"猎"的意思，指猎取禽兽以祭祀其先祖。因"腊"与"猎"通假，所以"猎祭"也称"腊祭"。又因为在农历十二月举行，所以又称该月为腊月，称腊祭的这一天为腊日。汉朝之前腊祭的具体日期并不固定，到汉朝时明确为冬至过后的第3个戌日。

汉朝和三国时期，腊日这一天除有驱傩等祭祀活动外，还要举行其他腊祭，包括祭列祖列宗以及门、户、天窗、灶、行5位家神，其中"行"指的是门内土地。除了祭祀，这一天还有万民尽欢的交流活动，人们尽情娱乐。腊日前后，人们一般会聚会宴饮，《史记·天官书》记载："腊明日，人众卒岁，一会饮食，发阳气，故日初岁。"杨恽在《报孙会宗书》中说"岁时伏腊，烹羊炰羔"，也适用于腊日。不过，三国时期还没有"腊八节"的概念，将腊日固定为农历十二月八日并在这一天喝"腊八粥"，是宋朝以后的习俗。

汉献帝刘协的生日恰在腊日这一天，《汉末英雄记》记载："京师谣歌咸言'河腊丛进'，献帝腊日生也。"这里说的"河腊丛进"，指的是195年年底，汉献帝和朝廷一行从长安逃回洛阳，一路上历尽艰险，在黄河边几乎丧命。三国时应劭所著《风俗通义》也提到"乌腊，乌腊"，说的也是这件事，这里的"乌腊"指的是乌腊虫，当时"董卓滔天虐民，穷凶极恶，关东举兵欲共诛之，转相顾望，莫肯先进，处处停兵数十万，若乌腊虫，相随横取之矣"。

34 "钱"与"钱"引发的故事

三国买东西用什么钱

读《水浒传》，处处可以看到"钱"。第一回王教头私走延安府，史进为王教头送行，一出手就是 100 两银子相赠。第二回鲁智深、史进、李忠 3 人结识，为救金家父女鲁智深拿出身上的 5 两银子，但觉得有些少；鲁智深使的兵器是一柄 62 斤的水磨杖，这是他花 5 两银子打造的……

《水浒传》中的英雄们可以说处处离不开"银子"：打点官差狱头要"银子"，犒赏兄弟要"银子"，收买人心、行走江湖以及大碗喝酒、大块吃肉都离不开"银子"。吴用曾给了阮小七 1 两银子，阮小七拿着这些钱买来了 1 瓮酒、20 斤牛肉和 1 对鸡，可见购买力不小。

同样说的是英雄，读三国却不怎么涉及"钱"，无论是《三国志》还是《三国演义》，只是偶尔提到与"钱"有关的事，大多是说粮价如何飞涨的，比如，一石粟涨到 30 万钱或 50 万钱，或者说买一个怎样的官职需要花多少钱，如曹操的父亲曹嵩买了一个太尉，花了 1 亿钱。皇帝赏赐大臣还经常用"金"，"钱"和"金"似乎是当时的主要货币，它们是什么呢？读三国几乎读不到"银子"，又是为什么呢？

这里的"钱"指的是铜钱，具体来说就是汉朝最重要的货币五铢钱。秦朝之前国家长期分裂，货币也五花八门，秦朝统一后随即着手统一货币，因为按照经济学的观点，使用单一货币才可以将交易成本降至最低。秦朝规定黄金为上币，以镒为单位，即 20 两；铜为下币，以半两为单位，即半两钱。但黄金十分稀少，主要流通货币就以半两钱为主，《史记·平准书》引《古今注》记载："**秦钱半两，径一寸二分，重十二铢。**"一两等于 24 铢，半两钱在重量上名至实归。

汉朝取代了秦朝，一开始币制并未改变，这与汉初确定的"无为而治"思想有关。不仅如此，汉初还允许民间私铸铜钱，本意或许出于活跃经济的想法，但允许私铸势必产生铜钱在轻重、成色方面的混乱，也驱使一些人利用货币政策的漏洞犯法牟利。

汉朝初年出现了所谓"荚钱"，既轻又薄，像榆荚，仅 3 铢重，但上面仍铸着"半两"的字样，当半两钱用。还有一种"剪边半两"，一些不法商人把秦代半两钱剪下外面的一圈，用 7~8 个半两钱剪下的"边角废料"又能铸成一枚新的半两钱。针对币制上的混乱，朝廷立即进行了改革，推出了法定货币五铢钱，并禁止私铸。这种钱由吕后亲自参与设计，标准重量为 5 铢，为防止剪边，在半两钱方孔圆形的基础上增加了一圈围边。

私铸虽然不允许，但盗铸仍然盛行，公元前 119 年汉武帝颁布诏令，盗铸金钱者死罪，严厉打击了盗铸行为。汉武帝在位期间先后进行了 6 次币制改革，才把货币制度最终规范起来，确立了五铢钱的法定货币地位，这种货币不仅在汉代使用，而且被以后历代朝廷所借鉴，成为中国使用时间最长的一种货币形态。

三国时代所使用的"钱"就是这种五铢钱，曹嵩花 1 亿钱买太尉，用的就是 1 亿枚五铢钱。至于"金"，当时十分稀有，普通人别说揣上几两到处走走，就连见也难得一见，因而其货币流通的功能较低，多以赏赐或储备财富而存在。

汉末的 50 钱大约相当于现在 150 元的购买力，也就是 1 "钱"与现在 3 元相当。但这是天下还算太平时的物价，战乱一起，生产遭到严重破坏，加上天灾，粮食价格不断飞涨，《后汉书》《三国志》多次提到一石米涨到数十万"钱"，涨了上万倍，遇到更加困难的时候就"有价无市"了，有钱也买不来粮食。如果非用"钱"去买粮食，可以算算是个什么情况：以 50 万"钱"买一石米计算，1 铢约 2 克，1 枚五铢钱约 10 克，50 万"钱"

三国的日常生活

就是500万克，也就是5吨，是粮食自身重量的数百倍！

所以，当时出远门，要么有人在路上接应，要么随身携带干粮，再不然就"一路走、一路抢"，这些都比带着"钱"更实用。同样的道理，说曹操设"摸金校尉"盗墓，用盗墓来的财富补充军费也不足信，因为这远远没有搞屯田更实际。曹操搞屯田为什么有远见？就是因为当时"钱"再多也没用，大家看中的只有粮食，袁术曾拉拢吕布打刘备，开出的条件不是金钱或财宝，而是粮食10万斛。

再来说说"银子"，它作为货币虽然早就有了，如汉武帝时就有银币，但它更稀罕，在其后1000多年里都不是主币，这是因为中国古代并不盛产白银，当时发现的银矿也不多，且矿石品位差，加上白银的冶炼工序更复杂，提纯难度大，所以难以通行。以宋朝为例，宋初的元丰元年全国白银总产量大约为20万两，貌似不算少，但那时全国每年财政收入有数千万贯，合数千万两白银，GDP更是这个数字的数倍、数十倍，每年出产的这点儿白银显然难以承担起全社会的主币重任。

直到明代，随着对外贸易的发展中国成为世界上最大的贸易顺差国，大量白银流向中国，白银作为主要货币的地位才慢慢确定下来。《水浒传》讲的是宋朝的事，那时的主要货币仍是铜钱，单位是"贯"，也就是将800~1000枚铜钱穿在一起，至于书中到处写的"银子"，与真实情况并不符，只能解释为《水浒传》的作者主要生活在明朝初年，而明朝已经开始大量使用"银子"了。

董卓用"小钱"掠夺财富

汉末天下大乱，汉灵帝驾崩后凉州军阀董卓控制了朝廷，随后关东联军起兵反抗董卓，在强大的军事压力下，190年春天董卓挟天子由洛阳迁都到长安。临走前，董卓在洛阳实施了疯狂的财富掠夺，洛阳是当时世界上最大的城市，高官富贾云集，董卓下令在洛阳周围200里范围内大行烧光、抢光、杀光，把富豪集中起来，胡乱安个罪名集体处死，财产全部没收，还命令士兵开棺掘墓，盗取珍宝，邙山一带的皇陵和许多贵族的墓地大都无法幸免。

董卓还嫌不够，又使出一招，下令废除法定货币五铢钱，改铸"小钱"，相同的面值但铜的用量少了，等于货币贬值，然后强制推行，赤裸裸地掠夺财富。为了铸造更多小钱，董卓下令到处搜刮铜，洛阳皇宫内外的铜佛像、铜马等各种铜像都拿来化成了铜水。《后汉书·董卓传》记载："又坏五铢钱，更铸小钱，悉取洛阳及长安铜人、钟虡、飞廉、铜马之属，以充铸焉。"百姓手里的五铢钱不允许流通，只能拿来兑换董卓的小钱，收上来的五铢钱又可以再铸成更多的小钱，一来一往，董卓发了大财。兵荒马乱，物价本来就不断上涨，币制一改，洛阳一带的金融市场彻底崩溃，"故货贱物贵，谷石数万"。汉代五铢钱曾经有很强的购买力，太平年代谷价长期稳定在50钱一石，现在疯狂上涨了上千倍。

蜀汉进行"货币贬值"

董卓所铸的"小钱"由于信誉太差，真正流通的领域也有限，所以当时全国的主要货币仍是五铢钱。赤壁之战后天下形势逐渐呈魏、蜀、吴三足鼎立的局面，蜀汉立足成都，它的实力相对较弱，人口少，要支撑起巨大的战争负担，经济压力很大，于是首先打起了货币的主意。

早在214年，刘备刚刚占领成都就遇到了一次严重的财政危机，向刘巴请教化解办法。《零陵先贤传》记载，刘巴说："易耳，但当铸直百钱，平诸物贾，令吏为官市。"在刘巴的建议下，刘备推行货币改革，铸造"直百钱"来代替五铢钱，这种大钱至少有3种不同形制，其中以"直百五铢"最通行。所谓"直百五铢"，就是面值等同于100枚五铢钱，但它的重量只有4枚五铢钱重，相当于货币一下子贬值了25倍。

三国之中，蜀汉以一州之力对抗着北方强大的曹魏，时刻提防着东面

三国的日常生活

的孙吴,几乎连年都在打仗,需要巨额军费保障,为摆脱困局,"直百五铢"继续不断贬值。1978 年,四川省威远县黄荆沟出土了一坛蜀汉铜钱,共中有"直百五铢"400 多枚,却有 6 种大小不同的形制,最大的一种直径 2.9 厘米,平均重量 9.8 克,最小的一种直径 2.4 厘米,平均重量仅有 3.2 克。这还不是最轻的,考古发现最轻的"直百五铢"重量不足 0.5 克,这种钱不仅"超薄",而且小,根本无法在上面铸出字来。汉代 1 铢约 0.65 克,按原始发行规制,1 枚"直百五铢"的重量应该是 13 克左右,考古发现的最轻"直百五铢"还不到原始发行重量的二十分之一,说明这种本身就是以贬值为目的的货币,一经诞生就在不停地贬值之中。

蜀汉从立国到灭亡的 43 年间"军旅屡兴",蜀汉推出"直百五铢"并一再减轻其重量,虽然部分解决了朝廷财政困难和巨额军费支出问题,但也由此加重了对百姓的剥削,无法使国家真正富强,造成了"民穷兵疲""百姓凋瘁",诸葛亮虽然也采取了很多办法试图缓解经济上的压力,但他不得不承认"今天下三分,益州疲弊"。蜀汉后期,随着"直百五铢"越铸越薄、越来越轻,货币体系事实上已经崩溃,即使刘禅不傻,即使诸葛亮再活几年,恐怕也无力回天。

孙吴发行"大泉五千"

蜀汉发行新钱实施货币贬值,让孙吴承受了巨大压力。这是因为,在魏、蜀、吴三国中,大多数时候是蜀和吴联手对抗魏的格局,蜀、吴政治关系较好,加上地理上的联系也更紧密,双方贸易和人员往来频繁,蜀汉推出了"大钱",如果孙吴继续使用五铢钱,吴国的大量货币就会流向蜀汉。在这种情况下,孙吴于 236 年也推出了自己的新货币"大泉五百",《三国志·朱据传》记载:"嘉禾中,始铸大钱,一当五百。"所谓"大泉五百",就是一种面值 500 钱的大钱,一枚相当于 500 枚五铢钱。但是它的重量仅有 12 铢,相当于 2 枚五铢钱多一点儿。这种贬值的力度可谓空前，蜀汉的"直百五铢"只能望其项背。但这并不算什么，仅仅过了2年，孙吴觉得这种钱还无法满足需要，又推出了一种新货币"大泉当千"，每枚面值1000钱。与蜀钱不断减轻钱币自身重量进行贬值的"小打小闹"不同，孙吴货币贬值的手段就是直接加大货币面值，在"大泉当千"后，大约在赤乌年间，孙吴还推出了"大泉二千""大泉五千"两种新钱，把"货币战争"推向了空前的高度。

虽然孙吴后来对一些"大钱"进行了停用，但货币混乱、经济衰败的局面已无法扭转，加上孙权以后统治者的无能、贪婪，孙吴也毫无起色。早年孙权和曹操抗衡，屡次以弱击强打败了曹魏，曹操感慨"生子当如孙仲谋"，曹丕临江长叹。那时，孙吴曾涌现出了周瑜、吕蒙、陆逊等一代名将，但到了后期孙吴在军事上只有被动挨打的份了，所有这些都是经济实力所决定的。

曹魏坚持使用"五铢钱"

作为三国中真正的经济大国，曹魏在这场"货币战争"中头脑相对清醒，当蜀汉和孙吴竞相推出"大钱"的时候，曹魏仍坚持使用五铢钱。曹魏之所以敢这么做，有一定的基础：一来曹魏幅员广阔，独占了天下地盘的三分之二以上，国家综合实力相对雄厚；二来自曹操开始就特别重视发展生产，通过推行屯田制、大搞水利工程等恢复农业生产，经济上有一定

五铢青铜钱

东汉五铢钱

三国的日常生活

实力；三来曹魏长期以来同时与孙吴、蜀汉敌对，边境封闭，蜀钱和吴钱无法在其统治区内流通。

但毕竟处在战争时期，曹魏的经济发展也受到严重破坏，以五铢钱为基础的金融体系越来越难以支撑，曹魏于是想出了一个办法，《晋书·食货志》记载："罢五铢钱，使百姓以谷帛为市。"意思是停止使用金属货币，用谷和帛两种生活必需物资暂时充当货币，所有商品都按照与谷和帛的比价进行兑换。这项实物货币政策推行于221年，但只实行了6年，到227年就停止了。实物货币本身就是货币发展史的倒退，选用谷和帛作为货币还有明显的弊端，"钱废谷用即久，人间巧伪渐多，竞湿谷以要利，作薄绢以为市"，也就是有不法商人把谷子浸上水增加重量，把绢帛里的丝抽出一些让它更薄，通过这种手段牟取暴利。曹魏政府发现这些问题后，立即严厉打击，但"虽处以严刑，而不能禁也"。恢复五铢钱后，曹魏虽然继续面临着很大的经济压力，但一直没有发行蜀汉和孙吴那样的"大钱"，而是扛到了最后。

35 疾病与瘟疫

中国古代习惯将疾病称"疾疫",其中"疾"是普通的、一般不具传染性的疾病,"疫"指流行性传染病,这种分法符合现代医学的观点,世界卫生组织有关报告指出,危害人类健康最严重的疾病有 48 种,其中属于传染病的就有 40 种,占比超过八成。相比而言,"疫"比"疾"更可怕,它每次大规模发生都会给人类造成严重灾难,中国自商周时代起到近代,有文字记载的疫情频频发生,其中大疫至少有 500 次,经常出现"白骨露于野,千里无鸡鸣"的悲惨景象。

刘备死于"拉肚子"

刘备病逝于白帝城,关于他最后的病情,《三国志》等史书虽然没有具体的记载,但《诸葛亮集》中保留着一份刘备临终前给后主刘禅的遗诏,其中说:"朕初疾但下痢耳,后转杂他病,殆不自济。"这份遗诏很有名,"勿以恶小而为之,勿以善小而不为。惟贤惟德,能服于人"就出自于此。

根据这份遗诏,刘备开始得的是"下痢",以至于没能挺过来。"下痢"就是痢疾、拉肚子,本不是什么大毛病,为什么竟要了刘备的命呢?刘备去世前经历了夷陵之战,在此前后,关羽、张飞、马超、法正、马良、刘巴先后去世,孟达、黄权投降,接二连三的打击让刘备的心情极为沉痛。痢疾这种病,除饮食不洁外,"外感时邪"也是重要诱因,《证治要诀》等医籍都说痢疾为"滞下","以气滞成积,积成痢"。

当时是冬天,天气湿冷,刘备这个北方人大概不太习惯长江边上的

三国的日常生活

这种气候，尽管饮食不会有问题，但由于心情过度沉郁，加上天气和年龄较大，刘备的身体抵抗力下降，进而导致各种并发症，一病不起就不奇怪了。

曹操死于慢性高血压

曹操患有头风病，根据《三国志》等书记载，这个病初发于官渡之战前后，当时曹操与袁绍对垒，其间曹军这边粮食快吃完了，士卒疲惫，为了稳定军心曹操对外装出胜券在握的样子，但内心里高度紧张，也就在这段时间曹操经常感到头疼，《三国志》说他得了头风。

头风是中医的称法，中医认为头是诸阳交汇之处，五脏精华之血、六腑清阳之气都注于头，头痛如果经久不愈就是病症，病因可以分为外感、内伤以及经络瘀阻等方面。如果按照现代医学来看，引起头痛的疾病可能是青光眼、脑肿瘤、脑血栓、脑供血不足以及高血压等。曹操在官渡之战时45岁，正值壮年，他头痛的毛病从此开始发作一直伴随了他20多年，中间时断时续，根据这些状况判断，曹操可能得了高血压。

从病理上说，诱发高血压的原因很多，既有家族遗传，又有环境诱发，劳累、精神紧张、情绪波动后都会发生血压升高，长期生活在这种状态下就会患上高血压病，曹操应该属于后一种情况。高血压是慢性病，一般不会无端突发，曹操的病应该早有征兆，这一点也有史书的记载来印证。《魏略》记载，在官渡之战前不久袁绍打败了公孙瓒，为了向曹操示威，特意命人把公孙瓒的人头装在一只木匣里送给曹操，曹操不知道是什么，打开一看，顿时"自视忽然耳"，也就是突然感到眩晕，以至于瞬时听不到也看不到了，这符合外力刺激下血压瞬间升高的症状。

诸葛亮死于脊椎性结核

关于诸葛亮临终前的情况，《三国志·诸葛亮传》只记载"其年八月，亮疾病，卒于军，时年五十四"。王沈的《魏书》记载得稍微详细一些："亮粮尽势穷，忿恚欧血，一夕烧营遁走，入谷，道发病卒。"根据后面这个记载，诸葛亮临终前曾"忿恚"和"欧血"。"欧血"不是咳血，而是大量吐血，引发这种病症的除消化系统外还有可能是呼吸系统的原因，如患有肺癌或严重的肺结核，只是这类疾病通常伴有咳嗽不止、持续高烧等症状，史书只说诸葛亮临终前饭量不大，而没有这些病状的记载。

除肺结核外，脊椎性结核也可以导致吐血，诸葛亮得的很可能正是这种病，除了吐血的理由外还有一个证据，就是诸葛亮作战时经常坐着小车而不太骑马，这正是脊椎有问题的表现。对此有人反驳说"羽扇纶巾"只是小说中的描写，而不是史实，但《白孔六帖》和《东坡诗集注》中都有描写，说诸葛亮和司马懿对垒期间，司马懿一身戎装主持军务，间谍报告说诸葛亮"乘素车，葛巾，毛扇指挥三军"，司马懿听后感叹说"真名士也"。从这个记载似乎可以看出，诸葛亮的确喜欢乘车，这有两种可能：一种是那时他的身体已经有病，骑马不便；另一种是诸葛亮确实得过脊椎性结核或风湿性关节炎这样的病，行动有些不便。

陈登死于乱吃海鲜

三国时期还有一种吃鱼的方法，就是切脍，也就是吃生鱼片。传统"二十四孝"中有一个"卧冰求鲤"的故事，主人公王祥是西晋的太保，但他出生于180年，比诸葛亮还大1岁，也属于三国时期的人，曾在曹魏担任县令、大司农、司空、太尉等职。王祥对后母十分孝顺，孙盛《杂语》记载，盛寒之月，后母说"吾思食生鱼"，王祥不说二话，马上脱衣，剖冰求鱼。

生鱼片虽然味道鲜美，但生吃并不科学，如不注意卫生，很容易吃出问题。曹操手下有一位能臣名叫陈登，在曹操消灭吕布的过程中立下过奇功，曹操任命他为广陵郡太守，负责东南方向的事务。陈登有吞灭江南之

三国的日常生活

志,正准备大干一番,却得了病。《三国志·华佗传》记载,陈登感到胸闷,面色发红,吃不下饭,请名医华佗来诊断。华佗对陈登进行了一番诊断,认为陈登"胃中有虫数升,欲成内疽,食腥物所为也",也就是吃生腥的东西太多,在胃中生了大量寄生虫,已经郁结难化。"腥物"不是普通的鸡鸭鱼肉,广陵郡在长江下游的江北一带,东到大海,华佗所指应当是生鱼片一类的东西。

华佗煎了2升汤药,让陈登先服一半,隔一会儿再喝另一半。陈登按照医嘱服下汤药,不到一顿饭工夫即呕吐出了3升多长相奇怪的虫子,病也马上好了。华佗嘱咐说这个病3年后还会复发,遇上好医生才有救。3年后陈登的病果然复发,可惜华佗这时不知道在哪里,陈登只好眼睁睁地不治而死。

背疽要了众多名人的命

在汉末三国名人中,刘表、曹休、刘焉都死于一种叫"背疽"的病,这是一种什么病呢?"疽",指皮肤下面的疮肿,医书《黄帝内经·灵枢》记载:"热气淳盛,下陷肌肤,筋髓枯,内连五脏,血气竭,当其痈下,筋骨良肉皆无余,故命曰疽。疽者,上之皮夭以坚,上如牛领之皮。"背疽就是发于背部的疮肿,开始顶如栗米,根脚坚硬,发痒发痛,几日后慢慢长大,色红灼热,溃破后状如蜂巢,俗称"背疮"。

按一般理解,"疮"都是因为不讲卫生引起的,但像刘表、曹休、刘焉那样的人,日常生活中的卫生条件应该是绝对没问题的,他们的"疮"是怎么回事呢?其实从现代医学的观点看,背疽实为背部急性化脓性蜂窝织炎,诱发该病的原因有内、外两方面,其外因是外感风热、火毒,湿热蕴结所引起,内因是七情郁结,脏腑蕴热而发。刘表等人得此病,与个人卫生条件并无关系,而与精神状态有关,他们或极度郁闷,或忧思过重,或愤懑难解,都属于"七情郁结"。

现在治疗背疽很容易,轻者用药膏加一定量的内服药即可,重者使用抗生素也可治愈,但古代对细菌和病毒感染缺乏全面认识,治疗的手段有限,人患上背疽,如果心情郁结再导致抵抗力下降,病情就不好控制,将越来越重,直至危及生命。

三国时期的大规模疫情

发生瘟疫自古以来就是国家极其重视的大事,稍有规模的疫情必然被史官记录在册。据1937年出版的《中国救荒史》统计,中国古代发生重大疫情的次数是:秦汉13次,魏晋17次,隋唐17次,两宋32次,元代20次,明代64次,清代74次。另据王玉兴《中国古代疫情年表》的统计,自公元前243年至1911年,2154年里共发生重大疫情352次:秦汉34次,三国8次,两晋24次,南北朝16次,隋唐22次,宋金70次,元朝24次,明朝39次,清朝115次,平均6.1年发生一次。

三国时期政局动荡,战乱几乎年年发生,加上天灾不断,加剧了瘟疫的暴发。仅汉献帝建安年间(196—220),史书记载的大规模疫情就发生了5次:

196年,中原、关中及大部分北方地区暴发了大规模疫情;
208年,正南征荆州的曹操所部遭遇疫情,"吏士多死";
215年,正进攻合肥的孙权遭遇疫情,"吴疾疫",被迫撤军;
217年,江淮流域及北方大部分地区发生大疫;
219年,江东地区发生大疫。

在这些瘟疫中,215年至217年的瘟疫最惨烈。215年,曹操与孙权在合肥交战,此战中,曹军以7000人马打退孙权亲自率领的10万人马的进攻,孙权本人两次陷于危难,吴军损兵折将,曹军将领张辽军事生涯则

三国的日常生活

因此战达到顶峰。后人评论逍遥津之战的胜利,一方面归功于张辽等人作战勇敢,面对强敌,敢于主动出击,以不足十分之一的力量对比,打得敌人节节退缩;另一方面,对曹操的知人善任也给予高度评价。

后人论及此战的成败,通常将原因归于上述两方面。不过,还有一个可能更为重要的原因被忽视了:孙吴军队中正流行瘟疫,削弱了战斗力,这才迫使吴军后退。《三国志·甘宁传》记载:"建安二十年,从攻合肥,会疫疾,军旅皆已引出,唯车下虎士千余人,并吕蒙、蒋钦、凌统及宁,从权逍遥津北。"这里说的"军旅皆已引出",是说当时发生了瘟疫,孙吴军队被迫撤出了疫区。孙权之所以撤兵,是因为他至少经历过赤壁之战的那场瘟疫,知道瘟疫的厉害。因此,所谓"八百破十万"的传奇,与瘟疫其实有着重要的关系,如果没有这场瘟疫,拥有绝对优势的孙权恐怕未必会主动撤退。

216年2月,曹操从汉中返回邺县,没有在大本营久留。10月,曹操从邺县起兵奔赴合肥,他要处理一下合肥之战留下的一些问题,并且寻找新的战机。曹操对这一仗很重视,特意把夫人卞氏和长子曹丕都带上了,曹丕12岁的长子曹叡以及女儿东乡公主也由祖母卞氏带着随征。大军到达合肥后进行了短暂休整,曹操听张辽等人汇报了合肥之战的经过,"循行辽战处,叹息者良久"。

之后,曹操给张辽所部增加了人马,让他移屯于居巢。217年正月,曹操也到达居巢,他的想法是先不急于攻打濡须口,而是先夺回皖城,之后采取稳扎稳打的办法,彻底拔掉濡须口这颗钉子。不凑巧的是,暴发于一年多之前的那场瘟疫又卷土重来,《三国志·司马朗传》记载:"军士大疫,朗躬巡视,致医药。"曹操任命的兖州刺史、司马懿的大哥司马朗亲自到军中慰问得病的士卒,结果,司马朗不幸染病,不治身亡。这一次瘟疫迟滞的是曹军的行动,曹操更加深知军中流行疾病会对战斗力造成多大伤害,所以不敢掉以轻心,也撤兵了。

杂项篇：
离婚再嫁不稀奇

这场瘟疫最终波及整个北方以及长江流域，死了成千上万的人，曹植在《说疫气》一文中写道："建安二十二年，疠气流行，家家有僵尸之痛，室室有号泣之哀。"根据曹植的记述，当时有的人家"阖门而殪"，有的"覆族而丧"，那时人们医学知识很有限，有人认为瘟疫是鬼神在兴风作浪，曹植不同意这样的观点，他认为是自然界阴阳二气失调而发生的瘟疫，没有什么鬼神，对于那些插起桃符来驱鬼的人，曹植觉得很可笑。

值得一提的是，徐干、陈琳、应玚、刘桢等著名文人都死于这场瘟疫，王粲则死于这次行军途中，推测一下，可能也与这场瘟疫有关。也就是说，"建安七子"几乎同时死去了5位，这场瘟疫在对曹操的大军给予重创的同时，也对文学事业造成了无法弥补的损失。乱世出英雄，也容易诞生优秀的文学作品和作家。此前，天下陷入动荡，而文学却异军突起，以"三曹""建安七子"为代表的"建安作家群"造就了一次中国文学史上的高峰，但建安末年的这场瘟疫将这段辉煌突然打断，徐干等5人病逝于同一年，加上9年前被曹操所杀的孔融和5年前故去的阮瑀，"建安七子"到此"全军覆没"。3年后，"建安文学"的领军人物曹操也去世了，曹丕当了皇帝，用在文学创作上的精力越来越少，中国文学史由辉煌期迅速走向一个低谷，直到20多年后的正始年间，随着"竹林七贤"的形成才有所改观。

三国时期发生的这些瘟疫改变了历史：如果没有瘟疫，曹操在统一北方的过程中也许会少吃很多苦，并且极可能在有生之年统一中国；如果没有瘟疫，张辽合肥城外逍遥津"八百破十万"的传奇也许不存在；如果没有瘟疫，汉末三国的文学事业也许更加辉煌。

更重要的是，每一次瘟疫的暴发都造成了极大的人员伤亡和经济损失，汉桓帝在位时的157年曾做过一次人口普查，当时的人口总数为5648.6万，到晋灭吴的280年这一数字跌至1616.3万，呈"断崖式"下降，其中的原因，战乱是一个重要方面，瘟疫是另一个重要的方面。

36 "战疫"与养生

名医张仲景的"战疫"方法

在中国古代，人们与瘟疫做着艰苦的斗争，医生无疑是"战疫"的主力军。三国时期的张仲景就是这样一位医生，他不恋仕途，用毕生精力刻苦钻研医术，与瘟疫展开生死较量。

张仲景是汉末南阳郡涅阳县人，出身于一个大家族，整个家族有200多口人。张仲景年轻时被本郡推举为孝廉，说明他是那个时代一位出类拔萃的青年。涅阳张氏家族虽然庞大，但在当时还算不上显赫，在此之前似乎也没有出过特别有名的人物，张仲景能成为孝廉，完全靠的是自身努力。张仲景面前，似乎前景一片光明，然而此时天下已经处于分崩离析状态，更可怕的是，频繁发生的瘟疫对百姓造成了更为直接的打击，张仲景所在的家族本枝繁叶茂，但自建安初年开始便屡屡在瘟疫打击下损丁减口，张仲景在《伤寒杂病论》序中记述："余宗族素多，向余二百，建安纪元以来，犹未十稔，其死亡者，三分有二，伤寒十居其七。"不到10年时间，200多口的大家族就有三分之二的人死去，其中被瘟疫夺去生命的占70%，这是何等惨烈！不过，这也只是那个时代众多家庭的一个缩影而已。

家族的不幸、身边百姓的痛苦激发了张仲景学习、探求医学知识的决心。那时候没有专门的医学专科学校，想掌握医术，一方面靠自学，另一方面靠拜师。张仲景从小接触到许多图书典籍，他博览群书，尤其对医学方面的书籍感兴趣，他曾在书中看到扁鹊诊治齐侯的故事，对扁鹊高超的医术十分钦佩，张仲景自述："余每览越人入虢之诊，望齐侯之色，未尝不慨然叹其才秀也。"

本郡有一位名叫张伯祖的名医，医术精湛，笃好医方、精明脉证，疗病每有奇效，凡找他看病的人十之八九都能治愈，因此远近闻名。张仲景慕名前往，提出拜张伯祖为师，一番诚意打动了张伯祖，答应了张仲景的拜师请求。于是，张仲景在张伯祖指导下进一步钻研医术。张仲景学习刻苦，除老师耳提面命外，还学习了前人留下的医学成果，涉猎十分广泛，"上古有神农、黄帝、岐伯、伯高、雷公、少俞、少师、仲文，中世有长桑、扁鹊，汉有公乘阳庆及仓公"。张仲景在医学方面极具天赋，所以学业精进，医术不断提高，甚至逐渐超过了老师，时人称赞"其识用精微过其师"，《襄阳府志》也有记载："仲景之术，精于伯祖。"

在当时的社会上，医生地位低微，医术被称为"贱业"，年轻人多以进入仕途为人生首选，张仲景被举为孝廉，这是多少人梦寐以求的事，但他的志向不在做官上。南阳郡有一位奇人，名叫何颙，以善于识人见长，曾当面点评过曹操、荀彧等人，无不精准。作为张仲景的同乡，何颙也关注过这个很有潜力的年轻人，不过何颙也不认为仕途是张仲景的发展方向，他曾当面对张仲景说："君用思精而韵不高，后将为良医。"何颙认为张仲景不仅才思敏捷，而且善于学习，但不善于做官，日后可以在医学方面发展。

晋人王叔和曾整理过张仲景留下的著作，根据他的记述，张仲景曾做过长沙郡太守。东汉末年的长沙郡属荆州刺史部，主要管辖范围与今湖南省有较多重合，下治9县，治所湘县，即今湖南省长沙市。张仲景担任郡太守后须处理许多公务，平时很忙，但他仍然不放弃给百姓看病。现在，人们将医生为患者诊病也称为"坐堂"，相传这一典故就与张仲景有关，说的是张仲景担任郡太守后告示百姓，每个月初一、十五两天郡政府衙门不问政事，大开大门为百姓看病，张仲景把官衙"大堂"当成诊室，于是留下"坐堂医生"的美谈。

三国的日常生活

为了战胜当时流行的各种瘟疫，张仲景刻苦研习了《黄帝内经》《难经》《阴阳大论》等之前的所有古代医书，他"勤求古训，博采众方"，对于其中与瘟疫有关的治疗方法尤为关注。《黄帝内经·素问》认为"夫热病者，皆伤寒之类也"，还说"人之伤于寒也，则为病热"，这里的"热病"指的就是流行性传染疾病，张仲景将其统称为"伤寒"，于是撰写《伤寒杂病论》一书，对这些疾病进行系统性研究，不仅有理论方面的阐述，还有如何治疗与用药。

之前的医书对各类瘟疫虽有涉及，但不够全面和系统，在诊断方面缺乏统一标准，不利于诊断和用药。张仲景对各种疾病发生、发展过程中表现出的不同症状进行总结、归类，区分病邪入侵经络脏腑的深浅、患者体质的强弱、正气的盛衰、病势的进退缓急以及有无宿疾等因素，将疾病分为6种症候，然后根据不同的病种提出相应的治疗方法，这种先"辨证"再"论治"的原则被后世医学广泛采用。

针灸画像石
东汉

杂项篇：
离婚再嫁不稀奇

《伤寒杂病论》以6种症候为统领，逐项细分，对应的是具体病状和病例，非常实用。比如，遇到发热、恶寒、头痛、脉浮的病人，将其归为表证，属太阳病，但其中又分有汗与无汗、脉缓与脉急等不同类别，对于有汗、脉浮缓的太阳病，用桂枝汤治疗；对于无汗、脉浮紧的太阳病，用麻黄汤治疗；对于无汗、脉紧的太阳病，用大青龙汤治疗。用这样的方法诊病、治病，十分简单且很实用，不易误诊、误治，可使医家执简驭繁。

《伤寒杂病论》确立了张仲景在医学史上的地位，但在连年战乱中，许多书简保存不易，《伤寒杂病论》一度也面临散落佚失的危险，晋朝太医令王叔和有感于《伤寒杂病论》的重要性，对其进行了搜集、整理和修复，将其删定为《伤寒论》一书，张仲景的医学著作于是得以流传后世。晋代以后，注释、研究《伤寒论》的学者逾千家，清代医学家张志聪认为："不明四书者不可以为儒，不明本论者不可以为医。"此处所指的"论"即《伤寒论》。《伤寒论》不仅在中国备受推崇，还流传到海外，在世界各地广受赞誉，日本自康平年间以来研究《伤寒论》的学者就有近200

"医工"青铜盆
西汉　现藏于中国国家博物馆

经穴漆人
西汉

人之多。

治病的第一步是诊断，准确诊断后，要使"病除"还须"药到"，张仲景除花费很大精力研究"辨证"外，对方剂也进行了刻苦研究。《伤寒论》中载有方剂113个，张仲景另一部医学著作《金匮要略》中载有262个，除去两书中重复的方剂，实收269个，不仅涵盖的疾病种类广泛，而且方剂的形式也多种多样，有汤剂、丸剂、散剂、膏剂、酒剂、洗剂、浴剂、熏剂、滴耳剂、灌鼻剂、吹鼻剂、灌肠剂等，品种之丰富、制作过程记述之详尽超过了此前所有医书，张仲景的著作又被称为"方书之祖"。

张仲景所记述的方剂，全部针对的是当时流行的各类疾病，是百姓平常容易碰到的，而方剂所用药物大多也容易取得，比如桂枝汤，主要用桂枝与芍药配伍，主治头痛发热、汗出恶风、鼻鸣干呕、苔白等症，虽不深奥，却隐藏着变化，如两种药物各用3两配伍为桂枝汤，将芍药再加上3两就成为治疗腹中急痛的小建中汤。普通的一剂桂枝汤，如果加进附子、葛根、人参、大黄、茯苓等不同药材，又能变化出几十个方剂。变化之妙，疗效之佳，令人叹服。

张仲景在方剂配制方面的理论以及药物配伍、加减变化方面的做法一直为后世医家遵循。《伤寒论》和《金匮要略》中所载的许多方剂，也一直被人们使用了千百年，有些方剂至今仍被采用，如治疗痢疾的白头翁汤、治疗乙型脑炎的白虎汤、治疗肺炎的麻黄杏仁石膏甘草汤、治疗急慢性阑尾炎的大黄牡丹皮汤、治疗急性黄疸型肝炎的茵陈蒿汤、治疗胆道蛔虫症的乌梅丸、治疗心律不齐的炙甘草汤等，都被视为临床应用中的良方。

张仲景医术高明、医德高尚，为抗击瘟疫做出了巨大贡献，对后世医学发展也产生了重大影响。人们推崇张仲景的医学著作，敬仰他的医术和医德，将他称为"医圣"。

杂项篇：
离婚再嫁不稀奇

三国时期还有这样一群人，他们尽管出身未必名贵、地位未必很高，但在当时的知名度一点儿都不亚于那些逐鹿争霸的群雄、能征惯战的名将和运筹帷幄的谋士，他们就是方士。

三国时期著名的方士

方士就是有方术的道士。所谓方术是古代用自然的变异现象和阴阳五行之说来推测、解释人和国家的吉凶祸福、气数命运的医卜星相、遁甲、堪舆和神仙之术等的总称，这个词最早出现在《庄子》一书，《汉书》里把它分成方技和术数两个门类，方技包括医术、神仙术、长生术、房中术等，术数包括天文、历法、五行、占卜等。

秦始皇和汉武帝都是方术的爱好者和狂热追求者，在他们的倡导下方术有了极大的发展，到了东汉末年方术颇为盛行，在民间拥有很大的号召力，太平道、五斗米教等民间组织也利用方术吸引徒众。《后汉书》里有方术列传，记载了任文公、郭宪、徐登等42个著名方士，可见其社会影响力如何广泛。《三国志》里也有方技列传，虽然记录的方士只有华佗、杜夔、朱建平、周宣、管辂等7人，但记录的事迹更详尽，管辂的本传加裴松之注引的内容多达1.3万字，仅次于曹操和孙权传记的内容，篇幅居然超过了刘备，列《三国志》所载人物传记的第3位。

在《三国志·方技列传》中所载的这7位方士中，华佗算是医学家，当年归为方术一类，如今应该属于自然科学的范畴；杜夔是音乐家，如今算是艺术工作者。朱建平、周宣和管辂才是真正的方士，其中朱建平擅长相面，与算命先生差不多；周宣擅长解梦；管辂擅长的内容比较庞杂，有时候像算命先生，有时候像魔术师。

朱建平是曹操老家沛国人，擅长相术，这种方术具体如何操作不详，但跟算命先生打卦原理相似。朱建平常在闾巷之间给大家算一卦，事后往往"效验非一"，知名度逐渐上升。朱建平最著名的一卦是给曹丕算的，

三国的日常生活

有一次曹丕主持聚会，夏侯威、应璩、曹彪等30余人在座，曹丕向朱建平"问己年寿"，同时又让朱建平给大家都算算。

朱建平对曹丕说："将军您能活到80岁，但40岁时会出点儿小问题，请您注意。"对夏侯威说："你49岁时当州牧，但会遇到一个坎，如顺利过去，可以活到70岁，位至三公。"对应璩说："你62岁时官至侍中，但会有大难，在此前一年，你会看见一只白狗，只有你能看见，别人都看不见。"对曹彪说："你是亲王，到57岁时遇到兵灾，请小心谨慎加以预防。"曹丕登基后的第7年正好40岁，得了一场大病，曹丕对左右说："朱建平说我能活80岁，是昼夜相加呀，我知道寿命将尽了。"不多久，果然驾崩。夏侯威后来当了兖州刺史，49岁那年的十二月上旬也得了病，想起朱建平之前说的话，知道必死无疑，于是写了遗书，又准备了后事，就等着一死。谁承想病却一点点好转，到三十日下午，他以为年一过这个坎就过去了，十分高兴，设宴招待众人，席间对大家说："我的病快好了，明天鸡一叫我就50岁了，朱建平告诫的看来有点儿夸张。"送走客人，夏侯威天黑时开始发病，半夜里就死了。应璩61岁确实当了侍中，在宫内有一次他果真看见了一只白狗，问其他人，大家都没有看见，到63岁时他死了。曹彪后来被封为楚王，57岁时被揭发参与王凌等人的造反，赐死。

上面这些虽然都写在《三国志》里，但也未必都可信。朱建平还给其他很多人都看过相，与荀攸、钟繇等人还是好朋友，被他算准的事多不胜数，但也有看不准的时候，他给王昶、程喜、王肃等人看相时就出现了偏差。

周宣当过郡吏，最拿手的是解梦，曹丕经常向他咨询问题。周宣解梦，往往十中八九，和朱建平的相术并驾齐驱。而在他们之中知名度最大、活跃时间最长的无疑是管辂。管辂生得相貌粗丑，没有什么威仪，嗜酒如命，喜欢嘻嘻哈哈，无拘无束，大家都很喜爱他。据《辂别传》记载，管辂八九岁时就喜欢仰视星辰，见到人就问这颗星那颗星叫什么名字,痴迷到夜里都不想睡觉,父母干预他也不能阻止。管辂认为,家鸡野鹄都知道时令气候的变化,何况人呢?他跟小伙伴们玩耍,在地上画的也是天文以及日月星辰的图样,逐渐到说话做事都不寻常,被人称为大异之才。长大后,精通《周易》,对仰观、风角、占卜、相术等无不精通。

曹植亲身验证方士"法术"

除了以上这几位,汉末三国有名的方士还有不少,据《博物志》介绍,曹操曾把一些有名的方士请到邺县,其中包括王真、封君达、甘始、鲁女生、华佗、东郭延年、唐雪、冷寿光、卜式、张貂、蓟子训、费长房、鲜奴辜、赵圣卿、郗俭、左慈共16人,他们中的一些人光看名字就够酷的。

根据《后汉书·方术列传》和《博物志》等书记载,这些人个个都有绝活。传说冷寿光活了150多岁,须发尽白,而面色如三四十岁。鲁女生曾在嵩山采药,得到一个女道士的秘诀,炼成长生术,绝谷80余年,面如桃花,每天能走300里。东郭延年是山阳郡人,从小好方术,喜欢服灵飞散,结果练成了好眼神,夜里能看书。封君达是陇西人,常骑青牛往来,被称为"青牛道士"。赵圣卿是洛阳人,擅长丹书符劾,能驱神使鬼。王真是上党郡人,好道术,甚得其法。费长房是汝南郡人,曾当过市场管理员,后跟一老者入山学道,相传学会了一种骑着竹杖腾空行走的能力。蓟子训有神异道术,很有名气。

当然这些也都是传说,事实未必如此。曹植写过一篇《辩道论》,是一篇关于方术的重要文献,在这篇文章里曹植写了他对方术的见解和与郗俭、左慈、甘始等方士们的交往。郗俭好像是个气功师,他会辟谷,最多可以连续百日不吃不喝,曹植听说后不太相信,就亲自验证,跟郗俭同住一室,走到哪儿跟到哪儿。最后的结论是,人7天不吃饭就得死,郗俭却是例外,这样做不一定能延年益寿,但对治疗疾病是有益的。

三国的日常生活

左慈擅长房中术,曹植认为这样可以延寿天年,但他同时认为如果不是专心致诚地学习,是无法学会的。甘始"老而有少容",在方士中很有威望和号召力,很多方士都归于他的门下。曹植出于好奇,曾单独把甘始叫到跟前,"温颜以诱之,美辞以导之",在曹植的诱导下,甘始说了很多方士这一行鲜为人知的内幕。

甘始说自己的师父名叫韩世雄,他曾跟随师父在南海学习点石成金之法,为了学成,先后把几万斤金子都扔到海里去了。又说曾见过西域人带来的宝刀,可以切玉,后悔没有要来。还说有一种药丸,塞进鱼嘴里,再取一尾鱼,同时放入沸水中煮,没有含药丸的鱼不多会儿就熟了,而含了药丸的鱼却畅游自如。

这些云山雾罩的话让曹植大为惊异,对于鱼嘴里那种神奇的药丸他提出来很想试试,但是甘始说这东西在万里之外的边塞,要想得到必须本人亲自前往,曹植认为这些都是不靠谱的事。但曹植同时认为这些人都不得了,如果放在秦始皇、汉武帝时期,他们就是徐市、栾大一样的人物。徐

五色药石
现藏于南越王博物馆

市就是徐福，秦朝著名方士，栾大是汉武帝时的方士，据《史记·秦始皇本纪》和《史记·淮南衡山列传》记载，徐福曾上书秦始皇说海中有 3 座仙山，分别名叫蓬莱、方丈、瀛州，上面有仙人居住。后来秦始皇派徐福率童男童女数千人入海求仙。栾大也说海中有长生不老药，骗取汉武帝信任，后来事情败露，被处死。

曹操聚养方士的真实目的

方术盛行必将成为社会的不安定因素，太平道和五斗米教的教训就在眼前，当时曹操已占有了广大的北方，必须站在统治者的角度考虑如何治理这个社会，对于方术问题，是禁绝还是容忍，都存在有利有弊的一面。

如果禁绝，可以保持社会的稳定，但经验表明，完全禁绝是不大可能的，往往你越是大力禁绝，民间就越是发展得更快。而如果采取容忍不管的态度，那又将加速其蔓延，最终会发展到不可遏制的地步。曹操认为这是一个大问题，必须认真对待，最后他采取的政策是，既不禁绝也没有不管，而是把这些方士都请到邺县来，集中起来加以管理。

关于这项重要政策记录在曹植写的《辩道论》里。曹植说，对社会上存在的方士，曹操下令都召集起来，原因是怕这些人及其门徒勾结社会上的不法分子，为非作歹欺压百姓，以妖恶之事蛊惑人心，"故聚而禁之也"，也就是说把他们集中起来的目的是加以阻止。

曹植可能还有些话没有明写，妖言惑众固然可怕，但更可怕的是他们奔走联络，发展组织，最后形成像太平道那样的燎原大火。曹操把这些人弄到邺县来，并不是抓来的，也没有软禁或者判刑，而是"请"来的，这是曹操高明的地方。曹操请他们来，都给安排了工作，大多数担任"军吏"，即下级军官或者基层官吏，一些实用型人才，如杜夔、朱建平等人，职务稍高一些，但也只是参谋、郎一类的闲职，目的是把他们养起来，放在眼皮底下便于掌握控制。

三国的日常生活

曹操曾向方士请教养生问题

曹操虽不像秦始皇、汉武帝那样对方术极其热衷和追求,但对方术也有过研习,这方面的资料大都记录在晋人张华所著的《博物志》一书中。据《博物志》记载,曹操喜欢养生之法,对方药也有所了解,平时"习啖野葛至一尺,亦得少多饮鸩酒"。野葛又名钩吻、胡蔓草、断肠草等,是一种有毒的植物,但是吃法得当又可以消炎、镇痛。鸩是一种鸟,羽毛有毒,用酒泡过即是鸩酒,足以致命,但掌握饮用量,也有药用。曹操有头风的老毛病,吃野葛、喝鸩酒或许与此有关,但这些都是玩命的事,稍有不慎命就没了,曹操吃野葛、喝鸩酒离不开深谙此道的方士们的指导。

《博物志》还记载,甘始、左慈、东郭延年等人还深通房中术,曹操"问行其术,亦得其验"。还有一个方士叫刘景,不在前面所列的16名方士名单之内,他擅长炼丹药,炼成了云母九子丸,曹操曾经吃过,也说效果不错。云母是一种矿石,是层状结构铝硅酸岩的总称,很早以来便被方士们作为炼丹药的重要原料,云母与其他矿石合炼,会起各种不同的效用,宋人编著的道家典籍《云笈七签》一书中就记载了大量用云母炼丹药的配方。

曹操还向封君达的学生皇甫隆写信请教长寿的秘诀,这封信保存在唐代孙思邈编著的《千金方》一书中。信中说:听说先生已经活到100岁了,可体力并不衰老,耳聪目明,气色不错,这真是了不起呀!先生平时吃什么药,进行怎样的锻炼,能说一说吗?如果有的话,请放在信封里秘密告诉我。皇甫隆曾经当过曹魏的太守,对于曹操的请求,想必他一定尽量给予满足吧。

由于曹操本人对方术特别是与养生相关的方术采取一种借鉴吸收的态度,方术在邺县非但没有禁绝,反而有一定的市场。曹丕在《典论》中说,擅长辟谷的郗俭喜欢吃伏苓,他到了邺县后,马上掀起一股"伏苓热",市场上伏苓的价格立即涨了好几倍。有个叫李覃的议郎也跟着学辟谷、吃伏苓,结果方法不当,差点儿丢了命。甘始"善行气",也就是会气功,他到邺县来又掀起一股不小的"气功热",大家见了面个个都"鸱视狼顾,呼吸吐纳",也就是像鸱鸟一样看东西、像狼一样扭脖子。有个叫董芬的军谋祭酒,练习气功走火入魔,结果气闭不通,半天才苏醒过来。左慈擅长"补导之术",即房中术,结果邺县又掀起一股"房中术热",就连有个叫严峻的前宦官也跑来要学习房中术,成为笑谈。

可以想见那时候的邺县相当热闹,经济发达、物质丰富,城市设施先进、文人会集,还有不少方士引导全民不时弄出个养生方面的热潮,在那个战争年代里,生活在这里,倒也感不到寂寞。那些方士在民间俨然成了明星,受到追捧,拥有大量粉丝,这虽然不是什么好事,但他们所能推动的也就是养生、健身、长寿一类的活动,对曹操来说,相比于让他们散落民间发动大家再搞出个太平道来,更是很不错了。

37 琴棋书画

蔡邕听琴识杀机

蔡邕出生于东汉阳嘉二年（133），是一位著名的经学家、文学家，同时也是一个多才多艺的人。蔡邕在书法上创立了"飞白体"，《书断》评之"飞白妙有绝伦，动合神功"，亲自书写了著名的《熹平石经》，刻碑立于太学门外，成为天下读书人手里的"标准教材"。同时，蔡邕还是一位音乐家，通晓音律，理论、实践无不精通。他所著的《琴操》一书，是现存介绍早期琴曲作品最为丰富而详尽的专著。这部著作的原书已佚，经后人辑录成书。

蔡邕早年还在家乡陈留郡圉城（今河南省杞县圉镇镇）时，一天有个邻居备下酒菜请蔡邕赴宴。蔡邕赶到邻居家时酒宴已经开始了，有人在一面屏风后面弹琴。蔡邕走到门口听了听，说："啊，用音乐招我来却藏有杀心，怎么回事？"于是扭头就走。

有人告诉了主人，主人赶忙追出问原因，蔡邕把自己的担心一说，弹琴的人忙出来解释："刚才弹琴的时候，我看见一只螳螂正要扑向鸣蝉，蝉将飞走还没有飞走，螳螂的动作一前一后。我心里有些担心，唯恐螳螂丧失了机会，这难道就是所谓的杀心流露到音乐中来吗？"蔡邕听罢，才释然："这就对了。"

蔡文姬"六岁辨琴"

蔡邕有个女儿，受他的影响，很小也展露出超常的才气，在辨识乐音方面一点儿都不输父亲。一天晚上，蔡邕鼓琴，琴弦断了。女儿看都没

杂项篇：
离婚再嫁不稀奇

看就说："断的是第二根弦。"这让蔡邕很惊讶："你这是瞎碰上的吧？"于是蔡邕故意弄断了另一根，问女儿是第几根，女儿说："这一回是第四根。"答案完全正确。

这件事传出来，蔡邕的女儿被认为是神童。蔡邕的女儿名叫蔡琰，也就是蔡文姬。梁代一个叫刘昭的人编了一部《幼童传》，是当时出版的一本儿童教育读物，里面记录了大量神童的故事，蔡文姬辨琴的故事入选其中。《后汉书·列女传》说蔡文姬"博学有才辩，又妙于音律"，除音乐外，蔡文姬

抚琴俑
东汉　现藏于四川博物院

还擅长文学、书法，《隋书·经籍志》著录有《蔡文姬集》，但其中绝大多数篇章已失传，保存至今的只有《悲愤诗》二首和《胡笳十八拍》，都是文学史上的名篇。

蔡文姬后来的传奇经历让人唏嘘感叹，"文姬归汉"的故事历代以来都是歌咏、传诵的题材，唐玄宗时著名琴工董庭兰将《胡笳十八拍》谱成曲，诗人李颀在《听董大弹胡笳声兼寄语弄房给事》中写道："蔡女昔造胡笳声，一弹一十有八拍。胡人落泪沾边草，汉使断肠对归客。"据传由宋朝画家李唐创作的《文姬归汉图》，共18幅，反映的也是文姬归汉的前后经过。

名琴"焦尾琴"的传说

蔡邕为官清正，多次得罪当权的宦官，受到了迫害，不得不逃亡。这次逃难历时12年，其间蔡邕曾收了一个学生，就是后来当了孙吴丞相的顾雍。顾雍拜蔡邕为师学习弹琴和书法，他才思敏捷，心静专一，艺业日进，受到蔡邕的喜爱。顾雍的名字都是蔡邕起的，"雍"与"邕"同音，

三国的日常生活

表达师生二人的深厚情谊。由于受到老师的称赞，顾雍后来干脆给自己取表字为元叹。在这段漫长而艰辛的日子里，除了学生顾雍，音乐是蔡邕孤独的伴侣，是支撑他在黑夜中前行的动力之泉。

一天，蔡邕行至吴地，看到有人在烧梧桐木做饭，蔡邕听到火烧木材发出的巨大声响，知道这是一块好木料，于是讨来做成了一把琴，果然声音很好听。木头的尾部已经被烧焦了，这把琴便被人们称为"焦尾琴"，与齐桓公的号钟琴、楚庄王的绕梁琴、司马相如的绿绮琴合称中国古代四大名琴。这把琴一直被皇宫收藏，存于后宫内库中。

据说到了齐明帝在位时这把琴还在，古琴高手王仲雄曾经弹奏过它。王仲雄连续弹奏了5天，即兴创作了《懊恼曲》献给齐明帝。这把琴后来传到了南唐中主李璟的手中，李璟后来又赠给了大周后。南唐后主李煜死后，这把琴归宋皇室所有，传说明朝昆山人王逢年还曾经收藏过。再往后，就不知所终了。

诸葛亮与周瑜都是音乐家

《三国演义》里有一个故事，说诸葛亮错用马谡，失去了街亭，最后导致自己不得不拿2000多名士兵去迎战司马懿的十几万大军。诸葛亮大开城门，在城上焚香抚琴。有人劝司马懿进攻，司马懿说诸葛亮一向小心谨慎，从不冒险，里面定有埋伏，司马懿于是撤兵。虽然"空城计"在历史上没有发生过，诸葛亮擅长弹琴却不是虚构的。

诸葛亮给人的印象是有些严肃，其实他也有很生活化的一面。诸葛亮年轻时躬耕陇亩，闲暇之时常"好为梁父吟"，也就是喜欢唱歌，当然不是流行歌曲，而是像梁父吟那样的励志歌。成都武侯祠大殿神龛后墙嵌有一通石碑，碑文是《琴吟自叙》，作者据传是诸葛亮，落款是"大汉建安五年"，如果是真的话，那诸葛亮不仅是一般的音乐爱好者，而可以称为音乐家了。

都知道诸葛亮是周瑜的对手,而周瑜也是弹琴高手。《三国志·周瑜传》:"*瑜少精意于音乐,虽三爵之后,其有阙误,瑜必知之,知之必顾。故时人谣曰:'曲有误,周郎顾。'*"意思是,周瑜听人演奏的时候,即使多喝了几杯酒,有些醉意了,如果演奏稍有一点儿错误,也一定瞒不过他的耳朵,每当发现错误,他就向演奏者看去,微微一笑,提醒抚琴者,错音了。

嵇康与《广陵散》

《广陵散》又名《广陵止息》,是中国古代一首大型琴曲,在中国音乐史上非常著名,被誉为"十大古琴曲"之一。"广陵"是扬州的古称,"散"是操、引乐曲的意思,《广陵散》的标题说明这是一首流行于古代广陵地区的琴曲。

《广陵散》旋律激昂、慷慨,是我国现存古琴曲中唯一的具有杀伐战斗气氛的乐曲,表达的是复仇精神,具有很高的艺术性。这首曲子萌芽于秦汉时期,魏晋时期因嵇康弹奏过而扬名。

据《晋书》记载,嵇康早年曾游历洛西,晚上投宿在一个叫华阳亭的地方。万籁俱静,漫天星辰,嵇康引琴而弹。突然,听到黑暗处有个声音夸赞他弹得好,嵇康就请其出身相见。这神秘人自称是"古人",言下之意,要么是鬼魂要么是神仙。嵇康也不畏惧,两人探讨音律十分投机。聊到最后,神秘人要过琴来,弹了一首曲子。这首琴曲风格迥异、声调绝伦、慷慨悲昂、世间罕有。然后他把这首琴曲教给了嵇康,并要求嵇康发誓,不能再教给第二个人。这首曲子就是《广陵散》。

而《太平广记》记载得更为神秘,说嵇康好琴,有一次夜宿月华亭,夜不能寝,起坐抚琴,琴声优雅,打动一幽灵,那幽灵遂传《广陵散》于嵇康,更与嵇康约定此曲不得教人。263年,嵇康为司马昭所害,临死前嵇康并不伤感,只叹道:"*袁孝尼尝请学此散,吾靳固不与,《广陵散》于*

三国的日常生活

今绝矣！"袁孝尼即袁准，字孝尼，魏国郎中令袁涣第四子，也是嵇康的外甥，入晋后官至给事中。有一个说法是，袁准见嵇康不传授自己，便在夜里趴在窗下听，记住了曲调，《广陵散》这才得以流传。

最流行的棋类运动

三国时期，人们最喜欢的棋类运动是围棋。围棋是中国人的发明，很早就诞生了，先秦史官编著的《世本》一书记载说"尧造围棋"，晋人张华《博物志》补充说"尧造围棋，以教子丹朱"，明代著作《潜确居类书》说"夏人乌曹作围棋"。不管上面的哪一种说法，都说明围棋诞生在夏商时期甚至是原始社会末期。不过，这样的说法也受到过质疑，比如，唐代诗人皮日休就认为围棋不可能出现得那么早，但现代考古又给出了新证据，如1973年在甘肃鸳鸯池遗址发掘出土的彩陶上就绘有类似围棋盘上纵横10~13条线的图案，其年代约在仰韶文明时期。

可以确定的是，到春秋战国时下围棋已相当普遍，"举棋不定"这个成语就出自《左传》，孔子、孟子以及道家的尹文子、关尹子等都论及过围棋，孟子还把围棋列入"六艺"中的"数"这一类。汉代以后围棋进一步普及，出现了许多围棋高手和爱好者，汉高祖刘邦、魏武帝曹操、孙吴的创始人孙策以及名将陆逊等人对围棋都很喜爱，下得也很好，尤其是曹操，作为"业余选手"可以跟当时顶尖的专业高手对弈，水平不差上下。《博物志》记载："冯翊、山子道、王九真、郭凯等善围棋，太祖皆与埒能。"冯翊、山子道、王九真、郭凯等都是三国时期的围棋高手，虽然说这些高手与主上对弈时或有取悦之嫌，但无论如何，曹操能与之不相上下，可见其棋艺水平也达到了一定高度。

魏文帝曹丕也会下围棋，《世说新语》记载："魏文帝忌弟任城王骁壮，因在卞太后阁共围棋。"在这场对弈中，曹丕与曹彰"并啖枣"，曹丕"以毒置诸枣蒂中，自选可食者而进"，曹彰中毒后，卞太后"索水救之"，曹

《汉宫春晓图》 仇英

《汉宫春晓图》是明代知名画家仇英最杰出的代表作,画卷除了描绘汉朝宫殿的宏伟景象,还重点展现了嫔妃弹琴、下棋、赏花、品鉴书画、鉴赏古玩等娱乐休闲活动 现藏于台北故宫博物院

三国的日常生活

丕"预敕左右毁瓶罐",卞太后"徒跣趋井,无以汲",结果曹彰"遂卒"。曹丕能"借棋杀人",至少说明他经常下棋。

"建安七子"之一的孔融也会下棋,他在《与邴原书》中写道:"阻兵之雄,若棋弈争枭。"信手以围棋做喻,可见其对围棋的热爱和熟悉程度。孔融后来因谤讪朝廷、不遵朝仪等被军谋祭酒路粹参奏,下狱处死。《后汉书·孔融传》记载,孔融有一女年仅7岁,一儿年仅9岁,听到父亲被抓时,"二子方弈棋,融被收而不动"。左右问原因,二人答"安有巢毁而卵不破乎","覆巢之下,安有完卵"的成语即源于此。

在三国时代,围棋最盛行的地区是孙吴。孙吴史官韦昭著《博弈论》,其中说孙吴的官员、士人普遍"好玩博弈,废事弃业,忘寝与食,穷日尽明,继以脂烛",大家实在太喜欢下围棋了,许多人以致"心劳体倦,人事旷而不修,宾旅阙而不接。虽有太牢之馔、韶夏之乐,不暇存也。至或赌及衣物,徒棋易行,廉耻之意弛,而忿戾之色发"。意思是,大家不致力追求以经书为主要研究对象的学术,反而喜欢研习棋艺之术,荒废正事,抛弃修业,忘了睡觉与吃饭,穷尽一天的时间,到了夜晚又点上油脂制成的蜡烛,对着棋局相互争战,每当不相上下、胜负未定的时候,都精神专注、意志坚决,以致心神迷乱、身体疲累,世间的事务全都荒废不理,旅客短少又不招待他们,虽然有祭祀天地的酒食菜肴和美妙的乐声,也都没有时间寄托心思在这些上面,拿衣服和日用品当赌注,还偷偷移转棋子改变棋路,廉洁的情操与羞耻心被舍弃废除,愤怒而乖戾的神色显露。

这种情况引起了孙权的儿子、太子孙和的注意。《三国志·孙和传》记载,孙和认为沉缅于围棋中会误事,他认为"士人宜讲修术学、校习射御,以周世务。而但交游博弈以妨事业,非进取之谓",意思是,才学之士应探研讲习学问,操演熟习武功,以胜任当世事务,而只知交游下棋以妨碍事业,不是进取的态度。孙和曾在一次宴会上与群僚谈及这方面话题,孙和说:"夫人情犹不能无嬉娱,嬉娱之好,亦在饮宴、琴书、射御之

杂项篇：
离婚再嫁不稀奇

闲，何必博弈，然后为欢？"意思是，人的欲望中不能没有嬉戏娱乐，而嬉戏娱乐的爱好也在于饮宴、书琴、骑射等方面，何必非得下棋不可，然后才感到快乐呢？孙和命当时侍坐的8位官员回去后就此各写一篇文章，时任中庶子韦昭也在座，所写的就是《博弈论》，这篇文章最为孙和看中，孙和把它拿给很多宾客传看，这篇文章也流传了下来。

韦昭认为围棋对于士大夫安身立命其实没有什么用处，在《博弈论》中他批评了酷爱下棋的这些人："然其所志不出一枰之上，所务不过方罫之间。胜敌无封爵之赏，获地无兼土之实。技非六艺，用非经国，立身者不阶其术，征选者不由其道。求之于战阵，则非孙吴之伦也；考之于道艺，则非孔氏之门也；以变诈为务，则非忠信之事也；以劫杀为名，则非仁者之意也。"意思是，他们的志向不超越一个棋盘，所追求谋取的不过在棋盘之间；战胜了棋盘上的敌人没有封土地、授官爵的赏赐，取得棋盘上的土地也不是吞并土地的事实，这样的技能并非孔子六艺之列，也无法用来治理国家，建立自身做人处世的基础不能凭借这种技艺，公开征求挑选人才也不经由这些下棋的技巧，把这些用于战场之上，成不了孙武、吴起那样善于兵法的人；用道艺来研究它，也不是孔子那样的学派；以诡变巧诈为追求谋取的手段，不是忠诚信实的事；以劫地杀棋为弈棋的名目，更不是有仁德的人做事。

韦昭还告诫他们："当世之士，宜勉思至道，爱功惜力，以佐明时。使名书史籍，勋在盟府，乃君子之上务，当今之先急也。夫一木之枰，孰与方国之封？枯棋三百，孰与万人之将？衮龙之服，金石之乐，足以兼棋局而贸博弈矣。"意思是，当今士人应该努力深思至善至美之道，爱惜功业和精力，来辅佐这个政治清明的时代，使名声写在史籍上，功绩存在保存盟约的地方，这才是君子最重要的事、当务之急。一块木头大小的棋盘如何能比四方诸侯之国的封地？枯木棋子300枚怎么能比统领万人的将军？皇帝赏赐的服饰、钟磬之类的乐声都足以胜过棋局而取代棋术。

三国的日常生活

曹操是著名的书法家

曹操不仅是伟大的政治家、军事家、文学家，还是一名书法家。曹操常与同时代的书法家钟繇、梁鹄、邯郸淳、韦诞、孙子荆等人切磋书艺，尤其喜爱品味梁鹄的字，还曾将专用的五灵丹拿给因向韦诞借读蔡邕《笔法》遭拒而呕血的钟繇。

西晋张华在《博物志》中曾评论过曹操的书法，称："汉世，安平崔瑗、瑗子寔、弘农张芝、芝弟昶并善草书，而太祖亚之。"南朝的书法评论家庾肩吾在其《书品》中，把曹操的书法作品列入中中之品，称其"隶墨雄瞻"。唐代书法家张怀瓘在书法评论专著《书断》中称曹操"尤工章草，雄逸绝伦"。《墨薮》称"操书如金花细落，遍地玲珑，荆玉分辉，瑶若璀粲"，将曹操的章草作品评为妙品。总体来看，曹操的书法作品虽不能列为神品、上品，但在汉末三国时期的书法家中是数得着的。

长安与汉中之间是秦岭，巍峨的群山之间自古以来就有多条栈道可供通行，这些道路十分崎岖。曹操曾走过褒斜道，得出的结论是"南郑为天狱"，褒斜道是"五百里石穴耳"，说明这条道路在当时狭窄、深险并且路程漫长。在这条道路南端有一条石门隧道，位于今陕西省汉中市境内，石壁上有摩崖石刻，内容是东汉汉中郡太守王升表彰杨孟文等人开凿石门隧道的功绩，这篇石刻就是在书法史上堪称国宝的《石门颂》，后因修建石门水库而将其移至汉中博物馆。曹操一生曾3次经过褒斜道，想必作为书法家的他也曾在《石门颂》前流连过吧。

在汉中博物馆还保存有一通石碑，上面书有"衮雪"两个隶书字，相传为曹操亲笔所写，它是迄今我们能看到的曹操唯一的手迹。

它原来也刻于石门附近的崖石上，据说曹操当时题完这两个字，有人不解其意，等字刻好后大家发现，山崖边上就是滚滚的褒河水，山涧间满布大大小小的石头，经流水常年冲刷一个个都圆圆得且很光亮，远看像堆

杂项篇：
离婚再嫁不稀奇

"衮雪"拓片
现藏于汉中博物馆

雪一般。至于"衮"字，本来应该写成"滚"，但有褒河水在边上，等于添了个"氵"字旁，所以曹操把它省了。但这只是传说，未见于任何正史中，这两个字是不是曹操的亲笔，也需要进一步考证。

诸葛亮唯一传世的书帖

喜欢书法的人都知道有件名帖叫《远涉帖》，它是诸葛亮亲笔所写，王羲之看后爱不释手，又亲笔临摹。纸的寿命较难超过千年，诸葛亮是距今约1800年的人物，但有了王羲之的摹写，《远涉帖》的神采又得以延续千年，苏轼、宋徽宗都见过它，墨写的原迹一直流传到清代。《远涉帖》是诸葛亮唯一传世手迹，奠定了诸葛亮作为书法家的地位。

诸葛亮的《远涉帖》是一件章草作品，由于是信件，所以这封信写得较为轻松，但随意不随便，每一字都从尖锋入纸，笔锋锐利而果断，藏锋、露锋交替变化，既清劲又有韵致，难怪王羲之见了都爱不释手。

宋代的《宣和书谱》是历史上一部重要的书法专著，该书收录了诸葛亮手书、经王羲之摹写的这幅《远涉帖》，并评论说："自汉晋宋以还，以草书得名者为多，姑以流传于今者，凡得六十五人以其世次之，汉得张芝，蜀得诸葛亮。"《宣和书谱》有宋代以前众多书法家的名录，蜀汉书法家仅有诸葛亮一人。《宣和书谱》还透露《远涉帖》当时已为"御府所藏",成为皇家收藏品。

《曹全碑》上的黄巾起义

喜欢书法的人,没有不知道《曹全碑》的,它现存于西安碑林博物馆。《曹全碑》立于东汉中平二年(185),也就是黄巾起义失败后的次年,碑文不到1000字,记录了曹全的生平事迹。

根据石碑上的记载,曹全的故事是这样的:他出身于敦煌名门望族,以戎马军功名扬河西边陲,后来担任关中地区的槐里县县令,因弟弟病故,辞官回家。这时遭遇了党锢之变,曹全被迫在家隐居7年。汉灵帝光和七年(184)曹全被起用,被任命为酒泉郡禄福县县长。这时,张角在幽州、冀州一带起兵,兖、豫、荆、扬诸州同时响应,曹全家乡郃阳县农民郭家等也起来造反,他们焚烧城中官署,使百姓受到骚扰,人人不得安宁。地方同时告急,特急的军情频频传来。皇上征询臣僚的意见,群僚都说:"问问曹全吧。"于是曹全被任命为郃阳县令。一到任,曹全就扑灭了战火,剿清了残余的叛乱者,收到了斩草除根的效果。接着曹全又访问本县的三老,携同当地人士王敞、王毕等人体恤民众的急需,慰问年老的人,抚育鳏寡孤独,还用自家的钱买来米粮赠送体弱多病者和盲人。曹全的大女儿桃斐等人还配治了由7种草药合成的"神明膏",亲自送到离城很远的亭舍,曹全的下属王宰、程横等人把药送给伤病者,他们大多都被治愈了。曹全施行惠政的美名得以快速传播,百姓们抱着孩子、背着东西纷纷返回故里,房屋得以修缮,商店重新开张,虽是多风多雨的时节,粮食也获得了丰收,种田的农民、织布的妇女还有手工业者,对曹全无不感恩戴德。曹全还广听民意,开明治事,扩充官舍。

曹全死后,郃阳县57名郡县官吏在王毕、王历、秦尚等人号召下,感恩戴德,同心协力在郃阳故城为曹全竖起了这座"不朽丰碑"。古人墓碑上的文字如同今人追悼会上的悼词，赞美的多，批评的少。真实的曹全肯定没这么"高大全"，皇帝也不会为剿灭黄巾军的事直接问到他这个县长，碑文所记有一定的夸张和虚饰的成分。但是，作为一种公开示众、直接记述历史的材料，基本情况和事实也不会有太大的出入。

邰阳县是陕、晋之间黄河西岸的一个小县，即使在东汉，这里也是默默无闻的地方。通过一块石碑，我们可以真切感受到黄巾大起义影响有多么广泛。可以看出，这场起义远比正史记载的复杂得多，激烈得多。起义的不仅是张角兄弟这些人，像邰阳县的郭家那样，各地都有不少。但是，像曹全这样的人，拼命镇压起义的，也不少。曹全有能力，在地方上有一定影响，在他的带领下能形成一呼百应的局面。邰阳县的民变镇压下去，根据碑文的记载，他们完全靠的是自己的力量。曹全不是普通农民，更不是丧失土地的奴婢，在成分上他属于地主阶级，他们有财产，有既得利益，是黄巾军革命的对象，不用朝廷号召，他们也会毫不犹豫地站出来与黄巾军作战。而这些人，在地方上有很强的势力，汉末各地壁坞盛行，其实就是他们建立起的一座座堡垒，政治上服从朝廷，管理上完全独立，他们才是扑灭黄巾起义这场大火的中坚力量。东汉帝国实行以礼治国，大力推行儒术，培养起了众多的"铁杆支持者"，帝国虽然衰落，但他们脑海里的忠君思想从未泯灭，不管多少风暴来袭，帝国仍能支撑下去，有人把这些总结为四个字：大而不倒。

记录汉魏禅让的"三绝碑"

曹丕于220年禅让称帝，举行仪式的地点在繁阳，即今河南省临颖县繁城镇。为纪念这一重要时刻，曹丕下令刻石立碑。碑石共刻了两块，一块是"公卿将军上尊号奏碑"，一块是"受禅表碑"。"受禅表碑"碑文22行，每行49字；"公卿将军上尊号奏碑"正面22行，背面10行，每行也是49字。

曹全碑
现藏于西安碑林博物院

受禅表碑
现位于河南临颍县繁城镇

三国的日常生活

这两通石碑记述了汉献帝刘协禅位于魏文帝曹丕的经过，歌颂了禅让的千古美德，颂扬了曹丕齐光日月、材兼三级，有尧舜之姿、伯禹之劳、殷汤之略、周武之明，特别强调了曹丕是在公卿将士们多次请求之下，经过回思千虑、再三推让才接受禅让的。

据唐代刘禹锡考证，受禅表碑由王朗撰文、梁鹄书写、钟繇刻字。王朗时任御史大夫，他撰写的碑文文采非凡、气势磅礴，增一字显多、去一字则损，是蔡邕之后名气最大的碑铭高手。梁鹄的书法连曹操都爱不释手，他的字凝重遒劲、气度雍容。钟繇不仅是书法家和曹魏重臣，也是刻碑名家。以上3位顶尖高手联袂出场，使这块石碑被认为文表绝、书法绝、镌刻绝，称"三绝碑"。更为难得的是，经历1800多年的风风雨雨，这两块碑仍得以保存，它们如今存放于繁城镇汉献帝庙内。

"莽张飞"是一名书法家

受评书、小说、戏剧和一些影视作品的影响，张飞的形象早已在人们心中定格了。粗犷，豪爽，有一个火爆脾气；作战勇猛，攻无不克、战无不胜，敌人闻风丧胆；一身忠义之气，至死不改本色，于是就有了一个"莽张飞"的绰号。不过这样看张飞并不全面，张飞其实跟"鲁莽"沾不上边。

《三国志》中张飞的传记不到1000字，无法完全反映出这位三国名将的风采和全貌。南北朝时有个叫陶弘景的人，写了一部《古今刀剑录》，里面有一段记载说，张飞初拜新亭侯时，让匠人用赤山铁专门打造了一口刀，他亲自在上面写下铭文："新亭侯，蜀大将也。"后来张飞遇害，范强刺杀张飞后得到这把刀，把它献往孙吴。南北朝距三国时代较近，这个记载有一定的可信度，于是人们才知道，原来张飞也会书法，《新亭侯刀铭》就是他的书法作品。

元代画家吴镇曾对张飞的书法成就进行过评价，认为他的造诣很高，甚至说三国时代公认的著名书法家钟繇、皇象都比不上张飞。明代有个叫曹学佺的人，写了一部《蜀中广记》，其中有一卷《名胜记》，与《徐霞客游记》齐名，其中记述顺庆府渠县有座八蒙山，在山下看到一块石头，上面题有"汉将张飞率精卒万人大破贼首张郃于八蒙立马勒石"的两行隶书大字。渠县即当年巴西之战的所在地，曹学佺除了是位旅行家，还是明代著名的文献学家，他的这个记载也有一定的可信度。明人卓尔昌著有《画髓元诠》，说张飞最擅长的是草书，另一部名为《丹铅总录》的书中记载，四川涪陵一带自古流传下来一种刁斗，上面有铭文，就是张飞所写的。

现代著名学者吴晗曾写过一篇《由张飞的书画谈起》，其中写道："我国书法家并不限于文人，武将中也不少，如岳飞、张飞等。"虽然张飞的书法真迹现在已经看不到了，但有这么多记载说他擅长书法，应该不全是杜撰的。

中国历史上第一位女画家

孙权手下有位术士名叫赵达，孙权对他很信任，《三国志》记载："孙权行师征伐，每令达有所推步，皆如其言。"赵达有个妹妹，善于画画，据东晋王嘉所著《拾遗记》记载，赵达的这位妹妹"巧妙无双，能于指间以彩丝织云霞龙蛇之锦，大则盈尺，小则方寸"，大家称之为"机绝"。

孙权常有感于"魏、蜀未夷"，所以"思得善画者使图山川地势军阵之像"，赵达于是推荐了自己的妹妹，孙权让赵妹妹"写九州方岳之势"，赵妹妹说："丹青之色，甚易歇灭，不可久宝；妾能刺绣，作列国方帛之上，写以五岳河海城邑行阵之形。"完成后，进于孙权，"虽棘刺木猴，云梯飞鸢，无过此丽也"，大家又称赵妹妹为"针绝"，孙权于是将赵妹妹纳入后宫，成为孙权的夫人之一。

孙权居住在建业的皇宫中，每到夏天，深感酷暑难当，蚊虫烦人，于是挂起紫绡罗帐，赵夫人说："此不足贵也。"孙权问她何意，赵夫人回答：

三国的日常生活

"妾欲穷虑尽思,能使下绡帷而清风自入,视外无有蔽碍,列侍者飘然自凉,若驭风而行也。"意思是,可以织出比紫绡罗帐更珍贵的罗帐,放下这种帐帷则清风自生,暑意顿消,而从帐里看帐外又能清楚无碍,帐外的侍者也会飘然自凉,有驭风而行的感觉。孙权称善,赵夫人于是"乃拼发,以神胶续之",也就是从头上削下一绺长发,再把每根头发剖成肉眼难见的细丝,之后用可以接续弓弩断弦的神胶进行黏合。之后,赵夫人经纬分明地织出片片罗縠,数月之后织成了一顶薄比蝉翼、轻赛寒烟的"发帐",孙权躺进去一试,果然"飘飘如烟气轻动,而房内自凉",孙权十分喜爱,在外征战也把它带上,"每以此幔自随,以为征幕",时人又称赵夫人为"丝绝"。

赵夫人心灵手巧,当时的人们都说她"有三绝,四海无俦其妙",尤其在绘画方面,赵夫人算得上一位女画家。中国古代的女性画家不多,早期的女画家有薛媛、李夫人等,薛媛是唐朝人,李夫人是后唐人,她们都比赵夫人晚得多,所以赵夫人可以算作中国古代文献记载中出现的首位女画家。孙权病死时赵夫人仍在世,遗憾的是,"吴亡,不知所在",赵夫人最后的下落不得而知。

38 结婚仪程与名人联姻

适婚年龄有要求

说起汉朝和三国时期的结婚年龄,人们经常引用"男三十而娶,女二十而嫁"这句话,这是周朝官方倡导的适婚年龄,但即便在那时民间也未严格遵守。孔子对此有过解释,《孔子家语·本命解》记载:"夫礼,言其极,不是过也;男子二十而冠有为人父之端,女子十五许嫁有适人之道。"孔子这番话的大意是,周礼的规定只是官方倡导的最高标准,民间的变通做法也不是过错。

《汉书·惠帝纪》记载,汉惠帝时曾颁布过诏令:"女子年十五以上,至三十不嫁,五算。"这条诏令说的是,年满15岁的女子,如果还没有嫁人,要受到严厉的经济处罚。从这条诏令可以看出,当时女子到了15岁还不嫁人的已经算不正常了。汉朝和三国时期都实行早婚,《吴书》记载,陶谦"年十四,犹缀帛为幡,乘竹马而戏",但是甘公看到后很欣赏他,"因许妻以女",说明陶谦14岁时就结婚了。还有周不疑,年少有奇才,《零陵先贤传》记载:"至年十三,曹公闻之欲拜识,既见,即以女妻之,不疑不受。"曹操见过只有13岁的周不疑,就打算把女儿嫁给他,虽然这桩婚事没有成功,但至少说明当时男子13岁就结婚也算是正常的。

综合史料记载来看,汉朝和三国时期男子的初婚年龄在14~20岁之间,女子的初婚年龄在13~16岁之间。通常情况下,丈夫一般比妻子大1~3岁。汉朝和三国时期的"早婚"现象与当时的社会和经济结构有关,在农业社会里,发展农业生产主要有两条途径:一是增加生产工具的科技含量,以

三国的日常生活

提高生产率；二是增加劳动力资源，以提高生产规模。早婚实际上是提高农业生产能力的一条途径。

提亲和纳采

汉朝和三国时期，子女的婚姻通常由父母或家族中的长辈来操持，儿女长大成人时，父母或长辈就开始着手为子女寻觅结婚对象。有明确目标后，一般会委托亲朋好友或媒人到对方家里提亲。一般来说，男方向女方家里提亲比较普遍。但也有特殊情况，诸葛亮隐居荆州期间被名士黄承彦看中，黄承彦便主动向诸葛亮提亲。《襄阳耆旧记》记载，黄承彦对诸葛亮说："闻君择妇；身有丑女，黄头黑色，而才堪相配。"诸葛亮很高兴，立即答应了这门亲事。当时人们编了两句民谣说这件事："莫作孔明择妇，正得阿承丑女！"

诸葛亮的妻子真的很丑吗？除《襄阳耆旧记》的这条记载外，没有其他的记载，真实的情况倒也未必。可以从遗传学角度分析：诸葛亮妻子黄氏的母亲姓蔡，有个亲姐妹嫁给了刘表，如果蔡氏姐妹长得比较难看的话，刘表是不会娶的，所以诸葛亮的岳母很有可能是个美女；诸葛亮的岳父黄承彦是被荆州大财主蔡讽相中选为女婿的，最起码也不应该难看。母亲是美女，父亲也不难看，从遗传学的角度看黄氏在很大程度上应该是个"白富美"。至于黄承彦的那些话，其实是自谦，因为女方主动提亲，这在当时不太常见，担心被拒绝，所以故意那么说的。

如果女方答应了求亲，一般会派人来相见，主要是观察男方仪表，如果女方也同意，男方再正式来约定婚事，整个过程叫纳采。纳采时，男方通常要带着礼物，《仪礼·士昏礼》记载："昏礼，下达纳采。用雁。"三国时期的郑玄注释："将欲与彼合婚姻，必先使媒氏，下通其言，女氏许之，乃后使人纳其采择之。"

杂项篇：
离婚再嫁不稀奇

问名

如果双方都感到满意，接下来就要敬告祖宗，同时为订婚进行占卜，这个过程叫问名。占卜的主要目的是看婚嫁双方是否有同姓关系。汉朝和三国时期一直遵循"同姓不婚"的观念，这个观念始于先秦时期。在周朝以前的夏商时期还有同姓成婚的现象，从周朝开始，人们从制度上严格禁止同姓成婚，如《国语》说"同姓不婚，恶不殖也"，《左传·僖公二十三年》说"男女同姓，其生不蕃"。对违反规定的要采取强制措施，其中不乏一些体罚、判刑或勒令离婚等规定。

古人为什么禁止同姓结婚呢？可能出于多方面考虑：从遗传角度看，近亲繁殖存在很大危害，这一点从周朝开始人们就已经认识到了，《国语》所说"同姓不婚，恶不殖也"就是这个意思；从政治角度看，禁止同姓成婚，客观上会促进与异姓之邦联姻，扩大和加强政治与军事联盟；从伦理道德角度看，古人重亲情关系，把同姓也看成血亲，因此将同姓成婚与至亲、嫡亲兄弟姐妹通婚等同看待，《白虎通·嫁娶》指出"不娶同姓者，重人伦，防淫佚，耻与禽兽同也"；从宗族发展的角度看，为防止本族内部出现争风吃醋的事情，也要阻止男子娶本族同姓的女子。

三国时期，不仅同姓结婚是禁忌，而且娶同族的遗孀也会被大家议论。刘备到益州后，看上了刘瑁的遗孀吴氏，刘瑁是刘焉的儿子，刘备觉得与刘瑁同姓，都是"汉室宗亲"，他的妻子视同血亲，所以十分犹豫。《三国志》记载："群下劝先主聘后，先主疑与瑁同族。"后来，法正拿晋文公跟子圉的关系来说明双方亲疏远近，刘备才打消了顾虑。子圉是晋文公的亲侄子，他在秦国做人质，在那里娶妻，后来单独逃回晋国，秦国又把他的妻子嫁给了晋文公。经过这番解释，刘备于是纳吴氏为夫人，后来立为皇后。

三国的日常生活

纳吉和下聘礼

如果问名阶段没有问题，占卜的结果又是吉兆，男方就会把消息通知给女方，这个过程称为纳吉。之后就要进行纳征，男方要给女方下聘礼。聘礼中最重要的是聘金，具体数目根据双方的社会地位和经济状况不同而有所差异。除了钱，还要带上一些象征有吉祥意味的物品。

汉献帝刘协虽然是傀儡皇帝，但并不甘心，与曹操之间多次发生矛盾，曹操为此先后诛杀了汉献帝的董贵人、伏皇后。为解决后宫问题，曹操把曹节等3个女儿同时嫁给汉献帝为夫人。《后汉书·献穆曹皇后纪》记载："操进三女宪、节、华为夫人，聘以束帛玄纁五万匹。"束帛，是将5匹帛捆在一起；玄纁，是指黑色和浅红色的布帛。汉末名将、"凉州三明"之一的皇甫规死后，其遗孀马氏貌美，被董卓看上。《后汉书·列女传》记载，董卓"娉以軿辎百乘，马二十匹，奴婢钱帛充路"。軿辎，指軿车与辎车，其中軿车是一种有帷幔的车，多供妇女乘坐；辎车是一种有帷盖的大车，多载衣物等物品。"軿辎百乘"，意思是聘礼载满了100辆车。不过，马氏根本看不上这些，大骂董卓，后被董卓命人活活打死。

请期

下完聘礼，男方便要开始着手选择婚期。婚期也要以占卜来决定，当时的人们认为，如果结婚不选吉日就会触犯鬼神，为家庭和整个家族招来祸患，所以汉朝和三国时期的人们对结婚的日期非常重视。婚期虽然由占卜得来，但人们在选择具体日期时也有一定倾向性，这也与当时农业社会的特点有关。一般来说，每年从深秋至来年初春是结婚的高峰期，因为这段时间正是农闲季节，对农业生产影响较小。在男方筹备婚礼时，女方主要筹办嫁妆，嫁妆的多少也由经济实力来决定。

汉朝奢靡之风盛行，在嫁娶方面表现得最严重。《汉书·地理志》称"嫁娶尤崇侈靡"，东汉思想家王符在《潜夫论》中描述当时富贵人家婚嫁的场面非常盛大，花费是平常人家所不能承受的，一顿饭就能让一个家庭破产。《潜夫论》称："富贵嫁娶，车軿各十，骑奴侍僮，夹毂并引。"司马相如和卓文君相恋的故事家喻户晓，尽管司马相如的岳父、富商卓王孙对这个女婿不满意，但婚礼仍然办得极为奢华，陪嫁也相当丰厚，《前汉书·司马相如传》记载了卓文君带来的嫁妆："僮百人，钱百万，及其嫁时衣被财物。"

其实，主流思想还是主张要节俭的。《道德经》说"罪莫大于可欲，祸莫大于不知足，咎莫大于欲得"。管子认为，治理国家最应该关注的是适度地在衣食住行等消耗钱财的地方勤俭节约，应该避免奢侈浪费。看到奢靡风刮得太厉害，朝廷也不得不重视起来。西汉时，针对当时婚丧嫁娶中的奢靡现象，朝廷多次以诏令形式进行过制止。《汉书·宣帝纪》记载，汉宣帝时针对嫁娶中铺张浪费的现象发布过"禁民嫁娶不得具酒食相贺召"。《汉书·平帝纪》还记载，汉平帝时"安汉公奏车服制度，吏民养生、送终、嫁娶、奴婢、田宅、器械之品"。东汉时，光武帝刘秀在位期间规定官秩三百石及以下的官员与庶民百姓在操办婚嫁事宜方面的总体花费不能超过 15000 钱，同时爵位是关内侯以下至皇亲宗室及列侯子女在婚姻聘娶上也须各自遵循符合秩级与身份地位的费用标准，如果违反，则将其所拥有的奴婢及其财产全部没收，一律收归政府。

迎亲和婚礼

婚礼当天，男方要亲自到女方家里去迎亲，只有身份极为特殊的人，才不亲自去迎亲。《献帝起居注》记载，曹操后来迫使汉献帝立自己的女儿贵人曹节为皇后，汉献帝遣使者持节相迎。因为汉献帝是皇帝，这才不用亲自去迎亲，但派去的人必须拿着象征天子本人的符节，以示隆重。女方把女儿送出门前，一般都会进行一番叮嘱，主要是到男方家中后要孝顺公婆、恪守妇道等。

三国的日常生活

汉朝和三国时期,无论身份、地位或经济条件有何不同,一般对婚礼都极为重视,都要举行隆重的婚礼。婚礼上,要邀亲朋好友来参加,一般还要邀请邻居。来宾也不会空手前来,通常都带有礼金。婚礼上,新人要穿上华丽漂亮的服饰,先洗手,再对席而坐,喝同一种酒、吃同一种肉,称为"同牢礼";将一只葫芦剖为两半,夫妇各执一半,用以饮酒,之后交换,再合为一体,称为"合卺礼",有点儿类似后世的"交杯酒";新人各取一根头发,合为一结,称"结发礼"。行完这些仪程,婚礼就结束了,标志着新人正式结为夫妻。

三国群雄为什么喜欢联姻

三国时期虽然不是门阀制度最盛行的年代,但门阀制度已经兴起。门阀制度中,门当户对的婚姻观念是核心,所以名门、名族联姻是普遍现象。同时,在三国乱世争雄中,婚姻还常被作为一种政治工具,群雄豪门争相联姻的目的是扩大同盟,拉拢对方。

曹操跟袁绍是死对头,但有一阵曹操要拉拢袁绍的儿子袁谭,于是让自己的儿子曹整娶了袁谭的女儿。这样一来曹操就成了袁绍、袁术的晚辈,曹操似乎并不介意,他甘当别人晚辈,他曾娶过何咸的遗孀尹氏,何咸是何进的儿子,曹操在何进面前也以晚辈自居。

还有一阵,曹操想拉拢孙策,就让儿子曹彰娶了孙贲的女儿,孙贲是孙坚的侄子,曹操又成了孙坚的晚辈、孙权的平辈,但从年龄上说,曹操与孙坚同岁。除了这层关系,曹操跟孙权还有另一层亲戚,曹操是袁绍的"晚辈",袁绍与袁术本是亲兄弟,而孙权娶了袁术的女儿,这再次证明曹操与孙权平辈。但问题是,曹操既然与孙权是平辈,说"生子当如孙仲谋"就成心要占孙权的便宜了。

孙权有个妹妹嫁给了刘备,所以孙权既是曹操的亲戚,也是刘备的亲戚。换句话说,通过孙权曹操也是刘备的亲戚。不过,刘备跟曹操之间的

杂项篇：
离婚再嫁不稀奇

亲戚关系也有另外一层，通过的是夏侯氏。刘备的儿子刘禅娶的是张飞的女儿，即张皇后。张皇后的母亲就姓夏侯，她是夏侯霸的从妹，而夏侯霸是夏侯渊的儿子。

都说曹操本姓夏侯，跟夏侯渊、夏侯惇是叔伯兄弟，但那都是传说，没有史实根据。不过，夏侯渊的妻子丁氏是曹操第一任正妻丁夫人的妹妹，这个史书有明确记载。这样论起来，刘禅应是夏侯渊、曹操的孙辈，这一点双方都认可，夏侯霸后来在曹魏的政治斗争中失利，逃亡到了蜀汉，后主刘禅不仅把他当成"自家人"欣然接纳，任命他为车骑将军，而且专门把自己的儿子叫来，指着对夏侯霸说："此夏侯氏之甥也！"

通过夏侯渊，司马懿跟曹操也能扯上亲戚关系。夏侯渊有个孙女叫夏侯徽，嫁给了司马懿的儿子司马师，这样论起来司马懿就比夏侯渊低了一辈，这不是人家要占便宜或以势欺人，而是年龄差距造成的。夏侯徽的母亲、司马师的岳母还是曹真的妹妹，曹真是曹操的族子，司马懿跟曹家属"亲上加亲"。

刘备跟张飞是亲戚，张飞跟夏侯渊是亲戚，夏侯渊跟曹操是亲戚，刘备跟曹操也是亲戚。刘备跟孙权是亲戚，孙权跟曹操是亲戚，从这边论，刘备跟曹操还是亲戚。曹操跟孙权、孙权跟刘备，不用说更是直接的亲戚，再加上一个司马懿，魏、蜀、吴以及灭了它们的晋，大家都是亲戚。

孙权有个女儿嫁给了周循，周循是周瑜的儿子，周循的母亲特别有名，就是江东美女小乔，而周循的亲姨大乔是孙权哥哥孙策的妻子。孙策有个女儿嫁给了陆逊，陆逊的儿子陆抗娶了诸葛瑾的外孙女，诸葛瑾还有一个外孙女嫁给了孙权的儿子孙和，这样一来关系就乱了，因为孙和按理应与陆逊平辈，陆抗应比孙和晚一辈，现在他们却成了"连襟"。

诸葛瑾的这两个外孙女姓张，她们的父亲、诸葛瑾的女婿是张昭的儿子张承，诸葛亮、诸葛瑾、张昭这几位原来也是"一家人"，当年诸葛亮出使柴桑联络赤壁之战的事，张昭出面要把他推荐给孙权，背后原来有层

三国的日常生活

关系。诸葛亮"舌战群儒"时与张昭针锋相对的事,其实并不存在。

三国时期,名人之间联姻的关系还有很多。比如诸葛亮,除了通过诸葛瑾跟张昭有亲戚关系外,他的岳母刘氏有个姐姐是刘表的夫人,刘表的儿子刘琦非要缠着诸葛亮问计,那是因为双方是亲戚,所以不见外。诸葛亮有两位姐姐,一位嫁给了刘表最依赖的助手蒯越的弟弟蒯祺,一位嫁给了庞德公的儿子庞山民,庞德公有个侄子就是凤雏庞统,诸葛亮跟庞统也是亲戚。所以,后来庞统战死,刘备拜庞统的父亲为议郎,诸葛亮则"亲为之拜"。

39 离婚和再嫁

汉朝和三国时期,离婚和再嫁现象较为普遍。男方提出离婚的主要理由:一是女方品行不正,如嫉妒、盗窃、不能善待家人等;二是婆媳不和;三是没有生下儿子。女方提出离婚的主要理由:一是丈夫品行不良,如好赌博等;二是丈夫无才;三是夫家贫困;四是丈夫患有严重传染病。总之,无论男方还是女方都有提出离婚的权利,相比较而言,男方提出离婚的占多数。

离婚需要办手续吗?这在史书里没有具体记载。不过,睡虎地秦简《法律答问》里有一条:"弃妻不书,赀二甲。""二甲"就是2副铠甲,这句话的意思是,跟妻子离婚而"不书"的,丈夫要被罚2副铠甲。"不书"应该是不去官府办理婚姻方面的登记文书之意,也就是说,秦朝时结婚、离婚需要去官府办理相应登记手续。汉承秦制,三国承汉制,推测起来三国时期离婚也需要去官府办理有关手续。

三国时期,离过婚的女子和男子可以再嫁和再娶,丧夫的女子也可以再嫁,这主要是因为当时男女交往的观念相对松懈,男子和女子可以自由交往,可以结伴出行,女子也可以单独会见男宾,在这种氛围下,女子改嫁并不被认为是不合人伦的行为。

曹操让原配改嫁

曹操的原配夫人是丁氏,嫁给曹操后一直没有生育,后来曹操娶了刘夫人。刘夫人生下了曹操的长子曹昂以及长女清河长公主,可刘夫人死得早,曹昂便由丁夫人抚养,丁夫人对他爱护有加。后来,由于曹操的失误

三国的日常生活

导致曹昂阵亡,这件事丁夫人难以接受。《魏略》记载,丁夫人经常痛哭,并埋怨丈夫曹操:"将我儿杀之,都不复念!"说得多了,曹操有点儿生气,把她遣送回娘家,想让她消消气。后来,曹操行军途中路过丁夫人家,主动到老丈人家看望,当时丁夫人正在织布,有人赶紧通报说曹公来了,但丁氏"踞机如故",没有起身相迎的意思。曹操过去,拍着丁夫人的背说:"顾我共载归乎!"哪知丁氏头也不回,也不回答。曹操无奈,只好悻悻而出,走到门外,又说:"得无尚可邪!"意思是,跟我一起走吧,难道还要我求你吗?丁夫人仍不应,曹操叹息道,看来真的情意已绝了。

曹操只好把丁夫人休了,希望丁夫人娘家人把她再改嫁。《魏略》记载:"遂与绝,欲其家嫁之,其家不敢。"即使有胆大敢娶的,丁家人恐怕也不敢嫁。曹操对丁夫人以及死去的长子曹昂还是很有感情的,曹操临死的时候回忆了自己的一生,又想起了他们。临终前,曹操曾说,我这一辈子没有做过什么亏心事,只是倘若死后有灵,见到自己的大儿子,问我母亲怎么样了,我将无言以对。

袁绍儿媳改嫁曹操儿子

南朝梁武帝萧衍的长子萧统编了中国第一部文学作品集,即《昭明文选》,在历代读书人中影响很大。到唐代,这部书里收录的很多文章已经不太好懂了,于是有很多人给这部书作注,其中李善的注本最著名。为了注释这部《昭明文选》,李善引用了很多资料,有些资料现在别的地方已经看不到了,因而也有一定的史料价值。《昭明文选》收录了曹植的《洛神赋》,李善作注时引了一条没头没尾的资料,其中说:"魏东阿王,汉末求甄逸女,既不遂,太祖回,与五官中郎将。植殊不平,昼思夜想,废寝与食。"

曹植后来被封为东阿王,这段话说他想得到甄逸的女儿甄宓,但是没有成功,曹操把甄宓给了曹丕。曹植为此心绪难平,吃不下睡不着,害了

杂项篇：
离婚再嫁不稀奇

相思病。《世说新语》说得更离奇，说甄宓先被曹操看上，后来让曹丕捷足先登。其实这些都经不起推敲，当时甄宓23岁，曹丕18岁，而曹植只有13岁，13岁的弟弟跟18岁的哥哥抢23岁的嫂子，即便在古代，这样的故事也太离奇。

不过，甄宓确实是曹丕的妻子，而且她还有一个身份：袁绍的儿媳。甄宓先嫁给了袁绍的二儿子袁熙，曹操率军攻打邺县时，甄宓就在城内，而袁熙北逃。破城后，曹丕见到甄宓，被她的美貌所吸引，向曹操提出要娶甄宓，曹操同意了。《资治通鉴》记载：*"太祖之入邺也，帝为五官中郎将，见袁熙妻中山甄氏美而悦之，太祖为之聘焉。"* 不过，这时袁熙还活着，甄宓还不能说是寡妇。

才女蔡文姬三嫁

文姬归汉的故事世代传颂，蔡文姬博学多才，6岁能辨琴，擅长文学、音乐、书法，著有《悲愤诗》二首和《胡笳十八拍》，是公认的一代才女。

蔡文姬的身世十分坎坷，她的父亲蔡邕虽然是三国时期著名的学者之一，也担任过侍中这样的高官，但生在乱世，宦官和权臣当道，蔡邕多次受到迫害。在这种境遇下，蔡文姬也时常生活在漂泊无定的状态下。蔡文姬有3任丈夫：初嫁卫仲道，丈夫死后回家；汉末中原大乱后，原本归降汉朝的南匈奴趁机叛乱，蔡文姬为匈奴左贤王所掳，嫁入南匈奴，生下俩儿子；曹操统一北方后，花费重金将蔡文姬赎回，蔡文姬再嫁董祀。

关于曹操花了很大代价和精力做这件事的原因有各种说法，其中一个著名的说法认为曹操与蔡文姬从小青梅竹马，因为念旧情才这么做的，其实这个说法没有依据。曹操跟蔡文姬的父亲蔡邕曾是同事，二人在朝廷都担任过品秩六百石的议郎一职，他们那时相识并成为挚友。但曹操出生于155年，蔡文姬出生于177年前后，曹操比蔡文姬大了20多岁。曹操跟蔡邕做同事时约30岁，而蔡文姬那时还只是一个几岁的小朋友，二人无法

三国的日常生活

"青梅竹马"。

曹操娶何进儿媳和吕布部将之妻

在曹操众多夫人中有两位身份比较特殊：一位是杜夫人，她原来有丈夫，是吕布手下的部将，叫秦宜禄；另一位是尹夫人，她也有过丈夫，是大将军何进的儿子，叫何咸。

关于杜夫人，有一部名为《蜀记》的书，是晋朝史学家王隐所著，其中记载道，吕布被围于下邳期间，眼看城破，关羽找到曹操，说吕布手下部将秦宜禄的妻子杜氏很漂亮，自己还没有成家，希望城破之后能娶杜夫人为妻，请曹操成全，曹操想这也不是什么大事，就一口答应了。《蜀记》记载："关羽启公，布使秦宜禄行求救，乞娶其妻。"关羽说了一次还不够，就在城池将要攻破前又多次向曹操请求，害怕曹操把这件事忘了，这反而勾起了曹操的好奇心。城破后，曹操先让人把杜氏带来看看，发现杜氏果然特别漂亮，于是占为己有。

曹操想娶张济的遗孀

曹操迁汉献帝于许县后，为巩固许县周围的形势，决定对南阳地区的割据军阀张绣发起攻击，此战颇为顺利，张绣投降。曹操在胜利之余还干了一件事，他看到张绣的婶娘、已故骠骑将军张济的遗孀长得很漂亮，就纳其为妾。《三国志·张绣传》记载："太祖纳济妻，绣恨之。"张绣是一员猛将，他认为这是奇耻大辱。

张绣于是发动了一场叛乱，曹操险些丧命，曹操的心腹爱将典韦死于这场叛乱，更重要的是，曹操的大儿子曹昂也在这场叛乱中死了。曹昂如果不死，曹魏后来就没有那场夺嫡之争了，内部将更加团结，那么司马懿父子还有没有机会都不好说了。

杂项篇：
离婚再嫁不稀奇

刘备娶刘瑁的儿媳

刘备拿下益州后，身边无正室，于是有人张罗给他娶妻，大家都劝他娶吴壹的妹妹吴氏，《三国志·蜀二主妃子传》记载："*群下劝先主聘后。*"吴壹是刘璋的亲戚，他的族父也是名人，就是何进当年的部将吴匡，吴匡与刘焉有旧交，所以吴壹来到了益州，吴壹的妹妹嫁给了刘焉的儿子刘瑁。刘瑁有"狂疾"，也就是精神病人，刘焉为儿子娶吴氏是听了相面人的话，说她面相很好，日后必有大贵。

刘备很想娶吴氏，但有些犹豫，并非吴氏是寡妇，而是觉得自己跟吴氏的前夫刘瑁都姓刘，怕人说闲话，经法正劝说，刘备最终娶吴氏为妻。宋朝以后理学盛行，刘备的这桩婚姻受到了批评，一来娶了寡妇，二来娶了同族的孀妻。《三国志旁证》的作者梁章钜认为："*法正导君以非礼，先主始疑而采遂之，君臣均失。*"意思是，法正误导刘备逾越礼法，刘备开始犹豫最后还是做了，君臣都有过失。梁章钜还批评了诸葛亮，认为诸葛亮应该在此事上对刘备进行提醒和劝阻，但他没有尽到责任。刘备娶吴氏，可能是吴氏长得漂亮，刘备看上了，加上都说吴氏的面相很好，谁娶谁富贵，所以刘备想娶她。按照三国时期的伦理观，寡妇再嫁倒很平常的事。至于刘备和刘瑁同族，那都是300年前的事了。

钟繇资助荀攸的爱妾改嫁

钟繇、荀攸都是曹魏重要的文臣，是深受曹操欣赏和器重的人，二人都是颍川郡人，是同乡，还是要好的朋友。《三国志·荀攸传》记载，钟繇曾说："*我每有所行，反覆思惟，自谓无以易；以咨公达，辄复过人意。*"意思是，我每次有所行动都反复思考，自以为没有什么要变动的了，但拿去一问荀攸，他的答复总超出我的意料。荀攸前后设奇策共12计，只有钟繇知道。荀攸死后，钟繇整理荀攸的著作，但没有完成自己也去世了，所以荀攸的著作不为后人所知。

三国的日常生活

荀攸死后儿子年幼，无力处理家事，《三国志·朱建平传》记载，钟繇"经纪其门户"，也就是负责处理荀攸的后事。荀攸当年跟钟繇一块儿请三国时期的著名术士朱建平相面，朱建平说："荀君虽少，然当以后事付钟君。"荀攸有一名爱妾，名叫阿骛，钟繇便跟荀攸开玩笑说："唯当嫁卿阿骛耳。"意思是，我如果处理你的家务，第一时间就把你最心爱的妾改嫁了。没有想"戏言遂验乎"。荀攸死后，钟繇给朋友写信，信中说："今欲嫁阿骛，使得善处。"

孙权娶自己的侄女

在孙权的众多妻妾中有一位徐夫人，她的父亲叫徐琨，徐琨的父亲叫徐真。孙家、徐家关系一直不错，孙坚有个妹妹就嫁给了徐真，也就是说，徐夫人的爷爷是孙坚的妹夫，徐夫人与孙坚差了两辈。如果这样论，徐夫人的父亲跟孙权是平辈，徐夫人是孙权的侄女辈。徐夫人一开始嫁给了陆逊的族人陆尚，陆尚死后，孙权看上了她，非要娶过来，结果徐夫人又嫁给了孙权，孙权对她非常疼爱。

40 异人与逸事

那些长相有特点的人

记述三国历史的史籍，如《三国志》等，一般不注明人物的生卒年月，读起来不知道一个人什么时候出生，也不知道什么时候死。有的根据某一事件可以推断出来人物出生的年月，有的则不能，尤其是出生年月，很多都成了疑问。自《史记》以来的史书大多如此，但这样一来一个重要的信息就缺载了，增加了阅读的困难。

与此相反，一个人如果在身高、长相方面有特点，史书往往会捎带记上一笔，《后汉书》和《三国志》在这方面比较突出。这是因为，汉魏时代人们很看重仪表、容貌，尤其是政治人物，如果相貌堂堂，往往会更有魅力。如果相貌平庸或者丑陋，不仅会被扣掉"印象分"，而且其本人也会自惭形秽，甚至连一代枭雄曹操也不能免俗。《世说新语·容止》记载："魏武将见匈奴使，自以形陋，不足雄远国，使崔季圭代，帝自捉刀立床头。既毕，令间谍问曰：'魏王何如？'匈奴使答曰：'魏王雅望非常；然床头捉刀人，此乃英雄也。'魏武闻之，追杀此使。"

上面这件事大家早已熟知了。曹操长相较差，《魏氏春秋》记载"武王姿貌短小，而神明英发"，前半句是能看见的、实的，后半句虽是内在的，却是虚的，至少从外表来看，曹操缺乏"风采"，他个子不高，没有什么威仪。那么曹操到底有多高呢？有没有另一个小个子英雄拿破仑高？有的史书记载曹操的身高是"七尺"，如果合现在的长度那是很高的，超过了2.3米，但汉代的尺子比现在短得多，洛阳博物院所藏的汉代骨尺为23.3厘米，曲阜孔氏所藏汉虎倨铜尺为23.5厘米，山东掖县出土的汉刻花

三国的日常生活

镏金尺为 23.6 厘米，日本人收藏的画彩汉代牙尺为 23.9 厘米。一般来说，汉代 1 尺约相当于现在的 23.5 厘米。这样一算，曹操的身高应该在 1.63 米左右，在男人中算是个子比较低的。拿破仑的验尸报告记载他身高为法尺 5 尺 2 寸，换算过来是 1.57 米，看来曹操应该比拿破仑略高些。

三国其他名人的身高，史书明确有记载的大约有这些人：刘表是八尺余（《后汉书·刘表传》《三国志·刘表传》），也就是 1.86 米以上；刘备是七尺五寸（《三国志·先主传》），也就是 1.75 米，属于标准个头；诸葛亮是八尺（《三国志·诸葛亮传》），换算过来是 1.86 米，八尺左右的还有赵云（《三国志·赵云传》）；曹操手下为数不多的既是谋臣又是武将的程昱，身高是八尺三寸（《三国志·程昱传》），应该超过了 1.9 米；和程昱一样高的是何夔，个子是八尺三寸（《三国志·何夔传》），差 2 厘米就 2 米了。其余还有，卢植是 1.91 米，太史慈是 1.79 米，诸葛恪是 1.77 米，蔡邕的外孙、名将羊祜身高是 1.7 米，还有嵇康，身高 1.82 米。比较奇怪的是刘伶，《世说新语》说他"貌甚丑悴，而悠悠忽忽，土木形骸"，也就是面貌丑陋憔悴，行为放荡轻忽，形骸如土木一般，还说他身高仅六尺，也就是 1.4 米左右。

有的人没有明确记载身高，但描写了长相。一般来说，专门就长相写一笔的有 3 种情况。一是长得好，能吸引人，比如，袁绍"有姿貌威容"。二是长得比较丑。陈寿笔下比较留情，专门写人丑的不多，其他史籍中写到的"丑人"，除了刘伶外还有张松、庞统等。三是虽然说不上好，也算不上丑，但某一方面长得有特点，如孙权"方颐大口，目有精光"，刘备"垂手下膝，顾自见其耳"，司马懿有"狼顾"之相。

三国魏晋这一时期，长相比较有特色的还有两位值得一提。一个是何晏，他是名人之后，何进的孙子，在他小的时候母亲改嫁曹操，成为曹操的养子，所以跟曹丕、曹植这些兄弟一块儿在曹家长大，从小受过良好教育，后来他与夏侯玄、王弼等倡导玄学，成为魏晋玄学的开创者之一，是

杂项篇：
离婚再嫁不稀奇

一个大哲学家，成就不比曹丕、曹植兄弟差。《语林》记载，何晏"美姿仪而绝白"，喜敷粉，"行步顾影"，人称"傅粉何郎"。何晏娶曹操的女儿金乡公主，但他为人好色，曹丕不喜欢他，称他为"假子"，意思就是"假男人"。还有一位，被公认是三国时期长得最漂亮的男人，就是石苞，《晋书·石苞传》说他"雅旷有智局""容仪伟丽"，时人语之"石仲容，姣无双"，意思是石苞为天下第一美男子。

再往后，又出了一个更有名的美男子，就是潘安，他原来不叫潘安，叫潘岳。据考证，是从杜甫开始把他叫潘安，结果就一直这样叫下去了。《世说新语》记载："潘岳妙有姿容，好神情。"还说其少时行走于洛阳道，"妇人遇者，莫不连手共萦之"，意思是遇到他的妇人们无不手拉手地一同围住他。《语林》还记载，潘安"至美，每行，老妪以果掷之满车"，意思是潘安人长得实在太美了，驾车走在街上，连老妇人都为之着迷，用水果往潘安的车里丢，都将车丢满了。于是有了一个成语，叫"掷果盈车"。

三国时期取名为什么多用单字

看三国，会发现人物的名字几乎都是单字的，很少有双字名，这是王莽改制的结果。王莽改制时规定只能取单字名，王莽有个孙子名叫王会宗，因此改名为王宗，他后来参与到一场叛乱中，王莽下令把他的名字改回王会宗，并规定今后谁犯罪就给谁取两个字的名字，所以在当时取双字名是一种惩罚。王莽改革的政策后来大多数被废除了，而这项政策却被人们沿袭了下来，汉末三国时代人们仍然习惯于取单字名。

有人说，三国时期不也有很多两个字的名字的人吗？像蔡文姬、黄月英、孙尚香、邢道荣，还有诸葛亮的好朋友石广元、孟公威、崔州平，他们的名字都是双字，这是怎么回事呢？其实蔡文姬的名字叫蔡琰，孙尚香、黄月英、邢道荣在史书里都没有，而崔州平的名字叫崔钧，石广元的名字叫石韬，孟公威的名字叫孟建，州平、广元、公威是他们的表字。

三国的日常生活

三国时期取两个字的名字的人确实非常少,但也不是绝对没有,诸葛亮的岳父名叫黄承彦,诸葛亮的老师名叫庞德公,诸葛亮有一个姐夫名叫庞山民,他们都是两个字的名字,史书里都有记载,至于他们为什么没有像当时大多数人一样取单字名,则不得而知。

"传国玉玺"去哪儿了

191年,孙坚率部攻入洛阳。进城后,孙坚命士兵打扫南宫、北宫和太庙的卫生,又到太牢进行了祭祀,还派出一部分人马出城,整理洛阳以北邙山一带被破坏的汉室各皇陵。有人向孙坚报告说洛阳城南有一口甄官井,有人发现大白天井口不时发出异样光亮,《三国志·孙坚传》记载"旦有五色气",大家都觉得奇怪,不敢到这口井里打水。孙坚派了个胆大的人下到井中,在下面发现了一枚玉质印章,"方圆四寸,上纽交五龙",这枚印章缺了一个角,正面的印文是8个字:"受命于天,既寿永昌。"孙坚大喜,因为这就是"传国玉玺"。

相传,这枚玉玺取材于著名的和氏璧,上面的8个字由秦朝首任丞相李斯所书,象征授命于天,是国之重器。公元前207年冬天,刘邦率军打到灞上,秦始皇帝嬴政的儿子子婴跪捧着这枚玉玺献给刘邦。秦亡,"传国玉玺"归于刘汉。刘邦很珍视这枚玉玺,一直戴在自己的身上,并代代相传,作为大统合法的信物。西汉末年王莽篡权,天子年幼,"传国玉玺"藏在长乐宫太后那里,王莽派弟弟王舜来索要,遭到太后的怒斥。太后一气之下把玉玺扔在地上,摔破一个角。后来,王莽命工匠用黄金进行了修补。王莽兵败被杀,"传国玉玺"辗转到了刘秀手里,又开始了世代相传。

汉献帝的父亲汉灵帝刘宏驾崩时,"传国玉玺"找不到了,董卓很想得到,派人四处找,但没有找到。原来,当时宦官张让、段珪等人劫持少帝仓皇出宫,宫中一片大乱,负责保管玉玺的情急之下把它投到了这口井中。现在,"传国玉玺"到了孙坚手中,孙坚把它保管起来,后交夫人吴

杂项篇：
离婚再嫁不稀奇

氏珍藏。191年，孙坚战死于襄阳城外的岘山，孙坚旧部被袁术吞并。袁术转战淮南，占领了寿春，随着势力逐渐壮大，生于称帝的野心，他听说孙坚当年在洛阳皇宫里得到的"传国玉玺"就在吴氏手里，就把吴氏软禁起来，逼她交出玉玺，吴氏无奈，只得交出。

197年，袁术在寿春称帝，建国号仲氏，置公卿，祠南北郊，"传国玉玺"成为袁术的"国玺"。不过，"传国玉玺"没有给袁术带来好运，仅仅到了199年袁术便已经走投无路，最后困死于寿春以南的江亭。袁术的后事由从弟袁胤料理，袁胤畏惧曹操，不敢回寿春，率袁术部曲奉灵柩及家眷依附庐江郡太守刘勋，刘勋后被孙策打败，袁术的家眷被孙策所得。但是，袁术逼吴氏交出的"传国玉玺"没能找到。

原来，"传国玉玺"辗转到了徐璆的手上。徐璆是度辽将军徐淑之子，少时博学，辟公府，举高第，后升任荆州刺史。在任时，董太后的侄子张忠担任南阳郡太守，因势放滥，贪赃枉法。《后汉书·徐璆传》记载，董太后派人给徐璆递话，让徐璆照顾自己侄子，徐璆凛然对曰："臣身为国，不敢闻命。"董太后大怒，但也无奈，只好将张忠调任为司隶校尉。徐璆到荆州后，举奏张忠在任时贪污公款上亿，又奏其他官员贪污案件，"悉

"受命于天既寿永昌"传国玺
清·乾隆
该玺刻有"受命于天，既寿永昌"，但这方玉玺并非传说中的传国玺，仅作为古玩进行收藏
现收藏于故宫博物院

三国的日常生活

征案罪，威风大行"，张忠恼怒，与宦官勾结，罗织罪名，徐璆获罪。

汉献帝迁许后，因为徐璆素有声望，深得民心，于是征拜为廷尉。徐璆前往许县上任，路上被袁术所劫，袁术正要建立伪朝廷，需要有声望的人为他装点门面，欲授徐璆以上公之位，徐璆坚决不从。看到徐璆真有一死而明志的决心，袁术不敢狠逼。徐璆是如何得到"传国玉玺"的？史书未做交代。徐璆后来辗转来到了许县，献上"传国玉玺"，使这件本来属于汉室的东西重新回到主人手里。徐璆担任廷尉，在履行新职务前他把此前担任过的朝廷官职所有的印绶一并交还有关部门。

战乱时代，人们四处游离，生命尚随时不保，有几个人还能把官印这样的东西认真保管好并随时带在身边呢？徐璆在个人安危得不到保障的情况下，不仅保管着"传国玉玺"，还保管着数枚自己之前用过的官印，最后根据制度规定将它们一一上交，堪称三国时代最称职的"印章保管员"。《后汉书·徐璆传》记载，司徒赵温为此感叹说："君遭大难，犹存此邪？"徐璆恭敬地回答说："昔苏武困于匈奴，不队七尺之节，况此方寸印乎？"

曹操去世后曹丕继任魏王，这时要求汉魏易代的呼声四起，一些人纷纷向曹丕上"劝进表"，汉献帝无奈，于是来到高庙，先祭祀列祖列宗，之后派御史大夫张音持节，奉"传国玉玺"前往曹丕所在的曲蠡，要求禅位。但曹丕表示推辞，汉献帝再次派人前来提出请求，曹丕再次推辞。前后去了3次，被曹丕推辞了3次。最后曹丕还是答应了禅让的"请求"。

220年的一天，受禅仪式在许县附近的繁阳镇受禅台举行，完成了汉魏禅代的主要仪式。之后，新皇帝曹丕接受臣民及使节的朝贺，曹丕以新皇帝身份祭天地、五岳、四渎，改国号为魏，更年号为黄初。汉献帝被降为山阳公，临去封地前，曹丕派人去要皇后的玉玺，汉献帝的皇后曹节与曹丕是兄妹，但曹节很生气，不给。《后汉书·献穆曹皇后纪》记载，前后去了多次，曹节最后把来人唤进亲自斥责，又"以玺抵轩下"，也就是把玉玺扔在了地上。曹节流着泪说："天不祚尔！"意思是，上天也不会保佑你们的。曹丕代汉后，命人在"传国玉玺"肩部刻隶字"魏所受汉传国玺"，表明自己并非"篡汉"。

265年，司马懿的孙子司马炎依样而行，通过禅让方式代魏，建立晋朝，"传国玉玺"归晋。311年，前赵皇帝刘聪俘晋怀帝司马炽，"传国玉玺"归前赵。19年后，后赵皇帝石勒灭前赵，得"传国玉玺"，石勒于玉玺右侧加刻"天命石氏"4个字。又过了20年，"传国玉玺"传到冉魏政权手里，冉魏乞求东晋救援，"传国玉玺"被东晋将领骗走，送至建康，"传国玉玺"重回司马氏手中。

南朝时，"传国玉玺"历经宋、齐、梁、陈4个朝代的更迭，一直到隋朝统一，被收入隋宫。618年，隋炀帝杨广被杀于江都，隋炀帝的皇后萧氏携"传国玉玺"遁入漠北突厥。唐太宗李世民因无"传国玉玺"，只好命人刻数方"受命宝""定命宝"等"玉玺"以自慰。630年，李世民派李靖率军讨伐突厥，萧皇后返归中原，向李世民献上"传国玉玺"，李世民龙颜大悦。唐末天下大乱，907年朱温废唐哀帝，夺走"传国玉玺"，建立后梁政权。16年后，李存勖灭后梁，建立后唐政权，"传国玉玺"归后唐。936年，后唐最后一位皇帝李从珂被石敬瑭所逼，见大势已去，于是带着"传国玉玺"与皇太后、皇后、儿子等登上洛阳玄武楼自焚而死，"传国玉玺"自此不知下落。宋代建立后，皇帝也想再次得到"传国玉玺"，于是向天下征召，各地也多次贡献"传国玉玺"，后均被官方否定，"传国玉玺"至今下落不明。

主要参考书目

《战国策》，刘向编订，上海古籍出版社，2008年版；

《史记》，司马迁撰，中华书局，2006年版；

《汉书》，班固撰、颜师古注，中华书局，1993年版；

《后汉书》，范晔撰、李贤等注，中华书局，1965年版；

《三国志》，陈寿撰、裴松之注，中华书局，2006年版；

《晋书》，房玄龄等撰，中华书局，1974年版；

《宋书》，沈约撰，中华书局，1974年版；

《隋书》，魏征等撰，中华书局，1973年版；

《资治通鉴》，司马光等撰、胡三省注，中华书局，1956年版；

《吕氏春秋》，吕不韦等撰，上海古籍出版社，2014年版；

《淮南鸿烈集解》，刘文典集解，中华书局，1989年版；

《西京杂记》，刘歆等撰，上海古籍出版社，2012年版；

《两汉纪》，荀悦、袁宏撰，中华书局，2002年版；

《东观汉记校注》，班固等撰、刘珍等校注，中华书局，2008年版；

《华阳国志校注》，常璩撰、刘琳校注，巴蜀书社，1984年版；

《八家后汉书辑注》，谢承等撰、周天游辑注，上海古籍出版社，1986年版；

《三辅黄图校注》，何清谷校注，三秦出版社，1995年版；

《水经注校证》，郦道元撰、陈桥驿校证，中华书局，2007年版；

《西汉会要》，徐天麟撰，上海古籍出版社，2012年版；

《东汉会要》，徐天麟撰，上海古籍出版社，2006年版；

《三国会要》，杨晨撰，中华书局，1956年版；

《十三经注疏》，阮元校刻，中华书局，1980年版；

《尔雅注疏》，郭璞注，上海古籍出版社，2010年版；

《礼记》，戴圣撰，北方文艺出版社，2013年版；

《礼记集解》，孙希旦集解，中华书局，1989年版；

《周礼注疏》，郑玄注、贾公彦疏，北京大学出版社，2000年版；

《周礼正义》，孙诒让正义，中华书局，1987年版；

《周礼译注》，杨天宇译注，上海古籍出版社，2004年版；

《仪礼注疏》，郑玄注、贾公彦疏，北京大学出版社，2000年版；

《仪礼译注》，杨天宇译注，上海古籍出版社，2004年版；

《礼记训纂》，朱彬训纂，中华书局，2017年版；

《礼记译解》，王文锦译解，中华书局，2016年版；

《风俗通义校注》，应劭撰、王利器校注，中华书局，2010年版；

《汉官六种》，孙星衍等辑、周天游点校，中华书局，1990年版；

《白虎通义疏证》，班固等撰集、陈立疏证，中华书局，1994年版；

《四民月令校注》，崔寔撰、石声汉校注，中华书局，2013年版；

《释名》，刘熙撰，中华书局，2016年版；

《通典》，杜佑撰、王文锦等点校，中华书局，1988年版；

《诗经译注》，周振甫译注，中华书局，2011年版；

《商君书》，商鞅等撰、章诗同注，上海人民出版社，1974年版；

《韩诗外传集释》，韩婴撰、许维遹校释，中华书局，2020年版；

《春秋繁露义证》，苏舆义证，钟哲点校，中华书局，1992年版；

《论衡集解》，刘盼遂集解，中华书局，1958年版；

《潜夫论笺》，王符撰、汪继培笺，中华书局，1979年版；

《盐铁论校注》，王利器校注，中华书局，2015年版；

《法言译注》，韩敬译注，中华书局，2012年版；

《新序译注》，马世年译注，中华书局，2014年版；

《新语校注》，陆贾撰、王利器校注，中华书局，1986年版；

《新书校注》，贾谊撰、阎振益注解，中华书局，2000年版；

《说苑校证》，刘向撰、向宗鲁校证，中华书局，2009年版；

《申鉴注校补》，荀悦撰、孙启治等校补，中华书局，2012年版；

《邺中记》，陆翙撰，中华书局，1985年版；

《世说新语校笺》，徐震堮校笺，中华书局，1984年版；

《说文解字》，许慎撰，中华书局，2013年版；

《文选》，萧统编纂，上海古籍出版社，1986年；

《艺文类聚》，欧阳询等编纂，上海古籍出版社，1965年版；

《太平御览》，李昉等编纂，中华书局，1966年版；

《全上古三代秦汉三国六朝文》，严可均辑，中华书局，1958年版；

《睡虎地秦墓竹简》，睡虎地秦墓竹简整理小组编纂，文物出版社，1978年版；

《居延汉简甲乙编》，中国社会科学院考古研究所编纂，中华书局，1980年版；

《长沙马王堆汉墓简帛集成》，湖南省博物馆编纂，中华书局，2014年版；

《商周青铜器铭文选（第4卷）》，马承源主编，文物出版社，1990年版；

《秦汉刻石选译》，李櫵选译，文物出版社，2009年版；

《太平有象》，北京鲁迅博物馆编纂，大象出版社，2017年版；

《甲骨文字典》，徐中舒主编，四川辞书出版社，1988年版。